中文社会科学引文索引（CSSCI）来源集刊

中国人文社会科学期刊AMI综合评价核心集刊

珞珈管理评论

LUOJIA MANAGEMENT REVIEW

2023年卷 第3辑（总第48辑）

武汉大学经济与管理学院

WUHAN UNIVERSITY PRESS
武汉大学出版社

图书在版编目（CIP）数据

珞珈管理评论.2023年卷.第3辑:总第48辑/武汉大学经济与管理学院.—武汉:武汉大学出版社,2023.5
ISBN 978-7-307-23729-2

Ⅰ.珞…　Ⅱ.武…　Ⅲ.企业管理—文集　Ⅳ.F272-53

中国国家版本馆 CIP 数据核字（2023）第 069625 号

责任编辑:范绪泉　　　责任校对:汪欣怡　　　版式设计:韩闻锦

出版发行:**武汉大学出版社**　（430072　武昌　珞珈山）
（电子邮箱:cbs22@whu.edu.cn 网址:www.wdp.com.cn）
印刷:武汉市天星美润设计印务有限公司
开本:880×1230　1/16　印张:11.25　字数:279 千字
版次:2023 年 5 月第 1 版　　2023 年 5 月第 1 次印刷
ISBN 978-7-307-23729-2　　　定价:48.00 元

管理评论

LUOJIA MANAGEMENT REVIEW

中文社会科学引文索引（CSSCI）来源集刊
中国人文社会科学期刊AMI综合评价核心集刊

目　录

2023 年卷第 3 辑（总第 48 辑）

CONTENTS

珞珈管理评论
2023 年卷第 3 辑（总第 48 辑）

Luojia Management Review
No. 3, 2023（Sum. 48）

中国城市营商环境评价、分析及优化建议[*]

● 李志军[1,2]　李　蕊[3]

（1　国务院发展研究中心　北京　100010；2　中国社会科学院大学政府管理学院　北京　102488；

3　对外经济贸易大学国际商学院　北京　100029）

【摘　要】城市营商环境作为对企业行为产生直接影响的重要外部环境，对其进行分析评价是优化我国营商环境的基础。本文根据《2020 中国城市营商环境评价》的指标体系，对我国 289 个地级市及以上城市近两年的营商环境指数进行评价分析；对我国四大区域、六大城市群以及南北地区的城市营商环境指数和各分项指数表现进行比较研究，分析现阶段我国城市营商环境面临的现实问题和挑战，并提出政策建议。

【关键词】营商环境　区域分析　城市群　政策建议

中图分类号：F272.3　　　　　文献标识码：A

1. 引言

党的十八大以来，优化营商环境，深化"放管服"改革工作，受到党中央、国务院高度重视，陆续制定出台了一系列的政策文件。党的二十大报告中提出："完善产权保护、市场准入、公平竞争、社会信用等市场经济基础制度，优化营商环境"，"合理缩减外资准入负面清单，依法保护外商投资权益，营造市场化、法治化、国际化一流营商环境"。

营商环境是企业在从事创业、创新、融资、投资等一系列活动时所面临的外部环境的综合生态系统（"中国城市营商环境评价研究"课题组，2021；李志军，2019）。优化营商环境不仅是促进经济高质量发展的内在需求，也是提高对外开放程度、满足进一步吸引外资的现实需求。深入理解把握我国城市营商环境的现实情况，把脉营商环境相关政策实施中的重难点问题，是优化我国营商环境的关键，进而为企业打造良好的外部环境，助力企业健康发展。

---

* 基金项目：国家社会科学基金重点项目"新时代中国营商环境评价体系研究"（项目批准号：20AGL001）。

通讯作者：李蕊，E-mail：lrcandace@163.com。

世界银行自 2004 年发布首份《全球营商环境报告》，截至 2020 年，已经连续发布了 17 期覆盖全球 190 个经济体的营商环境报告（World Bank，2020）。2021 年 9 月，世界银行宣布停止发布此报告，并于 2022 年发布 Business Enabling Environment（BEE），相比之前营商环境评价的指标有所改变，具体为企业准入、获得经营场所、市政公用服务接入、雇佣劳工、金融服务、国际贸易、纳税、解决纠纷、促进市场竞争、办理破产等 10 项指标（World Bank，2022）。然而，该报告以北京、上海代表中国的营商环境水平，忽视了我国地域之间的差异，对于衡量不同地区的真实水平存在偏差。

目前，国内已有很多与市场主体面临的外部环境相关的评估报告，例如国民经济研究所和中国企业家调查系统联合推出的《中国分省企业经营环境指数报告》（王小鲁，2017），该报告以企业负责人对当地经营环境评价为基础，基于问卷形式进行的调查和分析，也是我国较早开展的营商环境评价项目。国家发改委从 2019 年起开展的年度中国营商环境评价，着重展示了各地优化营商环境改革创新举措和典型案例。张三保等（2021）发布的《中国省份营商环境研究报告》，以"市场、政务、法治、人文"四种环境作为一级指标，构建了中国省份营商环境评价体系并进行了比较分析。国家信息中心牵头成立的"中国县域营商环境研究"课题组，构建了首个"中国县域营商环境调查评价指标体系"，对全国 2800 多个县市的营商环境进行了综合评价。中国国际贸易促进委员会贸易投资促进部和贸促会研究院开展的营商环境调查，综合运用问卷调查、实地调研、企业座谈、对比分析等方法，全面反映了营商环境建设成就及存在问题（贸促会，2021）。这些报告分别从不同角度、运用不同的指标体系对市场主体面临的营商环境进行评价，但大多集中在对我国省份、县域、企业等层次进行营商环境分析，或是以某些经济活跃城市作为观测对象进行的评价研究，并没有完全针对我国城市且覆盖范围广泛的营商环境评估。城市作为企业生产经营的主要活动场所，其营商环境好坏会对市场主体的活力产生直接影响。

本文根据《2020 中国城市营商环境评价》（李志军，2021）指标体系，从公共服务、人力资源、市场环境、创新环境、金融服务、法治环境和政务环境七个角度，分别对 2021—2022 年全国各地级市及以上城市的营商环境进行评价、比较和分析，进而为我国城市营商环境优化提供参考。

2. 指标体系及评价方法

2.1 指标体系与数据来源

本文从当前国内营商环境的实际情况出发，沿用《2020 中国城市营商环境评价》的城市营商环境评价指标体系，指标体系包含公共服务、人力资源、市场环境、创新环境、金融服务、法治环境、政务环境这 7 个一级指标，下设 18 个二级指标，23 个三级指标，具体指标名称、权重及数据来源如表 1 所示。

表 1 　　　　　　　　　　　我国城市营商环境评价指标体系

一级指标	二级指标	三级指标	数 据 来 源
公共服务 (0.15)	天然气供应 (0.25)	供气能力（万立方米）	中国城乡建设数据库
	水力供应 (0.25)	公共供水能力（万立方米）	
	电力供应 (0.25)	工业供电能力（万千瓦时）	中国城市数据库
	医疗情况 (0.25)	医疗卫生服务（张/万人）	
人力资源 (0.15)	人力资源储备 (0.7)	普通高等院校在校人数（人）(0.4)	中国城市统计年鉴
		年末单位从业人员数（万人）(0.3)	中国城市数据库
		人口净流入（万人）(0.3)	各城市统计公报
	劳动力成本 (0.3)	平均工资水平（元）	中国城市数据库
市场环境 (0.15)	经济指标 (0.4)	地区人均生产总值（元）(0.6)	中国城市数据库
		固定资产投资总额（万元）(0.4)	各地统计年鉴、各城市统计公报
	进出口 (0.3)	当年实际使用外资金额（万元）(0.6)	中国城市数据库、各地统计年鉴、各城市统计公报
		当年新签项目（合同）数（个）(0.4)	
	企业机构 (0.3)	规模以上工业企业数（个）	中国城市数据库
创新环境 (0.15)	创新投入 (0.5)	科学支出（万元）	中国城市数据库
	创新产出 (0.5)	发明专利授权量（个）	中国城市数据库
金融服务 (0.15)	从业规模 (0.5)	金融从业人员（万人）	中国城市数据库、各地统计年鉴
	融资服务 (0.5)	总体融资效率（万元）(0.5)	中国城市数据库
		民间融资效率（万元）(0.5)	中国城市数据库
法治环境 (0.1)	社会治安 (0.3)	万人刑事案件数量（件/万人）	中国裁判文书网
	司法服务 (0.4)	律师事务所数量（个）	天眼查+网络查找
	司法信息公开度 (0.3)	司法信息公开度指数	各城市司法局/中级人民法院官网
政务环境 (0.15)	政府支出 (0.5)	地方财政一般预算内支出（万元）	中国城市数据库
	政商关系 (0.5)	政商关系指数	中国城市政商关系排行榜

2.2　数据说明

　　数据主要来源于 EPS 全球统计数据/分析平台的"中国城市数据库""中国城乡建设数据库"、各地统计年鉴、各城市统计公报、中国城市政商关系排行榜（聂辉华，2020；聂辉华，2021）、中国裁判文书网、各城市司法局或人民法院官网或者手工在网页中进行搜索整理，使用的数据为 2019—2020 年各城市的统计数据。对于缺失值和异常值的处理：首先查阅各城市统计年鉴和统计公报，进行补充或核对；若无法核实，将异常值处理为缺失值，采用均值插补法、平滑法、回归插补法、贝叶斯模拟等方法进行处理。

2.3 评价方法

本文采用效用值法测算城市营商环境指数得分，假定 i 表示指标，j 表示区域，x_{ij} 表示 i 指标 j 区域的指标获取值，$x_{i\max}$ 表示该指标的最大值，$x_{i\min}$ 表示该指标的最小值；y_{ij} 表示 i 指标 j 区域的指标效用值，则指标计算公式为：$y_{ij} = \dfrac{x_{ij} - x_{i\min}}{x_{i\max} - x_{i\min}} \times 100$。

指标权重计算采用变异系数法，假设有 n 个指标，这 n 个指标的变异系数为 $V(i) = s_i \bar{x}$，s_i 代表第 i 个指标的标准差，$\bar{x}$ 代表样本均值，则各指标权重为：$w_i = V(i) \Big/ \sum\limits_{i=1}^{n} V(i)$。在基础指标无量纲化后，分层逐级加权得到营商环境指数。

3. 我国城市营商环境评价与分析

3.1 直辖市、计划单列市、省会城市及其他地级市营商环境评价

根据营商环境指数总得分的结果，对直辖市、计划单列市、省会城市及其他地级市的营商环境分别进行比较分析。

2021—2022 年 4 个直辖市的营商环境指数具体排名如表 2 所示。从直辖市的营商环境指数来看，2022 年北京（76.8235）和上海（71.7553）的营商环境指数明显高于重庆（45.2741）和天津（35.9541）；且 4 个直辖市的营商环境排名较为稳定。从分项指标得分来看，京沪两地近年来聚焦市场主体反映的突出问题，对标国际先进，推出的一系列改革措施卓有成效，各分项指标表现优异。与北京、上海相比，重庆和天津在创新环境和金融服务两个分项指数上的差距较大，差距较大的原因主要和地理位置与市场规模等因素相关。

表 2　　　　　　　　　　　　　　　**直辖市营商环境指数**

直辖市（4 个）	标 准 化 值		排　　名		全 国 排 名	
	2021 年	2022 年	2021 年	2022 年	2021 年	2022 年
北京	77.9491	76.8235	1	1	1	1
上海	73.2760	71.7553	2	2	2	2
重庆	47.1903	45.2741	3	3	5	5
天津	37.5171	35.9541	4	4	10	10

2021—2022 年 5 个计划单列市的营商环境指数具体排名如表 3 所示。从计划单列市的营商环境指数排名可以看到，2022 年深圳（53.0639）的营商环境指数稳居首位，明显高于青岛（29.6476）、

宁波（27.7569）、厦门（22.0990）以及大连（17.1972）。从近两年营商环境排名变动来看，大连近两年均排在计划单列市的第五名，但在全国范围内的排名有下降趋势，从2021年的第43名降至2022年的第48名。其余城市营商环境排名波动幅度较小。

表3　　　　　　　　　　　　　　　　计划单列市营商环境指数

计划单列市（5个）	标准化值		排　名		全国排名	
	2021年	2022年	2021年	2022年	2021年	2022年
深圳	58.9946	53.0639	1	1	3	3
青岛	30.1658	29.6476	3	2	15	13
宁波	30.5834	27.7569	2	3	14	15
厦门	22.2190	22.0990	4	4	25	23
大连	18.9279	17.1972	5	5	43	48

2021—2022年27个省会城市的营商环境指数具体排名如表4所示。从省会城市营商环境指数排名来看，近两年广州、成都、武汉、杭州、南京分别排在前五名。可以看出，排前十名的省会城市中，除成都和西安位于我国西部，其余8个是中部地区和东部地区的城市；而排后十名的城市中，有6个西部地区城市和2个东北地区城市。表明我国西部和东北地区营商环境较为落后，和东部地区还有很大差距。从营商环境排名变动来看，昆明在省会城市中的变动幅度较为明显，从2021年的第20名上升至2022年的第12名，其余城市在省会城市中的排名相对稳定。从全国范围内看，7个省会城市营商环境排名有小幅下降，15个省会城市营商环境排名有所上升，其中西宁、乌鲁木齐、海口、拉萨和昆明的上升幅度较大。

表4　　　　　　　　　　　　　　　　省会城市营商环境指数

省会城市（27个）	标准化值		排　名		全国排名	
	2021年	2022年	2021年	2022年	2021年	2022年
广州	49.9906	48.3252	1	1	4	4
成都	41.1676	41.2175	2	2	6	6
武汉	40.9061	40.5896	3	3	7	7
杭州	37.7986	38.0415	4	4	9	8
南京	35.6046	34.9854	5	5	11	11
西安	31.1932	30.7648	7	6	13	12
郑州	31.9642	29.4197	6	7	12	14
合肥	25.3840	27.3211	10	8	21	16
济南	27.2998	27.0642	9	9	18	17

续表

省会城市	标准化值		排　名		全国排名	
（27个）	2021 年	2022 年	2021 年	2022 年	2021 年	2022 年
长沙	28.0501	26.8949	8	10	17	18
福州	22.8062	23.0407	11	11	22	22
昆明	18.9664	21.6209	20	12	42	25
石家庄	22.2490	21.5845	13	13	24	26
南昌	21.7978	21.4371	14	14	26	27
沈阳	22.3224	21.4009	12	15	23	28
贵阳	19.9403	21.0836	15	16	34	29
南宁	19.7446	20.2575	16	17	35	32
太原	19.6218	19.8760	17	18	36	33
长春	19.0831	19.4684	19	19	41	36
哈尔滨	19.3437	18.5738	18	20	39	40
乌鲁木齐	13.9067	16.7099	24	21	81	53
海口	13.3269	15.2542	25	22	89	62
兰州	14.3743	14.9964	21	23	72	64
银川	14.2429	14.6279	22	24	76	68
拉萨	13.1764	14.5934	26	25	92	70
西宁	12.3977	13.9066	27	26	115	83
呼和浩特	13.9289	13.7349	23	27	79	85

2021—2022 年其他地级市的营商环境指数具体排名如表 5 所示（注：由于篇幅限制，仅保留排名前 20 的地级市）。从地级市营商环境指数排名来看，2022 年营商环境指数排在前 20 名的均为东部地区城市，且以南方城市居多，多数城市位于长三角、粤港澳大湾区等经济发展水平较好的地区。而排在后 20 名的城市中，位于西部地区以及东北地区的城市占比近八成，且以北方城市为主。表明我国区域营商环境发展不平衡，不同区域之间差距较大。

表 5　　　　　　　　　　　　　其他地级市营商环境指数

地级市	标准化值		排　名		全国排名	
	2021 年	2022 年	2021 年	2022 年	2021 年	2022 年
苏州	38.3457	35.9882	1	1	8	9
东莞	28.1149	25.7352	2	2	16	19
佛山	27.0973	24.9201	3	3	19	20

续表

地级市	标准化值		排　名		全 国 排 名	
	2021 年	2022 年	2021 年	2022 年	2021 年	2022 年
无锡	25.5487	23.9413	4	4	20	21
珠海	21.2137	22.0631	7	5	29	24
烟台	20.1406	21.0472	11	6	33	30
温州	21.2250	20.6283	6	7	28	31
潍坊	19.3666	19.8667	13	8	38	34
绍兴	20.9359	19.6364	8	9	30	35
金华	20.6326	19.4099	9	10	31	37
常州	20.3774	19.3751	10	11	32	38
嘉兴	21.4609	19.1270	5	12	27	39
淄博	17.1479	18.4586	19	13	48	41
台州	19.1370	18.3058	14	14	40	42
徐州	18.3264	18.0040	16	15	45	43
南通	18.4378	17.9666	15	16	44	44
东营	17.3547	17.9411	18	17	47	45
镇江	16.6209	17.3428	22	18	51	46
泉州	19.5210	17.2695	12	19	37	47
临沂	14.4638	17.1731	40	20	69	49

3.2　不同区域城市营商环境评价

3.2.1　我国不同区域营商环境指数总体情况

不同地区营商环境指数得分及变动情况见表6，显示出我国营商环境的区域差距较大。由营商环境指数排名的均值可以看出，2022 年东部地区均值（18.7166）排名最高，远高于中部地区（12.4798）、西部地区（11.8772）及东北地区（10.1364）营商环境的均值。从各区营商环境指数得分的最高、最低值可以看出，最低得分均出现在东北地区，且东北地区的最高值和其他区域的最高值存在较大差距，反映出我国东北地区城市在营商环境表现上劣势明显，这也和东北地区近年来经济发展出现停滞甚至衰退迹象相关，营商环境提升受阻。整体来看，东部地区营商环境显著高于中部、西部以及东北地区，然而，西部、中部以及东北的部分城市营商环境水平显著高于东部地区的一些城市。从排名变动情况可以看出，西部地区排名呈上升趋势的城市多于排名下降的城市，而中部地区排名呈现下降趋势的城市远多于排名上升的城市，表明我国西部地区城市营商环境整体水平在改善，中部地区营商环境有待进一步提升。

表6   **2021—2022 年各区域城市营商环境指数**

地区	年份	最高	最低	最高/最低	均值	排名上升 城市数量	排名下降 城市数量
东部地区	2021	77.9491	7.1079	10.9666	18.9075	37	42
	2022	76.8235	7.8876	9.7397	18.7166		
中部地区	2021	40.9061	7.6167	5.3706	12.4863	28	50
	2022	40.5896	7.1664	5.6639	12.4798		
西部地区	2021	47.1903	4.0845	11.5536	11.5077	46	38
	2022	45.2741	6.8457	6.6135	11.8772		
东北地区	2021	22.3224	5.1759	4.3127	9.7861	16	18
	2022	21.4009	5.9689	3.5854	10.1364		

3.2.2 不同区域营商环境分项指数比较

从 7 个分项指数的得分情况来看，现阶段我国不同区域营商环境的分项指数呈现出不同特点。接下来从各个区域的 7 个分项指数排名进入全国前 100 名的城市数量分别进行讨论。

公共服务指数方面，东部地区公共服务大幅领先。2022 年我国东部、中部、西部和东北地区四大区域的公共服务指数排名进入前 100 名的数量依次为：东部地区（54 个）、中部地区（18 个）、西部地区（20 个）、东北地区（8 个），分别占各区域的城市数量比例为 62.1%、22.5%、22.7%、23.5%（见图 1）。可以看出，我国东部城市的公共服务指数具有显著优势，而中部、西部和东北地区差距较大。对比 2021 年公共服务指数排在全国前 100 名的城市占各区域城市数量的比例，可以发现近两年整体排名相对稳定，中部和东北地区保持不变，东部和西部地区变动幅度不大。一方面，东部地区整体上经济发展水平高，带动了地区公共服务的发展；另一方面，政府推行的各项公共服务均等化措施已卓有成效，不同区域的公共服务水平有了相当程度的改善，各个区域的公共服务水平近两年保持在一个相对稳定的状态。

人力资源指数方面，2022 年东部、中部、西部以及东北地区人力资源指数排名进入前 100 名的数量分别为：东部地区 54 个，占东部城市的 62.1%；中部地区 19 个，占中部城市的 23.8%；西部地区 23 个，占西部城市的 26.1%；东北地区 4 个，占东北地区城市的 11.8%（见图 2）。可以看出，东部地区的人力资源领先优势明显，很大程度源于东部地区经济发展势头较好、高校数量也相对集中；而东北地区表现相对最差，主要是由于东北地区近年来面临的经济下行压力，能够供给的岗位较少导致人力资源外流。此外，从图 3 我们可以看出，东部和东北地区近两年人力资源指数排名进入前 100 名的城市数量占该区域城市数量的比重有所下降，而中部地区人力资源吸引力呈上升趋势。

市场环境指数方面，中西部地区市场环境明显改善。2022 年东、中、西部和东北地区市场环境

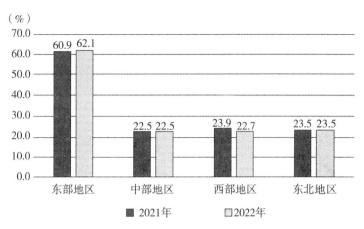

图 1　2021—2022 年公共服务指数排名前 100 城市区域分布

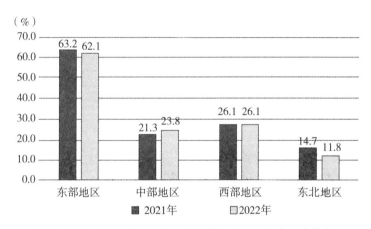

图 2　2021—2022 年人力资源指数排名前 100 城市区域分布

指数排名进入前 100 名地级市的数量为：东部地区市场环境指数进入前 100 名的城市有 47 个，占比为 54.0%；中部地区有 26 个城市进入前 100 名，占中部城市的 32.5%；西部地区有 22 个城市进入前 100 名，占西部城市比例为 25.0%；而东北地区仅有 5 个城市的市场环境指数进入前 100 名，占比为 14.7%（见图 3）。可以看出，东部地区市场环境占绝对优势。从近两年占比变动来看，东部和东北地区排名进入前 100 名的城市数量有所下降，而中部和西部地区的城市数量有所增加，且西部地区增加幅度较大，可以看出中部和西部城市的经济发展在逐步向好，而东北地区城市的经济发展近年来速度减缓，市场环境表现和其他地区的差距增大。

创新环境指数方面，我国中部地区创新环境持续优化。2022 年东部地区有 51 个城市排名进入前 100 名，占东部城市总数的 58.6%；中部地区有 35 个城市进入前 100 名，占中部城市总数的 43.8%；西部地区有 11 个城市进入前 100 名，占西部城市总数的 12.5%；东北地区只有 4 个城市进入前 100 名，占东北城市总数的 11.8%（见图 4）。与 2021 年对比，中部地区城市所占比例有所增加，其余地区城市所占比例略有降低。整体来看，我国城市创新环境呈现梯度分布，东部和中部表现较好，西

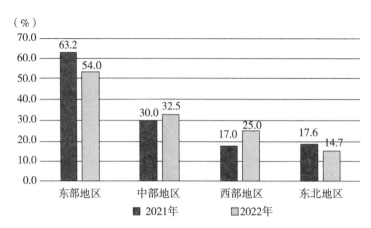

图 3　2021—2022 年市场环境指数排名前 100 城市区域分布

部和东北地区劣势明显。东北三省和西部地区受困于地理区位的劣势，科技创新能力亟待提高。对于这些创新能力较弱的城市，东北地区应加大对高技术产业的引进和投资，通过促进企业创新来优化产业结构，提升区域竞争力；西部城市可以积极依托"一带一路"建设，实现创新水平升级提速。另外，相关部门应审时度势，在平衡各方面发展的基础上，努力创造条件增加科技投入，扩大创新产出。

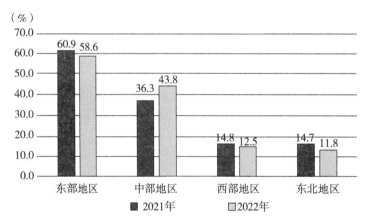

图 4　2021—2022 年创新环境指数排名前 100 城市区域分布

　　金融服务指数方面，2022 年金融服务指数排名进入前 100 名的地级市，东部地区有 59 个城市，占东部城市的 67.8%；中部地区有 20 个城市，占中部城市的 25.0%；西部地区有 15 个城市，占西部城市的 17.0%；东北地区有 6 个城市，占东北地区城市的 17.6%（见图 5）。对比 2021 年，西部地区地级市进入前 100 名的数量保持不变，中部和东北地区地级市进入前 100 名的数量有所下降，而东部地区地级市进入前 100 名的数量增加了 3 个。表明我国西部和东北地区的金融服务水平相对较差，和省会城市对比可以发现，西部地区一些省会城市和其他地级市也有较大差距。
　　从法治化水平来看，法治环境指数 2022 年排名进入前 100 名的城市中，东部地区有 46 个，占绝

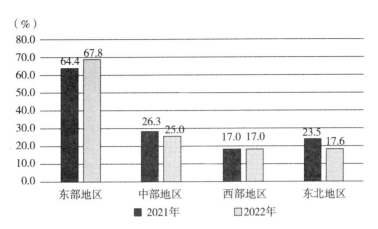

图 5　2021—2022 年金融服务指数排名前 100 城市区域分布

对优势；中部地区次之，有 28 个，占中部地区的 35%；西部地区有 17 个，占西部地区的 19.3%；东北地区有 9 个，占东北地区的 26.5%（见图 6）。可见法治环境指数排在前 100 名的城市在四大区域中分布较为均衡。对比 2021 年，东部和中部地区地级市进入前 100 名的数量略微上升，而西部和东北地区进入前 100 名的城市数量占比有所下降，且东北地区下降幅度较大，从 2021 年的 35.3% 下降为 2022 年的 26.5%，表明我国西部和东北地区城市的法治环境有所下滑，而中部和东部地区城市的法治环境略有提升。

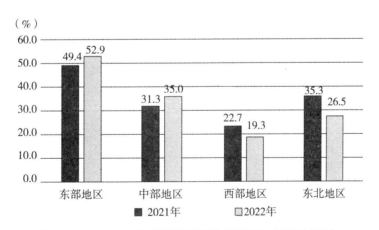

图 6　2021—2022 年法治环境指数排名前 100 城市区域分布

政务环境指数方面，东部地区城市政务环境在四大地区中表现最佳，而中部、西部以及东北地区排名较差，此外，东北地区政务服务效率有所改善。从 2022 年各地区政务环境指数排名进入前 100 名的城市数量来看，东部地区有 63 个，占东部地区城市的 72.4%；而中部、西部以及东北地区分别有 11 个、20 个和 6 个城市进入前 100 名，分别占各地区城市总数的 13.8%、22.7% 和 17.6%（见图 7）。对比 2021 年排名，西部地区进入前 100 名的地级市比例保持不变，东部和东北地区比例有所上升，中部地区比例有所下降。表明近年来东部和东北地区的政商关系以及政府服务效率整体来看有所改善，中部地区城市政务环境相比来说下降较为明显。

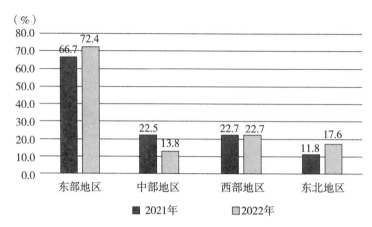

图 7   2021—2022 年政务环境指数排名前 100 城市区域分布

4. 六大城市群营商环境评价结果比较分析

京津冀、长三角、粤港澳大湾区、东北地区、长江经济带和黄河流域这六大重点区域对我国经济发展具有重要影响。我们以城市群为切入点，在分析六大城市群营商环境总指数差异的基础上，对比各城市群 7 个分项指标的情况，探讨各城市群营商环境的现状与特点。

4.1   六大城市群营商环境总指数差异及分析

对六大城市群的营商环境指数评价结果进行描述性统计（见表 7），从均值表现可以看出，长三角和粤港澳大湾区城市的营商环境优势显著，其次是京津冀地区，长江经济带的城市表现一般，而东北地区和黄河流域整体表现较差，低于全国平均水平。

通过比较各城市群营商环境指数发现，标准差最大的是京津冀城市群，两极分化较为严重，其中北京（76.82）和天津（35.95）营商环境指数得分遥遥领先，石家庄（21.58）、唐山（16.84）、保定（16.16）、沧州（14.51）和廊坊（14.69）营商环境指数得分高于全国平均值，其余城市营商环境表现均低于全国平均水平。整体来看，京津冀城市群除个别直辖市与省会城市外，其他城市营商环境表现一般。

由江浙沪等富庶地带的 26 个城市构成的长三角地区营商环境整体表现较好，均值高于全国平均水平，群内有 21 个城市排在全国前 100 名，仅池州排在了全国 200 位之外。从群内排名来看，上海、苏州、杭州、南京和宁波排在前五位，排在后面的 6 个城市均为安徽省内的地级市。总的来说，长三角城市群内的城市营商环境处于较高水平，且近年来各城市排名相对稳定。

粤港澳大湾区地理条件优越，"三面环山，三江汇聚"，具有漫长海岸线、良好港口群和广阔海域面，是中国开放程度最高、经济活力最强的区域之一。考虑到数据的可获取性等因素，仅对广东省的 9 个城市进行评价，即广州、深圳、珠海、佛山、惠州、东莞、中山、江门和肇庆。从评价结果看，群内全部城市均排在全国前 100 位，营商环境处于我国顶尖水平。大湾区城市位于经济较发达的珠江三角洲一带，在国家发展中具有重要战略地位，为国家经济发展起到了领航作用。

东北地区的营商环境指数均值低于全国平均值，且均值和标准差在六大城市群里排在最后一位，说明东北三省城市的整体营商环境表现较差。群内排名最好的是沈阳（21.40）、长春（19.47）、哈尔滨（18.57）和大连（17.20）排在第 1~4 名，其他城市营商环境均有较大提升空间。这主要由于东北地区近年来社会发展速度放缓，生产制造业受到冲击，存在经济结构不合理、城市化速度明显落后、人口及资源要素流失严重等问题，群内城市的营商环境水平不容乐观。

长江经济带横跨中国东中西三大区域，是具有全球影响力的内河经济带，是东中西互动合作的协调发展带，也是沿海沿江沿边全面推进的对内对外开放带，覆盖我国 11 个省份的 70 个城市，在 2022 年的营商环境指数排名中，有 46 个城市排在全国前 150 名，5 个城市排在全国 200 名之外，表明长江经济带内的城市整体营商环境处于全国较高水平。长江经济带形成了以长三角城市群、长江中游城市群和成渝城市群为"三极"的发展格局，发挥了上海、南京、苏州、杭州、合肥、南昌、武汉、长沙、重庆、成都、昆明以及贵阳等中心城市的辐射作用，带动着周边城市的经济增长。

黄河流域城市群是构建高质量发展国土空间布局的重要战略载体，是国家城市化格局的重要组成部分。作为我国第二大河流，黄河自西向东流经青海、四川、甘肃、宁夏、内蒙古、陕西、山西、河南、山东 9 个省区，由于自然地理条件和生态系统差异大，黄河流域城市的发展条件、发展阶段、功能定位、资源环境承载约束存在显著差异。黄河流域城市群内的城市营商环境指数排名表现一般，平均值为 13.53，略低于全国均值，标准差为 4.89，表明群内城市营商环境差异小，但整体水平有待提升。其中有 18 个城市排在全国前 150 名，9 个城市排在全国 200 名之外。排名靠后的城市均位于黄河中上游，位于甘肃、宁夏、山西等省区的部分城市营商环境有待进一步改善。

表 7 　　　　　　　　　　**六大城市群 2022 年营商环境指数描述性统计**

城市群	城市数	平均值	标准差	中位数	最大值	最小值	最大值/最小值
京津冀	14	19.85	17.05	13.72	76.82	9.76	7.87
长三角	26	21.22	12.65	17.65	71.76	9.12	7.87
粤港澳大湾区	9	25.67	14.15	22.06	53.06	13.17	4.03
东北地区	34	10.14	3.69	9.21	21.40	5.97	3.59
长江经济带	70	16.79	10.64	12.32	71.76	9.12	7.87
黄河流域	33	13.53	4.89	12.76	29.42	7.79	3.78
全国	289	13.90	8.42	11.62	76.82	5.97	12.87

4.2 六大城市群营商环境分项指数差异及分析

公共服务指数方面，从分项指标描述性统计可以看出（见表 8），不同城市群的表现差距较大。其中粤港澳大湾区（20.96）表现最佳，其次是长三角（15.74）和京津冀（15.71）城市群，东北地区（5.25）排在最后，且和其他城市群有明显差距，低于全国平均水平（8.43）。从标准差值可以看出，粤港澳大湾区虽然整体表现最好，但是内部公共服务发展并不平衡，例如群内排名前两位的广州和深圳，排在全国前十位，而排名靠后的肇庆则在全国 100 名之外。长三角地区公共服务表现较好，高于全国平均值，但从群内排名来看，排在前十名的除安徽省省会合肥，其余均为浙江省和江苏省的城市。黄河流域和长江经济带公共服务指数表现一般，长江经济带排名靠后的城市如鹰潭、鄂州、资阳，多位于中下游经济发展水平较低的地区。

人力资源指数方面，黄河流域（20.87）和东北地区（16.22）的均值低于全国平均水平（21.06），其他城市群均高于全国平均水平。京津冀、长三角和粤港澳大湾区分别在北京、上海、广州等城市带动下，吸引着来自全国的人力资源，此外，京沪深是很多高校、企业集中的地区，为求职者提供了更好的平台和发展机遇。同时，可以看出这三大城市群内部差别较大，如京津冀城市群中，河北省内城市的人力资源指数得分远低于北京、天津、石家庄这三个城市，说明河北省其他城市被北京、天津等经济发达地区吸走了大量人才资源。人力资源表现较差的是东北地区和黄河流域，东北地区近年来产业转型受阻，缩减了就业岗位数量，使得大量人才流失；黄河流域地处北方，覆盖的 33 个城市大多位于我国中西部，人力资源主要集中在郑州、济南和太原等省会城市，其余城市的经济产业等并不发达，对人才的吸引能力较弱。

从市场环境指数来看，除东北地区外，其他城市群得分均超过全国平均值（8.66）。表现最佳的是粤港澳大湾区（18.95），大湾区内深圳和广州的市场环境最好，分别排在全国第二位和第七位，肇庆的市场环境表现最差，排在全国第 131 位。长三角城市群以我国经济贸易较发达的东南地区城市为主，市场环境具有天然的优势，均值为 17.18，仅次于粤港澳大湾区。长江经济带城市群的市场环境指数表现相对较好（12.58），群内有 54 个城市的市场环境指数排进了全国前 150 名，上海、重庆、成都、武汉、苏州位居前五位，可见市场环境排名靠前的城市以省会城市和直辖市为主，娄底、黄冈、抚州和资阳的市场环境指数排在全国后 200 名。黄河流域城市群中，鄂尔多斯、郑州、东营、济南和包头排在前五位，而排在后十位的有 8 个黄河中上游城市和 2 个黄河下游城市，表明黄河中上游城市的市场环境相对较差，进而拉低了该城市群市场环境的平均得分。

创新环境指数方面，不同城市群的表现差距较大，京津冀（9.52）、长三角（11.08）、长江经济带（6.31）和粤港澳大湾区（17.16）的创新环境指数高于全国平均值（3.38），东北地区（0.73）和黄河流域（1.66）的创新环境指数低于全国均值。京津冀和粤港澳城市群内部的创新资源差距较大，其中京津冀城市群的创新主要集中于北京、天津及石家庄，粤港澳城市群主要集中在深圳、广州和佛山，其余城市与之差距较大，表明城市群内的创新环境水平两极分化严重。长江经济带的城市创新排在前十位的分别是上海、武汉、苏州、杭州、合肥、南京、成都、宁波、重庆和长沙，东北地区排名前四位的为沈阳、大连、长春和哈尔滨，其余城市创新环境水平显著低于全国平均值。

可见，创新环境排名靠前的城市以省会、直辖市或计划单列市为主，而这些城市也多是高校、研究所等机构集中的地方，对城市的创新环境水平有很好的带动作用。

从金融服务指数来看，京津冀（13.41）、长三角（10.62）、粤港澳大湾区（13.07）、长江经济带（6.64）高于全国金融服务指数的平均值（4.58），东北地区（2.64）和黄河流域（3.80）低于全国平均值。标准差最大的是京津冀城市群，其中北京得分排在第一名，而表现最差的安阳排在第175名。东北地区城市群只有4个城市的金融服务水平高于全国平均值，分别是哈尔滨、大连、沈阳和长春，其余城市得分有待提升。黄河流域的金融服务水平表现相对较差，仅郑州、济南、太原、兰州、呼和浩特、淄博和泰安的金融服务水平高于全国平均值，其余城市均低于全国均值。长三角城市群有15个城市超过全国平均水平，超出城市群内城市数量的一半；长江经济带仅有19个城市超过全国均值，占比不到30%。

法治环境指数方面，六大城市群的得分差别较小，京津冀有10个城市法治环境指数得分进入全国前150名，均值为50.61，全国最高。粤港澳（48.67）和长三角（47.40）城市群紧随其后，分别有6个和15个城市进入全国前150名。长三角有15个城市进入全国前150名，长江经济带有43个城市进入全国前150名。从城市群内的城市法治环境指数得分来看，东北地区有17个城市（占比50%）超过全国平均值，粤港澳大湾区和京津冀地区分别有6个和10个城市高于全国平均值，长三角城市中法治环境水平高于全国平均值的城市有15个，长江经济带有46个城市超过全国平均值。

政务环境指数方面，黄河流域（15.94）和东北地区（12.72）的表现较差，低于全国平均值（17.57），其余的4个城市群均高于全国平均水平。粤港澳大湾区领先优势显著，群内9个城市的政务环境指数均位于全国前100位。京津冀和长三角城市群分别有10个和24个城市政务环境指数位于全国前150位；黄河流域和东北地区政务环境指数排名表现较差，分别有15个和10个城市排进前150名。长江经济带政务环境表现较好，超过60%的城市（47个）排进了全国前150名。

综上，粤港澳大湾区城市群的营商环境处于我国顶尖水平，群内全部城市均排在全国前100位，且各分项表现排名优异，起到标杆作用；长三角和长江经济带的营商环境表现较为突出；而东北地区城市群整体表现相对较差，尤其是公共服务、市场环境和创新环境指数得分远低于全国均值，今后可从这三个维度来提升营商环境整体水平；黄河流域城市群在市场环境、创新环境和金融服务方面得分相对较低，需要从这些维度加大改善力度。

表8　　　　　　　　　　六大城市群2022年营商环境分项指标描述性统计

城市群	公共服务		人力资源		市场环境		创新环境		金融服务		法治环境		政务环境	
	平均值	标准差	平均值	标准差	平均值	标准差	平均值	标准差	平均值	标准差	平均值	标准差	平均值	标准差
京津冀	15.71	14.71	26.69	13.21	10.94	8.36	9.52	25.49	13.41	25.13	50.61	17.60	22.32	19.67
长三角	15.74	15.23	26.85	11.26	17.18	8.96	11.08	14.83	10.62	15.17	47.40	13.91	28.40	15.33
粤港澳大湾区	20.96	15.11	29.80	14.14	18.95	10.75	17.16	20.34	13.07	15.43	48.67	13.95	38.77	17.43
东北地区	5.25	5.06	16.22	5.83	4.19	3.35	0.73	1.59	2.64	3.04	39.34	13.05	12.72	6.08

续表

城市群	公共服务		人力资源		市场环境		创新环境		金融服务		法治环境		政务环境	
	平均值	标准差	平均值	标准差	平均值	标准差	平均值	标准差	平均值	标准差	平均值	标准差	平均值	标准差
长江经济带	10.99	13.11	23.62	11.55	12.58	8.78	6.31	11.51	6.64	11.23	46.05	12.22	21.12	13.27
黄河流域	10.04	6.24	20.87	7.46	9.24	5.86	1.66	2.55	3.80	4.13	42.92	11.86	15.94	9.17
全国	8.43	9.42	21.06	8.80	8.66	7.16	3.38	9.61	4.58	9.26	43.56	83.43	17.57	83.43

5. 南北区域营商环境评价结果比较分析

我国地域辽阔，自古以来受历史、气候、人口、环境等因素影响，南北地区在经济发展上有着天然的差异；中华人民共和国成立后，国家在产业布局、战略制定实施方面，针对不同地域的特点采取了不同的发展措施，这些因素都导致我国南北区域的营商环境差距逐渐增大。因此，有必要进行对比分析，探讨南北地区营商环境指数差异的影响因素，促进我国南北区域经济均衡健康发展（李志军，2022）。

借鉴邓忠奇等（2020）的研究，本文以秦岭—淮河作为我国南北地区的分界线。另外，陕西省和河南省的大部分城市位于秦岭—淮河以北，而安徽省和江苏省的大部分城市位于淮河以南，因此将安徽省和江苏省划分为南方地区，陕西省和河南省划分为北方地区。

5.1 南北区域营商环境总指数差异及分析

本文定义的北方地区城市共计 131 个，涵盖北京、天津 2 个直辖市，宁夏回族自治区、内蒙古自治区以及新疆维吾尔自治区 3 个自治区以及山东、山西、青海、黑龙江、吉林、辽宁、河北、河南、陕西、甘肃 10 个省份。通过对这 15 个省（自治区、直辖市）内的城市营商环境指数进行排名，我们发现，排在前五位的北京、天津、西安、青岛和郑州均为经济相对发达的省会城市、计划单列市和直辖市；而排在后五位的铁岭、抚顺、阜新、辽源以及鹤岗，均为东北地区经济较落后的地级市。从排名前 30 位的城市分布来看，有 11 个是位于山东省内的城市，5 个位于河北省，10 个为省会城市，由此可见，山东省和河北省的营商环境在北方地区总体排名靠前；从排名后 30 位的城市分布来看，14 个城市位于东北三省，甘肃、陕西和山西省各有 4 个城市。可见，黄河中上游城市以及东北地区一些地级市的得分拉低了北方城市营商环境水平的均值。今后北方地区提升营商环境水平需要加大对这些省份的政策支持力度。

本文定义的南方地区城市共计 158 个，涵盖上海、重庆 2 个直辖市、广西壮族自治区和西藏自治区 2 个自治区以及四川、云南、贵州、浙江、江苏、福建、广东、湖北、湖南、安徽、江西、海南 12 个省份。通过对这 16 个省（区、市）内的城市营商环境指数进行排名，我们发现，排在前五位的分别为一线城市上海、广州和深圳，以及成渝城市圈的核心城市成都和重庆。排在后五位的儋州、张家界、随州、普洱以及临沧，多为我国中西部地区城市。从排名前30位的城市来看，绝大多数为江苏、浙江和广东的城市，可见长三角和大湾区城市群仍是南方城市营商环境建设的标杆。从排在后30位的城市来看，广西壮族自治区城市数量最多（7个），其余大多是云南（5个）、四川（4个）、湖南（3个）、安徽（3个）的地级市。可见，南方地区城市在我国一些重点城市群的发展带动下，整体的营商环境指数表现良好。

接下来对南北方地区城市营商环境指数进行描述性统计（见表9），对比分析可以发现南方地区城市营商环境指数的均值为14.89，高于全国平均水平13.90，北方地区城市营商环境指数的平均值为12.70，低于全国平均水平。从区域内城市营商环境的差异来看，南方地区城市之间的营商环境标准差较大（8.95），略高于全国平均值（8.42），北方地区差异相对较小（7.56）。从最大和最小值来看，北方地区营商环境指数极值即全国营商环境指数的最大值（76.82）和最小值（5.97），南方地区营商环境指数的极差相对较小。

表9　　　　　　　　　　　　南北区域 2022 年营商环境指数描述性统计

地区	城市数	平均值	标准差	中位数	最大值	最小值	最大值/最小值
南方地区	158	14.89	8.95	12.01	71.76	6.85	10.48
北方地区	131	12.70	7.56	10.84	76.82	5.97	12.87
全国	289	13.90	8.42	11.62	76.82	5.97	12.87

5.2　南北区域营商环境分项指数差异及分析

从公共服务指数来看，北方地区排名前十位的城市中，有4个山东省内的城市、2个直辖市，剩余4个均为省会城市；排在后十位的城市，全部为我国东北地区和西部地区的地级市，可见我国东北和西部地区城市公共服务相对落后，对于企业水电气等公共服务的供给有待提升。南方地区排前十位的城市中，七成是长三角和大湾区城市群的城市；排在后十位的城市，除儋州和三亚在海南省，其余城市均位于我国中西部地区。

从人力资源指数来看，不论南方还是北方地区，排名前十位的城市全部是直辖市、省会城市和计划单列市，这些城市为高校集中的地方，具有"虹吸"效应，为城市的人力资源提供了源源不断的供给。而排在后十位的城市，北方地区超半数是黑龙江省内的城市，而南方地区大多是湖南、江西、四川等省份的三四线城市，这些城市人口外流严重，人力资源供给不足。

从市场环境指数来看，南方地区排在前十位的仍以长三角城市群的城市为主，排在后十位的城市主要是云南、广西和贵州的三四线城市。北方地区排名前五位的是北京、鄂尔多斯、西安、克拉玛依以及郑州，其中有3个城市为省会和直辖市，而鄂尔多斯和克拉玛依排名靠前的主要原因是，克拉玛依具有较为丰富的石油资源，鄂尔多斯的矿产资源充裕，工业化水平较高。这两个城市的人均 GDP 较高，甚至可达到发达国家标准。因此，作为西部经济发展水平较好的区域，两个城市的市场环境表现优异。而北方地区的甘肃和黑龙江省内的地级市市场环境表现较差，有 8 个城市排在后十位。

创新环境指数方面，从南北方地区排名前十的城市特点来看，北方地区全部是直辖市、省会城市和计划单列市，南方地区除苏州外，其他也都是直辖市、省会城市和计划单列市。从指数得分可以看出，在上海、苏州的辐射作用下，城市在产业创新发展上的带动作用日益突出，这也对其周边城市形成了示范效应，引发其他城市在科技创新方面的投入加大，因此南方地区创新环境整体表现良好。北方地区排在后十位的全部是我国东北和西部地区城市，主要由于我国东北三省和西部地区受困于地理区位劣势，科技创新能力一直亟待提高。因此，相关部门应审时度势，在平衡各方面发展的基础上，努力创造条件增加科技投入，扩大创新产出。

金融服务指数方面，北方地区排名靠前的城市多是省会城市和经济强市，排在后 30 位的城市，南方地区有 14 个位于西部地区，而北方地区有 20 个城市是西部地区城市，未出现东部地区城市。可见，我国金融服务区域内发展不均衡，西北地区金融服务水平落后，也是制约当地城市营商环境发展的主要因素之一。

法治环境指数方面，南方地区排名靠前的城市，在各省份的分布较为均衡，北方地区排名靠前的城市以山东、河北省城市为主，黑龙江省的城市如齐齐哈尔、伊春和双鸭山市，法治环境表现也较为优异。北方地区排在后十位城市，主要分布在辽宁、吉林和山西。可见，法治环境指数和当地的 GDP 总量并不成简单的线性关系，而是和一个城市的经济发展结构、市场的整体经营环境有很大关系。

政务环境指数方面，南方地区排名前十位的城市除东莞和苏州是地级市，其他城市都是省会、计划单列市与直辖市，后十位的有 4 个西部地区城市和 6 个中部地区城市；北方地区排在前十位的除西安和郑州是中西部城市，其余城市都位于东部地区，而排在后十位有 4 个西部城市、3 个东北城市和 3 个中部地区城市，表明我国西部和东北地区的政务环境仍有较大提升空间，需要加强政府服务效率，继续深化"放管服"改革。

从分项指标描述性统计对比可以发现（见表 10），南方地区城市在公共服务、人力资源、创新环境、市场环境、政务环境这 5 个分项指标上差异较大，而北方地区城市在金融服务和法治环境这 2 个分项指标上差异相对较大。总的来看，南方地区城市在 7 个分项指标上的均值均高于全国平均值，但是城市之间营商环境整体表现差异明显。北方地区营商环境水平低于全国平均水平，而城市之间营商环境整体水平差异较小。

表 10　　　　　　　　南北区域 2022 年营商环境分项指标描述性统计

地区	公共服务		人力资源		市场环境		创新环境		金融服务		法治环境		政务环境	
	平均值	标准差	平均值	标准差	平均值	标准差	平均值	标准差	平均值	标准差	平均值	标准差	平均值	标准差
南方地区	8.77	10.57	22.33	9.26	9.78	7.88	4.44	9.97	4.92	9.01	43.98	12.67	19.73	11.92
北方地区	8.01	7.79	19.54	7.96	7.31	5.92	2.10	8.98	4.17	9.55	43.05	12.93	14.95	10.46
全国	8.43	9.42	21.06	8.80	8.66	7.16	3.38	9.61	4.58	9.26	43.56	12.80	17.57	11.53

6. 我国城市营商环境面临的问题及优化建议

6.1 现阶段我国城市营商环境面临的问题与挑战

党的十八大以来，持续深化"放管服"改革、优化营商环境取得显著成就，制度建设取得明显进展，但区域间存在较大差异，市场主体对营商环境有了更高的期待，一些深层次问题凸显，目前我国城市营商环境面临着新的挑战，具体表现为以下几个方面：

（1）不同区域营商环境相关政策落实存在较大差距。主要体现在如下几个方面：一是办事便利性存在区域差异，区域间对比来看，还有很大改进空间，例如存在政策推送不到位、事项覆盖少、人员能力不足等问题，尤其在我国中西部地区，涉及外商外资的审批事项仍然存在问询难、办事难的情况；二是涉企收费清理不彻底，涉企减税降费仍需进一步落实；三是部分地区财力不足致使出现政务失信，例如政府拖延退款时间、相关政策优惠承诺无法兑现等。

（2）营商环境法治化水平有待进一步提升。一是立法方面，与高标准市场体系建设相适应的法律法规体系建设有待加快，一些新的改革要求缺乏法律依据，一些法律法规或不适应新业态新模式发展需要，未能发挥出应有的效果。二是执法方面，相关法律缺乏刚性，一些地方及大企业变相拖欠账款现象依然存在。此外，一些基层执法人员能力跟不上监管需求等问题依然存在。

（3）市场监管仍存在薄弱环节。一是构建新型监管体系配套机制不健全，事中事后监管尚未形成有效紧密衔接。二是信用监管水平需要提升，信用信息结果的应用力度有待加强。三是新业态、新行为存在监管空白以及监管体制机制和方式有待加强。

（4）政务数据和信息共享不充分。一些地方存在多系统、多平台的情况，技术接口不兼容，政务标准不统一。部分城市部门之间的系统尚未完全联通。同时，市场主体期待提供的"一网通办""全程网办""跨省通办"等更加高效的政务服务，倒逼加快数字政府建设。

6.2 进一步优化我国城市营商环境的建议

（1）完善公共服务建设，提升服务效率及水平。一是进一步推进"互联网+"与教育、健康、医疗、养老、家政、文化、旅游、体育等领域深度融合发展的政策措施，创新服务模式；二是采用政府和市场多元化投入方式，引导鼓励更多社会资本进入公共服务业；三是大幅压减自来水、电力、燃气、供暖办理时间，提高服务效率和质量。

（2）维护公平竞争秩序，稳定市场主体预期。一是进一步执行和完善"双随机、一公开"监管方式，维护公平竞争秩序；二是健全更加开放透明、规范高效的市场主体准入和退出机制；三是进一步做好安商稳商、招商引商工作；四是严格执行外商投资法及配套法规，打造国际一流市场环境。

（3）优化企业融资环境，增加普惠金融服务。一是降低民营企业、中小企业的综合融资成本；二是支持推动国有大型商业银行创新对中小微企业的信贷服务模式，利用大数据等技术解决"首贷难""续贷难"等问题；三是严格限制向小微企业收取财务顾问费、咨询费等费用，减少融资过程中的附加费用；四是加强信用信息归集共享，为增加普惠金融服务创造条件；五是促进多层次资本市场规范健康发展，拓宽融资渠道和规模。

（4）降低就业创业门槛，促进人才合理流动。建立健全统一开放、竞争有序的人力资源市场体系，推进企业技能人才自主评价，支持企业依据国家职业技能标准自主开展技能人才评定；加大中西部地区人才引进力度，支持毕业生等群体创业创新，给予相关政策倾斜。

（5）发挥法治引领作用，营造良好法治环境。一是进一步落实《优化营商环境条例》，巩固已有改革成果，保障各项改革依法有序推进；二是加快推进公共法律服务体系建设，全面提升公共法律服务能力和水平，为优化营商环境提供全方位法律服务；三是引导市场主体合法经营、依法维护自身合法权益；四是进一步加强和创新监管，依法保护各类市场主体产权和合法权益。

（6）深化知识产权管理，助力企业创新发展。一是严格知识产权管理，依法规范非正常专利申请行为，及时查处违法使用商标和恶意注册申请商标等行为；二是便利企业获取各类创新资源，加强专利等知识产权信息服务；三是进一步优化要素配置和服务供给，利用数字技术为生产、交易和管理赋能，提升经营效率；四是探索完善科研人员职务发明成果权益分享机制，充分发挥市场主体在推动科技成果转化中的作用。

（7）持续推进"放管服"改革，优化经常性涉企服务。一是加快"数字经济、数字社会、数字政府"建设，将数字技术融入传统营商环境及政府监管服务；二是全面提升线下线上服务能力，持续提升投资和建设便利度；三是取消对微观经济活动造成不必要干预的审批；四是充分尊重市场主体意愿，不得增加市场主体负担；五是建立健全常态化政企沟通机制，对企业诉求"接诉即办"。

◎ 参考文献

[1] 邓忠奇，高廷帆，朱峰．地区差距与供给侧结构性改革——"三期叠加"下的内生增长 [J]．经济研究，2020，55（10）.

[2] 李志军，张世国，牛志伟等．中国城市营商环境评价 [M]．北京：中国发展出版社，2019.

[3] 李志军，张世国，牛志伟等．2020 中国城市营商环境评价 [M]．北京：中国发展出版社，2021.

[4] 李志军．我国重点城市群营商环境评价及比较研究 [J]．北京工商大学学报（社会科学版），2021，36（6）.

[5] 李志军．我国城市营商环境的评价指标体系构建及其南北差异分析 [J]．改革，2022（2）.

[6] 李志军．优化中国营商环境的实践逻辑与政策建议 [J]．北京工商大学学报（社会科学版），2023，38（1）.

[7] 聂辉华，韩冬临，马亮等．中国城市政商关系排行榜 2019 [R]．北京：中国人民大学国家发展与战略研究院政企关系与产业发展研究中心，2020.

[8] 聂辉华，韩冬临，马亮等．中国城市政商关系排行榜 2020 [R]．北京：中国人民大学国家发展与战略研究院政企关系与产业发展研究中心，2021.

[9] 王小鲁，樊纲，余静文．中国分省份市场化指数报告（2016）[M]．北京：社会科学文献出版

社，2017.

［10］张三保，康璧成，张志学．中国省份营商环境评价：指标体系与量化分析［J］．经济管理，2020（4）．

［11］"中国城市营商环境评价研究"课题组．中国城市营商环境评价的理论逻辑、比较分析及对策建议［J］．管理世界，2021（5）．

［12］中国国际贸易促进委员会．2021年度中国营商环境研究报告［R］．北京：中国国际贸易促进委员会研究院，2022.

［13］World Bank Group. Doing business 2019［R］. Washington：The World Bank，2020.

［14］World Bank Group. Business enabling environment pre-concept note 2022［EB/OL］. https：//www. worldbank. org/content/dam/doingBusiness/pdf/BEE-Pre-Concept-Note Feb-8-2022. pdf.

Evaluation，Analysis and Optimization Suggestions of Business Environment in Chinese Cities

Li Zhijun[1,2]　Li Rui[3]

（1　Development Research Center of the State Council，Beijing，100010；

2　School of Government，University of Chinese Academy of Social Sciences，Beijing，102488；

3　International Business School，University of International Business and Economics，Beijing，100029）

Abstract：Analyzing and evaluating the cities' doing business is an important basis for optimizing the business environment in China, as it is an important external environment that has a direct impact on the behavior of enterprises. Based on the index system established in 2020 Evaluation of Doing Business in Chinese Cities, this paper first evaluated and analyzed the business environment indexes of 289 prefecture-level cities and above in China in the past two years, and then compares the performance of the business environment index and sub-indexes of four regions, six urban agglomerations and the northern and southern regions of China. We pointed out the realistic problems and challenges faced by China's urban business environment at the present stage, and put forward some policy suggestions to provide reference for optimizing the business environment.

Key words：Business environment；Regional analysis；Urban agglomeration；Policy suggestions

营商环境与企业绩效的影响关系研究[*]
——基于文献分析的视角

● 许志端[1]　　阮舟一龙[2]

（1　厦门大学中国营商环境研究中心　厦门大学管理学院　厦门大学　厦门　361005；

2　厦门大学知识产权研究院　厦门大学法学院　厦门大学　厦门　361005）

【摘　要】营商环境对企业绩效的影响已成为宏观经济与微观经济影响关系的热点研究领域。采用文献内容分析法，分析营商环境研究演变，探讨营商环境与企业发展的影响关系以及营商环境如何影响企业绩效。研究结果表明：就营商环境研究演变而言，尚存在对现有营商环境指标体系合理性进行反思的研究机会；就影响效应而言，有效的营商环境可以降低企业外部风险，使其规避外部风险能力得到提升，并提高了企业盈利能力，但是与企业成长能力呈现复杂的因果关系；腐败的调节效应在营商环境与企业风险承担水平以及盈利能力之间表现明显。基于既往研究，提出了以下研究方向：丰富影响营商环境的前因变量、深入探讨营商环境对企业绩效的作用机制、阐明营商环境与中小企业技术创新能力的关系以及扩展中国情景下的实证研究等。

【关键词】营商环境　企业绩效　文献综述

中图分类号：F124　　　　文献标识码：A

1. 引言

企业绩效除了受限于企业规模、管理水平、资金实力等自身条件之外，外部的宏观环境对企业绩效的影响也越来越受重视。营商环境作为一种宏观变量以衡量政府的监管质量和效率为目的，已然成为学术界探讨宏观环境对企业发展的重要影响因素的研究对象。早在 2002 年，Djankove 等在 *Quarterly Journal of Economics* 顶级期刊发表的 *The Regulation of Entry* 开创了营商环境与企业绩效之间

---

　* 基金项目：研究阐释党的十九届六中全会精神国家社科基金重大项目"新时代构建亲清政商关系研究"子课题"亲清政商关系构建研究：政府视角"（项目编号：22ZDA045）；福建省社会科学规划项目—重点项目"福建省数字经济营商环境建设及优化研究"（项目编号：FJ2021A017）。

　通讯作者：阮舟一龙，E-mail：rzyl@ xmu. edu. cn。

影响关系的先河（*Djankov et al.*，2002）。此后，经济学、管理学和法学等领域的学者便开始从不同的理论视角，探讨两者的影响关系，并逐步形成了开办企业、办理建筑许可、获得电力、登记财产、获得信贷、保护少数投资者、纳税、跨境贸易、执行合同和办理破产等十项内容的营商环境评价体系（World Bank，2018）。尽管关于营商环境与企业绩效的影响关系在学术界持续了近二十年的讨论，但时至今日仍未有一个对该领域的研究进行完整系统的综述。

基于此，本文通过梳理现有文献，探讨什么是营商环境与企业绩效的影响关系以及营商环境如何影响企业绩效等实践问题，旨在帮助学界和业界进一步理解营商环境与企业绩效的影响关系的深层含义。由于营商环境和企业发展涉及范围相对较广，为便于讨论，本文依据企业生命周期理论，对企业在开设阶段、日常运营阶段、融资阶段遇到的进入规制、纳税规制、贸易规制、融资规制等对企业绩效的影响及作用机理进行评述。

本文对营商环境与企业发展的影响关系的研究主要有两方面贡献：第一，全面且系统地回顾了国外学者在该方面的研究，综述了积极影响、消极影响、无影响和混合影响等多种形态的影响关系。通过构建整合框架，对两者影响关系的途径进行了梳理，为当前该领域的研究提供了一个完整、清晰的视角。第二，识别出营商环境与企业绩效影响关系的实证文献的关键问题，从而为未来的研究提供了可行的研究途径。

2. 营商环境对企业绩效影响效应的整体情况

根据 Mayring（2004）的内容分析方法以及为了确保没有遗漏文献，本文采取以下三个步骤甄别相关文献：

第一，选择相关的关键词。对于国外文献，通过阅读世界银行发布的历年营商环境报告，发现"doing business""business environment""business climate""institutional quality"和"regulation quality"更贴近本文的研究主题。对于国内文献，选择"营商环境"作为主题词和关键词。

第二，检索并下载相关文献。为了保证数据源的完整性，本文确认了四类国内外文献数据源：第一类是主流的国外在线文献数据库，包括 Web of Knowledge、Science Direct、Springer、Wiley、EBSCO 和 EMERALD ，本文用上述五个关键词对"标题、摘要和关键词"进行了相关检索；第二类是世界银行"营商环境"项目网站的文献数据库，主要收录了 200 多篇发表在前 50 位高水平英文学术期刊的相关文献；第三类是来源于两位相关研究人员的文献，分别是 Simeon Djankov 被收录于最大经济和金融文献数据库 IDEAS 的相关文献以及 Ronald U. Mendoza 的工作文献 *Doing Business*：*A Review of Literature and Its Role in APEC 2015*；第四类是以"中国知网"为主的国内文献库数据源，以"营商环境"作为主题词和关键词进行检索并下载，检索条件包括文献分类（经济与管理科学）、期刊来源（以 CSSCI 为主）。

第三，确定文献筛选标准。首先，本文仅选择了在管理学和经济学领域的同行审议期刊上发表的英文文献，排除了非此类文献，并利用 Endnote 文献管理软件进行了重复文献筛选；其次，由于本文所要综述的内容基于世界银行营商环境评估体系框架，故排除非世界银行营商环境及其相关指标的研究文献；最后，由于本文仅关注政府监管效率和质量，故排除仅从法律层面讨论的研究文献。

通过上述三步，本文总共获得 424 篇文献样本，其中国外文献 272 篇，国内文献 152 篇。国外学术界关于营商环境的研究可分为慢热期（2004 年之前）、上升期（2004—2014 年）和冷却期（2014年至今）；国内学术界关于营商环境的研究在 2012 年之前几乎无人关注，在 2012—2016 年开始零星出现研究成果，2016 年之后，国内学术界的研究成果开始呈现指数增长。可见，国内学术界在营商环境研究领域相对于国外学术界而言，起步较晚，研究相对滞后，仅在近几年才开始兴起。表 1 显示了营商环境各专项领域的开创性文献、主要观点及理论/模型。

表 1　　　　　　　　　　　　营商环境各专项领域的开创性文献

开创性文献	主 要 观 点	理论/模型	营商环境维度
Djankov 等（2002）	经济体的监管负担越重，则该经济体的腐败程度越高，非正式经济规模越大，行政约束越低以及政治权利越少	公共选择理论	开办企业
Djankov 等（2003）	程序形式主义越严重，即解决纠纷的监管程度越复杂，纠纷持续时间越长，执行效率越低以及腐败程度就越高	形式主义理论	执行合同
Cull 和 Xu（2005）	私人拥有企业程度与企业再投资有关，即私人拥有企业份额越高，企业越愿意进行再投资，从而扩大企业规模	产权理论	登记财产
Djankov 等（2007）	采用普通法系的经济体具有较高债权人权利，而采用大陆法系的经济体具有较高的公共信用登记率。随着债权人权利和公共信用登记率的提升，私人信贷额在 GDP 的占比也随之提高	信贷权利理论和信贷信息理论	获得信贷
Djankov 等（2008a）	造成破产程序低效的决定因素在于法律渊源和经济发展程度，即源于法国的法律体系和欠发达地区的办理破产率相对较低；同时，将企业的整体业务作为抵押品进行抵押时，丧失赎取权能更好地利用"浮动抵押"债务证券	法与金融理论	办理破产
Djankov 等（2008b）	金融发展促进了中小投资者免于企业内部人员侵占的法律保护	法与金融理论	保护少数投资者
Djankov 等（2010b）	企业税率抑制了投资水平、外商直接投资率和企业家精神	公共财政理论	纳税
Djankov 等（2010a）	交易时间越长，交易额就越低，对更具时间敏感性的农产品、制造产品以及内陆经济体的影响更大	引力模型	跨境贸易
Freund 等（2015）	针对政府特定服务的贿赂请求，如获得施工许可证，企业等待时间会随着贿赂强度的增大而缩短，对于等待时间成本越高的企业以及监管负担越大的国家而言，这种关系越显著	"润滑剂"假说	办理建筑许可

续表

开创性文献	主 要 观 点	理论/模型	营商环境维度
Geginat 和 Ramalho（2018）	越发达的地区，其获得电力连接交易成本越低；经济体的公共产品部门官僚主义严重；从行业层面，电力需求越大的行业，获得电力连接的交易成本就越低	公共选择理论	获得电力

资料来源：作者整理得到。

就营商环境维度研究来看，当前学者的主要研究领域集中于开办企业、保护少数投资者、获得信贷、纳税以及跨境贸易等领域。然而，在办理建筑许可、登记财产以及获得电力等领域的研究相对较少，营商环境对企业绩效的影响研究始于 2003 年。

研究者分别从跨国和单个经济体两方面对营商环境和企业绩效的关系进行了探讨。跨国研究是当前研究者主要的研究方面，这也预示着一国或地区的营商环境不仅仅影响本地的企业，同时也对其他国家或地区在当地投资的企业产生影响。在对单个经济体研究中，中国受到最多关注，印度、巴西、西班牙、斯里兰卡和美国等经济体也有较多关注。从已有研究所涉及的区域来看，可以发现发展中国家，尤其是新兴工业国家的营商环境是主要的研究对象。另外本文还关注了企业类型、实证数据类型及主要计量方法等方面，发现现有研究的主要研究对象为中小型私营企业，主要数据类型和数据形式分别为二手数据和面板数据，主要的计量方法为最小二乘法，也有采用工具变量、广义矩估计以及空间计量等。

3. 营商环境研究演变

基于以上文献样本，本文依据时间维度阐述国内外学者关于营商环境主题的研究演变，以期为后续学者的研究提供参考依据。

3.1 国外研究演变

（1）20 世纪末至 21 世纪初，Hernando de Soto 在 1989 年撰写的《另一种途径》，La Porta 等建立的"法与金融"理论以及世界银行发布的《世界发展报告 2002：建立市场制度》，都在阐述高昂的制度性交易成本已经成为经济增长的主要阻碍，让很多学者关注到制度的重要性，世界银行首席经济学家 Djankov 等发表的一系列文献（Djankov et al. , 2002, 2003, 2005, 2006, 2007, 2008, 2010）开创了营商环境的研究先河。世界银行也由此构建了围绕企业全生命周期的营商环境评价指标体系。

（2）21 世纪 10—20 年代，随着世界银行发布的《全球营商环境报告》的影响力逐渐扩大，相关机构及学者对其构建指标体系的理论假设的合理性进行了激烈的争论。世界银行内部具有独立审查功能的评估机构（Independent Evaluation Group，IEG）发表的《营商环境报告：独立评估——考察世界银行国际金融公司营商环境指标》和伦敦政治经济学家 Timothy Besley 的《法律、监管和商业环境：世界银行营商环境项目的性质和影响》最具有代表性。尽管如此，仍然有许多学者认为营商环境对经济增长的促进作用不言而喻，以 Corcoran Adrian 的《外商直接投资与营商环境便利度》为主要代表作。国外学者对于营商环境问题的关注与世界银行在全球推销新自由主义这一理念是趋同的，旨在进一步放宽政府监管，提高其效率。

3.2　国内研究演变

（1）2003—2010 年，在营商环境尚未正式引入中国前，国内学术界更多关注与之具有相似含义的"行政审批制度改革"领域。自 2003 年营商环境概念被首次引入中国后（许先国和汪永成，2003），学者对我国营商环境现状进行了简单论述（代明，2005；张波，2006），但并未引起国内学术界的足够重视。

（2）2010 年至今，随着我国不断深化"放管服"改革，营造稳定公平透明的营商环境就此展开。现状问题、优化路径、影响机制和评价标准成为营商环境研究的四大主要视角，大量著述涌现。就现状问题视角而言，我国营商环境改革尚在初级阶段，存在严重的区域差异化、信息壁垒、政策执行力度不足等问题是主流学者的共识（史长宽和梁会君，2013）。就优化路径视角而言，学者们为打造法治化市场化国际化营商环境提供了诸多政策建议（宋林霖和何成祥，2018；董彪和李仁玉，2016）。就影响机制视角而言，我国学者发现营商环境对经济发展、行业发展、对外直接投资、技术进步或创新以及企业决策行为等产生重大影响（周超等，2017；夏后学等，2019；董志强等，2012；许志端和阮舟一龙，2019；阮舟一龙和许志端，2020；魏下海等，2015）。就评价标准视角而言，我国学者一直致力于构建符合中国国情的营商环境评价体系（张三保等，2020；张三保和曹锐，2019；李志军等，2021）。我国学者对营商环境问题的关注与我国政策方向息息相关：由之前关注行政审批制度改革问题，转向营商环境与经济发展关系研究。

3.3　国内外研究演变比较分析

综上所述，国内外学者就营商环境问题均有较为深入研究，且都关注到营商环境对微观经济的影响，即认为营商环境是企业绩效的重要影响因素之一，通过优化营商环境可以促进企业发展、提高效率和降低成本。而营商环境的恶化则会给企业带来负面影响，例如减少投资、降低就业和竞争力等。另外，政府是营商环境的重要影响者之一，在优化营商环境方面发挥着重要作用，已经在国内外学术界达成共识。

营商环境的研究起源于国外，因此在研究路径方面国内外学者会有所不同。从以上分析来看，国外学者始终围绕世界银行营商环境指标体系进行研究，并经历了指标体系构建、影响路径分析以及指标体系合理性探讨等阶段，形成了较为完善的研究路径。反观国内学者，其初始研究更多是一种跟随研究，即首先开展对世界银行营商环境指标体系的解读，在某种程度上不具备一定的创新性，并在此框架下探讨国内营商环境的现状及优化路径；接着套用该指标体系，收集国内相关数据进行实证研究。随着国内营商环境研究热度升温，以张三保等（2020）为代表的国内学者开始寻求构建符合中国国情的营商环境指标体系。然而，国内学者尚未对现有营商环境指标体系的合理性提出质疑并进行反思，进而完善国内营商环境的研究路径。

4. 基于企业生命周期的营商环境研究

从上述营商环境研究演变来看，国内外学者对营商环境的研究视角已从宏观层面转向微观层面。因此，本文依据企业生命周期理论，进一步探析营商环境对企业绩效的影响效应，具体分析如下。

4.1 进入规制对企业绩效的影响

地区的开办企业政策是影响企业是否决定进行风险投资的重要影响因素。例如，国外学者对俄罗斯、中国等国家进行的社会调查发现，当地的营商环境是决定企业家创业行为的重要因素（Djankov et al.，2005）。上述观点得到部分学者的验证，并给出了有效且透明的营商环境是企业规避风险的必要条件的论断（Griffiths et al.，2009）。有效且透明的营商环境有助于正规创业且抑制了因非正规创新产生的竞争风险（Thai and Turkina，2014），因此企业进入壁垒降低（Norbäck et al.，2014）。这一研究结果在相对发达经济体中更为显著，即发达经济体的营商环境对企业家创业产生了更大的便利性（Acs et al.，2008）。同时，就行业创业率而言，政府官僚水平越低，如开办企业成本低、时间短，企业越容易进入有全球性扩张技术转移需求的行业（Ciccone and Papaioannou，2007）。

同时，国外现有研究认为企业进入壁垒是影响其盈利能力的关键因素，宽松的进入制度不仅能提升企业就业率，而且能压缩大型企业的劳动力成本。这一结论得到了相关学者的研究支持，同时验证了进入壁垒与较高的利润率和较低的企业生产率有关（Schivardi and Viviano，2011；Branstetter et al.，2014）。然而，对于边缘企业，现有的准入制度仍然是其进入的主要障碍（Branstetter et al.，2014）。就产权保护而言，安全的产权是企业再投资的重要预测因素（Cull and Xu，2005），弱产权保护制度对企业再投资会产生负向影响（Johnson et al.，2002）。

目前，国外学者证实了改善创业营商环境对企业成长能力起到了促进作用。也就是说，如果制度质量低下，则会有更多的企业家认为该地区的营商环境不利于企业成长，从而选择退出市场（Autio and Fu，2014）。同时，就产权而言，私人拥有企业程度与企业再投资有关，即私人拥有企业份额越高，企业再投资意愿越强，从而扩大了企业规模（Cull and Xu，2005）。

国内学者主要考察了进入规制对企业创新、生产率以及劳动者工资扭曲的影响（明秀南等，2018；魏下海和董志强，2014），例如，进入规制对企业创新和生产率的抑制作用（明秀南等，2018），而有效的营商环境是改善工资扭曲现象和抑制工资偏离的重要途径（魏下海和董志强，2014）。同时，企业开业时间对于进口的影响最为显著，因此在营商环境改善过程中应将此作为重点改善对象（史长宽和梁会君，2013）。进一步，企业开办的行政审批时间、成本、最低实缴资本对居民创业选择的影响，可以认为地区行政审批强度的提升不仅降低了当地居民的创业倾向，而且降低了创业规模，同时相对于服务业和建筑业，工业创业项目的抑制效应最大（张龙鹏等，2016）。

4.2 纳税及贸易规制对企业绩效的影响

在日常运营阶段，纳税规制和贸易规制一直伴随着企业发展。国外学者认为对于具备更为有效的营商环境的经济体而言，随着贸易壁垒的降低，企业绩效会逐渐提升，即贸易增长 1%，企业收入增长超过了 0.5%，反之，增长效应消失（Freund and Bolaky，2008）。国内学者着重考察了贸易便利化水平对进出口贸易等具有重要影响（叶宁华和张伯伟，2018；孙楚仁等，2018）。当前，贸易便利化对进出口贸易具有显著的促进作用已经形成国内学界共识，并构建了贸易便利化水平指标体系进一步检验这种关系（崔日明和黄英婉，2017；刘镇等，2018）。其中，关贸监管效率、行政审批效率、基础设施条件、融资便利程度、高素质劳动力等因素是影响企业进出口强度的显著因素（张会清，2017）。

就纳税规制而言，国外学者主要探讨了税收及累进税对企业创业活动的影响并构建了实证模型进行检验，发现政府增加税率会阻碍企业创业活动，同时高于企业平均收入的累进税对创业行为具有抑制效应，而较低税收则会明显促进企业成长（Baliamoune-Lutz and Garello，2014；Fisman and Svensson，2007）。纳税规制作为营商环境的重要组成部分（郑开如，2018；魏升民和向景，2017）、创新创业环境的改善基础以及经济活力的本原动力（王晓洁等，2017），已然成为国内学者重点讨论对象。然而，相对于国外学者的定量研究，国内学者着重于优化对策建议的定性研究。相关研究表明虽然我国纳税改革在近年来取得较大成就（张景华和刘畅，2018），其排名已位于国际中等偏上水平，但是相较于先进经济体而言仍然存在企业税负过重（李林木等，2018）、企业办税时间过长（张景华和刘畅，2018）、公众对纳税服务缺乏认知（何代欣，2018）、税务信息化水平偏低以及税务信息共享机制缺失（罗秦，2017）等制约因素。因此，为深化"放管服"改革，进一步优化纳税营商环境，解决其当前存在的突出问题，国内学者在参考国际先进改革经验的基础上，结合现代治理模式，提出了税收制度规范化、纳税服务现代化、征管手段智能化、综合治税一体化以及纳税服务社会化等优化对策建议（葛玉御，2017；罗秦，2017；郑开如，2018；袁红英，2018；孙玉山和刘新利，2018）。

4.3 融资规制对企业绩效的影响

国外现有研究认为债权人权利确定了企业融资风险的高低，即债权人权利越大，银行承担风险就越大，企业融资风险也就越高（Houston et al.，2010）。这意味着更强的债权人权利增加了金融危机的可能性。然而，从有利的一面看，更强劲的债权人权利也会促进债权人之间信息共享，继而带来更高的银行盈利能力、更低的银行风险、更低的金融危机可能性以及更高的经济增长。

当前，国外大部分研究倾向于信贷制度和保护少数投资者制度对企业盈利能力起促进作用的假设。例如，有研究表明股权的所有权和控制权与股息支付水平和财务流动性呈正相关，与资本支出的投资呈负相关（Carney and Gedajlovic，2002）。与这些结果一致的是，所有权和控制权的耦合性与盈利能力呈正相关。同时，良好的股东权利可以减少金融摩擦，为企业带来更高的利润，特别是对于拥有大量外部资金的公司而言（Claessens et al.，2014）。然而，也有学者对上述观点提出了不同意见，认为在投资者保护较强的经济体，公司的现金红利低于保护力度较弱的国家，而在投资者保护不力的经济体，现金红利和回购率相对较低（Alzahrani and Lasfer，2012）。同时，企业成长率与投资者保护的质量呈正相关关系（John et al.，2008），即宽松的融资制度和完善的投资者保护制度为企业带来更多融资渠道和更高安全性，也为企业的成长提供更多便利。因此，企业更有可能在金融领域发达、法律体系高效、债权人权利大、低监管负担和企业税收以及具备有效的破产程序等的地方经营（Demirguc-Kunt et al.，2006）。由此可见，金融、犯罪和政策不稳定等直接影响企业成长，而政府需要将政策稳定性、控制犯罪率和放宽融资约束作为促进企业成长的重要手段（Ayyagari et al.，2008）。国内学者着重考察了融资制度对企业融资约束、融资成本的影响，探究了不同营商环境下非正规部门的竞争对正规企业融资约束的差异性影响（何冰和刘钧霆，2018），考察了金融市场化改革对于民营企业信贷融资、融资成本的影响（佟明亮，2015）。

除以上研究外，还有部分学者从行贿和腐败（Wang and You，2012；Zhu and Zhang，2016；Gao，2011）、创新创业（Si et al.，2014；Djankov et al.，2006b；Djankov et al.，2006a）、政治关联（Zhou，2013）和竞争优势（Cai and Yang，2014）等角度对营商环境问题进行了深入研究。较多研究认为营商环境对企业绩效的影响会受到腐败因素的影响（Alon and Hageman，2013；Freund et al.，2015）。在新制度经济学理论视角下，非正式制度在营商环境不完善地区更能促进创业者的投资行为，同时创业者更偏向于寻求非正式制度保护产权安全，而为了规避外部风险，中小微企业的投资行为更是如此（Zhou et al.，2013）。可见，学者对于在高度管制的经济体中腐败能够促进企业进入的这一观点表示了一致的看法（Dreher and Gassebner，2013）。

营商环境对企业绩效的影响效应见表2。

表2　　　　　　　　　营商环境与企业绩效关系的主要观点及代表文献

企业生命周期	营商规制	主 要 观 点	代表性文献
开设阶段	进入规制	宽松的企业进入规制能够提升企业的外部风险承担能力，促进盈利能力、成长能力等企业关键绩效，尤其是对企业创新影响更为明显	Djankov 等（2005）；Acs 等（2008）；明秀南等（2018）；魏下海和董志强（2014）
日常运营阶段	贸易规制	随着贸易壁垒逐渐消除，企业进出口贸易强度将逐渐加强，进而提升企业绩效	Freund 和 Bolaky（2008）；叶宁华和张伯伟（2018）；孙楚仁等（2018）
	纳税规制	较为宽松的纳税规制对企业创业活力具有一定的促进效应，能够提升企业成长能力	Baliamoune-Lutz 和 Garello（2014）；Fisman 和 Svensson（2007）；郑开如（2018）；魏升民和向景（2017）；王晓洁等（2017）
融资阶段	融资规制	放宽融资约束对企业绩效而言是一种良性制度安排，融资规制中的信贷制度和保护少数投资者制度则是降低企业融资风险和融资成本、提升企业盈利能力的重要因素	Carney 和 Gedajlovic（2002）；Demirguc-Kun 等（2006）；何冰和刘钧霆（2018）

5. 研究结论及未来展望

5.1 研究结论

通过上述分析，本文总结归纳出以下几方面的研究结论：

一是有效的营商环境使得外部风险降低，企业规避外部风险能力得到提升。已有研究表明，有效的营商环境能够加强投资者对规避进入风险的信心，尤其是进入规制和融资规制的影响得到了较多验证，这与交易成本理论和治理理论假设相一致。随着研究的不断深入，越来越多的学者开始关注企业在经营过程中的风险承担水平，例如企业重组风险、融资风险、市场风险等。当前，上述问题的研究仍然在起步阶段，相关的假设也有待进一步检验。

二是有效的营商环境与企业盈利能力存在正向影响。特别是，进入规制、纳税规制、贸易规制相较于融资规制而言对企业盈利能力的正向影响效果更为显著。

三是有效的营商环境与企业成长能力呈现复杂的因果关系。总体而言，部分学者认为由于企业成长能力相比风险承担水平和盈利能力受到更多的内外部因素影响，营商环境与它之间不存在简单的因果关系，而是呈现出了复杂的因果链条。从已有实证研究可知，在检验营商环境与企业成长能力的因果关系中，创业营商环境、纳税营商环境和融资营商环境对它起到了重要作用。

5.2 未来展望

虽然学术界对于营商环境与企业绩效的影响关系进行了深入研究和探讨，但是本文认为该研究领域还存在以下四方面的研究路径：

一是丰富影响营商环境的前因变量。现有文献已经深入探讨了营商环境对宏观经济和微观企业的影响，指明了营商环境的重要性。然而，对于影响营商环境的关键因素并未有过深入探讨。依据营商环境的定义，其本质在于衡量不同经济体的制度质量和制度效率。因此，未来研究可以从制度环境角度出发，探讨怎样的制度能够促进或制约营商环境的改善，如正式制度方面的政府政策和法律法规等以及非正式制度方面的文化价值观和风俗习惯等，从而深入分析营商环境的形成路径。

二是深入探讨营商环境对企业绩效影响的作用机制。营商环境可以从创业营商环境、融资营商环境、贸易营商环境、纳税营商环境和法律营商环境五个维度进行研究。企业绩效则随初创阶段、发展阶段、稳定阶段以及破产清算阶段的生命周期改变而不同。同时，作为外部宏观变量的营商环境并不能直接作用于企业绩效，它需要政府不同部门间的信息共享。因此，未来研究可以将政府部门对企业信息的共享能力作为调节变量，探讨营商环境的多个维度以及各个维度对企业发展不同阶段的影响机制。

三是进一步深入探讨营商环境与中小企业技术创新能力的关系。大型国有或民营企业因与政府之间存在某种联系，这种联系替代了营商环境的影响，也更多地占用了政府资源的分配份额，导致中小企业在这个方面处于不利地位，因此更多地承担了因营商环境的改变而带来的影响。同时，技术创新是企业绩效的源泉，决定着企业的发展速度，尤其是中小企业。因此，未来研究重点可以放在营商环境对中小企业技术创新能力的影响上。

　　四是扩展中国情景下的实证研究。尽管营商环境对企业绩效有着重要意义，但以往大多数研究集中于国外企业，中国情景下的实证研究相对较少。在中国深化"放管服"改革的背景下，探究营商环境的改革路径对企业绩效具有更为深远的意义。因此，未来应扩展中国情景下的实证研究。

◎ 参考文献

[1] 崔日明，黄英婉．"一带一路"沿线国家贸易投资便利化水平及其对中国出口的影响——基于面板数据的实证分析 [J]．广东社会科学，2017（3）．

[2] 代明．从打造营商环境看政府投资的乘数效应 [J]．开发研究，2005（1）．

[3] 董彪，李仁玉．我国法治化国际化营商环境建设研究——基于《营商环境报告》的分析 [J]．商业经济研究，2016，13（12）．

[4] 董志强，魏下海，汤灿晴．制度软环境与经济发展——基于30个大城市营商环境的经验研究 [J]．管理世界，2012（4）．

[5] 葛玉御．税收"放管服"改善营商环境的路径研究 [J]．税务研究，2017（11）．

[6] 何冰，刘钧霆．非正规部门的竞争、营商环境与企业融资约束——基于世界银行中国企业调查数据的经验研究 [J]．经济科学，2018（2）．

[7] 何代欣．对税收服务"放管服"与改善营商环境的思考 [J]．税务研究，2018（4）．

[8] 李林木，宛江，潘颖．我国税务营商环境的国际比较与优化对策 [J]．税务研究，2018（4）．

[9] 李志军，张世国，牛志伟，等．中国城市营商环境评价的理论逻辑、比较分析及对策建议 [J]．管理世界，2021，37（5）．

[10] 刘镇，邱志萍，朱丽萌．海上丝绸之路沿线国家投资贸易便利化时空特征及对贸易的影响 [J]．经济地理，2018（3）．

[11] 罗秦．税务营商环境的国际经验比较与借鉴 [J]．税务研究，2017（11）．

[12] 明秀南，黄玖立，冼国明．进入管制、创新与生产率 [J]．世界经济文汇，2018（1）．

[13] 阮舟一龙，许志端．县域营商环境竞争的空间溢出效应研究——来自贵州省的经验证据 [J]．经济管理，2020，42（7）．

[14] 史长宽，梁会君．营商环境省际差异与扩大进口——基于30个省级横截面数据的经验研究 [J]．山西财经大学学报，2013（5）．

[15] 宋林霖，何成祥．优化营商环境视阈下放管服改革的逻辑与推进路径——基于世界银行营商环境指标体系的分析 [J]．中国行政管理，2018（4）．

[16] 孙楚仁，王松，陈瑾．国家制度、行业制度密集度与出口比较优势 [J]．国际贸易问题，2018（2）．

[17] 孙玉山，刘新利．推进纳税服务现代化 营造良好营商环境——基于优化营商环境的纳税服务现

代化思考 [J]. 税务研究, 2018 (1).

[18] 佟明亮. 法制环境、金融市场化程度与民营企业贷款——来自 2012 年世界银行中国营商环境企业调查的证据 [J]. 技术经济与管理研究, 2015 (10).

[19] 王晓洁, 郭宁, 李昭逸. 优化税务营商环境的"加减乘除法" [J]. 税务研究, 2017 (11).

[20] 魏升民, 向景. 从省际比较看我国税务营商环境变化态势——来自我国 ABC 三省的调查数据 [J]. 税务研究, 2017 (11).

[21] 魏下海, 董志强. 城市商业制度环境影响劳动者工资扭曲吗? ——基于世界银行和中国工业企业数据的经验研究 [J]. 财经研究, 2014 (05).

[22] 魏下海, 董志强, 张永璟. 营商制度环境为何如此重要? ——来自民营企业家"内治外攘"的经验证据 [J]. 经济科学, 2015 (2).

[23] 夏后学, 谭清美, 白俊红. 营商环境、企业寻租与市场创新——来自中国企业营商环境调查的经验证据 [J]. 经济研究, 2019, 54 (4).

[24] 许先国, 汪永成. 香港特区政府中小企业扶持政策分析 [J]. 武汉大学学报（社会科学版）, 2003 (2).

[25] 许志端, 阮舟一龙. 营商环境、技术创新和企业绩效——基于我国省级层面的经验证据 [J]. 厦门大学学报（哲学社会科学版）, 2019 (5).

[26] 叶宁华, 张伯伟. 政府补贴和企业出口动态：营商环境的重要性 [J]. 南开学报（哲学社会科学版）, 2018 (3).

[27] 袁红英. 新一轮世界减税潮：特征、影响与应对 [J]. 东岳论丛, 2018 (4).

[28] 张波. 企业营商环境指标的国际比较及我国的对策 [J]. 经济纵横, 2006 (10).

[29] 张会清. 地区营商环境对企业出口贸易的影响 [J]. 南方经济, 2017 (10).

[30] 张景华, 刘畅. 全球化视角下中国企业纳税营商环境的优化 [J]. 经济学家, 2018 (2).

[31] 张龙鹏, 蒋为, 周立群. 行政审批对创业的影响研究——基于企业家才能的视角 [J]. 中国工业经济, 2016 (4).

[32] 张三保, 曹锐. 中国城市营商环境的动态演进、空间差异与优化策略 [J]. 经济学家, 2019 (12).

[33] 张三保, 康璧成, 张志学. 中国省份营商环境评价：指标体系与量化分析 [J]. 经济管理, 2020, 42 (4).

[34] 郑开如. 税务部门深化"放管服"营商环境更添"获得感"——税务部门"放管服"改革与税务营商环境建设的若干思考 [J]. 税务研究, 2018 (4).

[35] 周超, 刘夏, 辜转. 营商环境与中国对外直接投资——基于投资动机的视角 [J]. 国际贸易问题, 2017, 10 (10).

[36] Acs, Z. J., Desai, S., Klapper, L. F. What does "entrepreneurship" data really show? [J]. Small Business Economics, 2008, 31 (3).

[37] Alon, A., Hageman, A. M. The impact of corruption on firm tax compliance in transition economies: Whom do you trust? [J]. Journal of Business Ethics, 2013, 116 (3).

［38］Alzahrani, M., Lasfer, M. Investor protection, taxation, and dividends ［J］. Journal of Corporate Finance, 2012, 18 (4).

［39］Autio, E., Fu, K. Economic and political institutions and entry into formal and informal entrepreneurship ［J］. Asia Pacific Journal of Management, 2014, 32 (1).

［40］Ayyagari, M., Demirguec-Kunt, A., Maksimovic, V. How important are financing constraints? The role of finance in the business environment ［J］. The World Bank Economic Review, 2008, 22 (3).

［41］Baliamoune-Lutz, M., Garello, P. Tax structure and entrepreneurship ［J］. Small Business Economics, 2014, 42 (1).

［42］Branstetter, L., Lima, F., Taylor, L. J., et al. Do entry regulations deter entrepreneurship and job creation? Evidence from recent reforms in Portugal ［J］. The Economic Journal, 2014, 124 (577).

［43］Cai, S. H., Yang, Z. L. On the relationship between business environment and competitive priorities: The role of performance frontiers ［J］. International Journal of Production Economics, 2014, 151 (5).

［44］Carney, M., Gedajlovic, E. The coupling of ownership and control and the allocation of financial resources: Evidence from Hong Kong ［J］. Journal of Management Studies, 2002, 39 (1).

［45］Ciccone, A., Papaioannou, E. Red tape and delayed entry ［J］. Journal of the European Economic Association, 2007, 5 (2-3).

［46］Claessens, S., Ueda, K., Yafeh, Y. Institutions and financial frictions: Estimating with structural restrictions on firm value and investment ［J］. Journal of Development Economics, 2014, 110 (9).

［47］Cull, R., Xu, L. Institutions, ownership, and finance: the determinants of profit reinvestment among Chinese firms ［J］. Journal of Financial Economics, 2005, 77 (1).

［48］Demirguc-Kunt, A., Love, I., Maksimovic, V. Business environment and the incorporation decision ［J］. Journal of Banking & Finance, 2006, 30 (11).

［49］Djankov, S., Freund, C., Cong, S. P. Trading on time ［J］. Review of Economics & Statistics, 2010a, 92 (1).

［50］Djankov, S., Ganser, T., McLiesh, C., et al. The effect of corporate taxes on investment and entrepreneurship ［J］. American Economic Journal-Macroeconomics, 2010b, 2 (3).

［51］Djankov, S., Hart, O., McLiesh, C., et al. Debt enforcement around the world ［J］. Journal of Political Economy, 2008a, 116 (6).

［52］Djankov, S., La Porta, R., Lopez-De-Silanes, F., et al. The regulation of entry ［J］. Quarterly Journal of Economics, 2002, 117 (1).

［53］Djankov, S., La Porta, R., Lopez－de－Silanes, F., et al. Courts ［J］. Quarterly Journal of Economics, 2003, 118 (2).

［54］Djankov, S., La Porta, R., Lopez-de-Silanes, F., et al. The law and economics of self-dealing ［J］. Journal of Financial Economics, 2008, 88 (3).

［55］Djankov, S., McLiesh, C., Shleifer, A. Private credit in 129 countries ［J］. Journal of Financial

Economics，2007，84（2）.

［56］Djankov，S.，Miguel，E.，Qian，Y. Y.，et al. Who are Russia's entrepreneurs？［J］. Journal of the European Economic Association，2005，3（2-3）.

［57］Djankov，S.，Qian，Y. Y.，Roland，G.，et al. Entrepreneurship in China and Russia compared［J］. Journal of the European Economic Association，2006a，4（2-3）.

［58］Djankov，S.，Qian，Y. Y.，Roland，G.，et al. Who are China's entrepreneurs？［J］. American Economic Review，2006b，96（2）.

［59］Dreher，A.，Gassebner，M. Greasing the wheels？The impact of regulations and corruption on firm entry［J］. Public Choice，2013，155（3-4）.

［60］Fisman，R.，Svensson，J. Are corruption and taxation really harmful to growth？Firm level evidence［J］. Journal of Development Economics，2007，83（1）.

［61］Freund，C.，Bolaky，B. Trade，regulations，and income［J］. Journal of Development Economics，2008，87（2）.

［62］Freund，C.，Hallwarddriemeier，M.，Rijkers，B. Deals and delays：Firm-level evidence on corruption and policy implementation times［J］. The World Bank Economic Review，2015，30（2）.

［63］Gao，Y. Government intervention，perceived benefit，and bribery of firms in transitional China［J］. Journal of Business Ethics，2011，104（2）.

［64］Geginat，C.，Ramalho，R. Electricity connections and firm performance in 183 countries［J］. Energy Economics，2018，76.

［65］Griffiths，M. D.，Kickul，J.，Carsrud，A. L. Government bureaucracy，transactional Impediments，and entrepreneurial intentions［J］. International Small Business Journal，2009，27（5）.

［66］Houston，J. F.，Lin，C.，Lin，P.，et al. Creditor rights，information sharing，and bank risk taking［J］. Journal of Financial Economics，2010，96（3）.

［67］John，K.，Litov，L.，Yeung，B. Corporate governance and risk‐taking［J］. Journal of Finance，2008，63（4）.

［68］Johnson，S.，Mcmillan，J.，Woodruff，C. Property rights and finance［J］. The American Economic Review，2002，92（5）.

［69］Mayring，P. Qualitative content analysis［J］. A Companion to Qualitative Research，2004，1.

［70］Norbäck，P. -J.，Persson，L.，Douhan，R. Entrepreneurship policy and globalization［J］. Journal of Development Economics，2014，110（9）.

［71］Schivardi，F.，Viviano，E. Entry barriers in retail trade［J］. The Economic Journal，2011，121（551）.

［72］Si，S.，Yu，X.，Wu，A.，et al. Entrepreneurship and poverty reduction：A case study of Yiwu，China［J］. Asia Pacific Journal of Management，2014，32（1）.

［73］Thai，M. T. T.，Turkina，E. Macro-level determinants of formal entrepreneurship versus informal entrepreneurship［J］. Journal of Business Venturing，2014，29（4）.

[74] Wang, Y. , You, J. Corruption and firm growth: Evidence from China [J]. China Economic Review, 2012, 23 (2).

[75] World Bank. Doing business 2018: Reforming to create jobs [R/OL]. Washington, DC: World Bank, 201810. 1596/978-1-4648-1146-3.

[76] Zhou, W. Political connections and entrepreneurial investment: Evidence from China's transition economy [J]. Journal of Business Venturing, 2013, 28 (2).

[77] Zhou, X. , Han, Y. , Wang, R. An empirical investigation on firms' proactive and passive motivation for bribery in China [J]. Journal of Business Ethics, 2013, 118 (3).

[78] Zhu, J. , Zhang, D. Does corruption hinder private businesses? Leadership stability and predictable corruption in China [J]. Governance, 2016, 30 (2).

The Relationship between Business Environment and Enterprise Performance
—A Literature Analysis Perspective

Xu Zhiduan [1]   Ruanzhou Yilong [2]

(1 Research institute for Doing Business in China, Xiamen University School of Management, Ximen University, Xiamen, 361005;

2 Interllectual Property Research Institute, Xiamen University School of Law, Xiamen University, Xiamen, 361005)

Abstract: The impact of the business environment on the performance of enterprises has become a hot research topic in the relationship between macroeconomics and microeconomics. Using literature content analysis, this study analyzes the evolution of research on the business environment, explores the impact of the business environment on corporate performance, and examines how the business environment affects corporate performance. The research results show that in terms of the evolution of business environment research, there are still research opportunities for questioning and reflecting on the rationality of the existing indicators. In terms of impact effects, the business environment not only reduces the level of risk that enterprises undertake but also promotes their profitability. However, the causal relationship between the business environment and enterprise growth ability is complex. Based on previous research, the following research directions are proposed: enriching the antecedent variables that affect the business environment, exploring in depth the mechanism of the business environment's impact on corporate performance, clarifying the relationship between the business environment and the technological innovation capacity of small and medium-sized enterprises, and expanding empirical research in the Chinese context.

Key words: Business environment; Enterprise performance; Literature review

珞珈 管理评论

Luojia Management Review

2023 年卷第 3 辑（总第 48 辑）

No. 3, 2023（Sum. 48）

中国跨国公司企业社会责任信息披露
能否缓和海外子公司正当性缺失？*
——基于信息传播视角的研究

● 赵奇伟[1]　余　炎[2]　张　楠[3]

（1，2　武汉大学经济与管理学院　武汉　430072；

3　中南民族大学创新创业学院　武汉　430074）

【摘　要】中国企业的跨国经营绩效与其快速的国际化进程并不匹配，其原因被认为是海外子公司在东道国面临的正当性缺失。企业社会责任（CSR）信息披露可以通过降低信息不对称使国内企业获得正当性，然而这种机制是否在母子公司之间存在跨国溢出效应是一个重要但没有被关注的问题。考虑到信息跨国传播的复杂性，本文通过信息传播视角探究该问题，并分析信息可信度和信息关注度的边界效应。基于 A 股 2008—2019 年跨国公司的面板数据，采用 COX 比例风险模型对该问题进行了实证检验。研究发现：中国跨国公司 CSR 信息披露可以缓和海外子公司面临的正当性缺失，信息可信度和信息关注度增强了这一作用。本文进一步探究了同行业中目标企业与龙头企业间的竞争效应以精炼该机制，为中国跨国公司如何通过 CSR 信息披露提升海外经营绩效提供了精细化的参考意见。

【关键词】企业社会责任　信息传播　中国跨国公司　海外子公司　正当性

中图分类号：F425；F125　　　　　文献标识码：A

1. 引言

近年来，中国企业国际化进程不断加快，然而海外子公司在东道国的经营情况并不理想（王碧珺和衷子雅，2021），其原因被认为是中国跨国公司的海外子公司在东道国关系网络中的嵌入性不

———————————

* 基金项目：国家自然科学基金面上项目"实物期权理论下东道国政治不确定性对国际新创企业创新的影响机制：基于中国的经验研究"（项目批准号：72072136）；教育部人文社会科学研究青年基金项目"双向投资战略布局下中国本土企业创新研究：基于 IFDI 与 OFDI 交互影响机制的分析"（项目批准号：20YJC630211）。

通讯作者：余炎，E-mail：yuyanyy@ whu. edu. cn。

足，面临信息不对称，导致其遭遇"局外人劣势"带来的正当性缺失（Jan Johanson & Jan-Erik Vahlne，2009）。现有针对中国跨国公司国际化绩效的研究大多集中在企业如何走出去对国际化绩效产生的影响（陈初昇等，2020），而随着诸多企业已经走出去，现阶段中国跨国公司面临的更为重要的问题是如何在国外市场扎根、长期生存。

CSR 信息披露作为一种非市场战略，可以帮助国内企业获得认同和正当性（Charpin et al.，2020），标志着企业的管理能力（Dhaliwal et al.，2011）、产品质量（Elfenbein et al.，2012）和可持续发展能力（Marano et al.，2017）。跨国情境下，企业可以利用 CSR 报告作为"信号"来传达未被利益相关者观察到的组织质量（Marano et al.，2017）。在此基础上，我们认为存在一种跨国信息传播机制，即跨国公司可以通过 CSR 信息披露减少海外子公司与东道国利益相关者之间的信息不对称，缓解海外子公司面临的正当性缺失。

鉴于信息跨国传播的复杂性，现有研究通常从信号理论的视角探讨 CSR 信息的传播问题（Spence，1973；石军伟等，2009）。然而信号理论更加关注企业发出"信号"的动机及其最终产生的绩效结果，并不能有效刻画"信号"传播的过程。在本文所探讨的跨国情境中，信息传播过程无疑是非常重要的。因此，本文采用信息传播视角进行研究，并基于该视角构建了中国跨国公司 CSR 信息的跨国传播机制，探究信息可信度和信息关注度的边界效应。

本文的创新之处体现在三个方面：

（1）本文基于制度理论分析了中国跨国公司 CSR 信息如何帮助海外子公司克服"局外人劣势"，进而缓和其在东道国面临的正当性的缺失。不仅拓展了 CSR 和制度理论的研究范围，也是对母子公司外溢机制研究文献的重要补充。

（2）本文基于信息传播视角，引入信息可信度和信息关注度，对中国跨国公司 CSR 信息的跨国传播过程进行机制分析，在一定程度上弥补了 CSR 信息跨国传播的研究空白，并对现有研究进行了重要的视角创新。

（3）本文进一步探讨了在同行业中，中国跨国公司 CSR 信息披露与龙头企业之间的"竞争效应"，有助于为中国跨国公司如何通过 CSR 信息披露提升海外经营绩效提供参考意见。

2. 文献综述

2.1 中国跨国公司海外子公司面临的正当性缺失

本文采纳陈立敏等（2016）的建议，对 legitimacy 采用"正当性"的译法。legitimacy 也被译为"合理性"或"合法性"。关于正当性的研究，学者们通常从不同角度和不同维度对其进行分类，根据授予正当性来源的不同，Drori 和 Honig（2013）将其分为内部正当性和外部正当性。由于海外子公司身份的特殊性，需要同时面对内部和外部的双重同构压力（Li，2005）。本文着重关注海外子公司的外部正当性。

现有研究认为中国跨国公司海外子公司在东道国外部正当性缺失主要基于四个理论："外来者劣

势"（liability of foreignness）、"来源国劣势"（liability of origin）、"新入者劣势"（liability of newness）和"局外人劣势"（liability of outsidership）。对于中国跨国公司的海外子公司，由于其东道国的多样性以及多年来的跨国实践，"来源国劣势"和"新入者劣势"仅适用于局部的情况，并不能广泛涵盖中国跨国公司海外子公司面临的正当性缺失的来源。因此本文采用 Johanson 和 Vahlne（2009）在荣获 2019 年 JIBS 十年大奖的论文中对"外来者劣势"作出的理论创新，即基于关系网络提出的"局外人劣势"① 作为本文的理论基础。

2.2　CSR 的正当性

学者对 CSR 的定义大多相似，例如："以增加社会福利为目的，超出企业明确交易利益之外的非法律强制的企业行为"（Gottschalk，2016）；"旨在改善社会或环境条件的自愿企业行动"（Mackey，2007）。

CSR 天然具有正当性。早期的 CSR 以企业自愿承担为主，以欧美地区为首的发达国家已演化出一套较为完整、精细的评价体系，中国自 21 世纪以来也自发地涌现多种民间组织和榜单来评比、监督企业的社会责任行为（陈立敏和布雪琳，2021）。全球化更是加速了这一观念的扩散，说明 CSR 越来越成为"可取的、正确的或恰当的"（Suchman，1995），甚至"必要的"行为。

对于本文所关注的海外子公司在东道国面临的外部正当性缺失，陈立敏和布雪琳（2021）认为企业的外部利益相关者通常能够受益于 CSR 的正外部性，因此普遍认可、期待甚至监督这一行为。

2.3　跨国情境下的 CSR

现有在跨国情境下探究 CSR 的文献并不多。其中 Marano 等（2017）基于新制度理论和新兴市场的特殊性考察了新兴市场国家的制度缺陷情况与新兴市场跨国企业（EM-MNEs）使用 CSR 报告之间的联系。Hawn（2020）研究了媒体对 EMMs 的 CSR 和 CSiR 的报道如何影响对金砖国家的收购结果。

获取正当性是企业履行 CSR 最普遍、最重要的动机（Chiu & Sharfman，2011；Campbell，2007）。在本文所关注的情境下，中国跨国公司的 CSR 信息披露可以帮助海外子公司建立声誉和获取当地利益相关者的信任（Chernev，2015）。同时，CSR 信息披露还具有提升透明度、改善治理能力的作用（Cheng et al.，2014；Mithanima，2017），因此，CSR 已成为中国跨国公司克服局外人劣势，缓和海外子公司正当性缺失的有效工具。

2.4　信息传播视角下的 CSR

现有研究通常从信息经济学的信号理论视角探讨 CSR 信息披露问题。例如石军伟等（2009）认

---

① 　Jan Johanson 和 Jan-Erik Vahlne（2009）认为跨国公司所处的商业环境是一个关系网络，而不是一个拥有许多独立供应商和客户的新古典市场。在关系网络中，企业以各种各样的复杂的、不透明的模式相互联系在一起，相关网络中的内部人（insidership）是国际化获得成功的重要条件，因此存在"局外人劣势"。

为投资于 CSR 是一种利益相关者更易接受的信息传递方式。然而信号理论并不能有效刻画"信号"从"信息源"传播到"受信者"的过程。在本文所探讨的跨国情境中，信息的传播过程无疑是非常重要的，因此本文采用信息传播视角对该问题进行研究。

拉斯韦尔模式是最基本的信息传播模式，也是最具有代表性的线性传播模式（见图 1）。拉斯韦尔认为传播过程包含五大要素：谁（who），说什么（say what），通过什么渠道（in which channel），向谁说（to whom），产生什么效果（with what effect）（Lasswell，1948）。

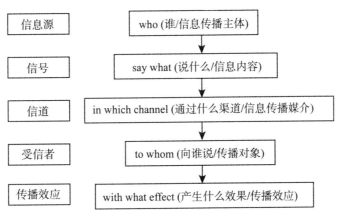

图 1 拉斯韦尔的信息传播过程模式

本文结合拉斯韦尔的信息传播过程"5W"模式，从信息传播的视角构建了中国跨国公司 CSR 信息的跨国传播机制（见图 2）。

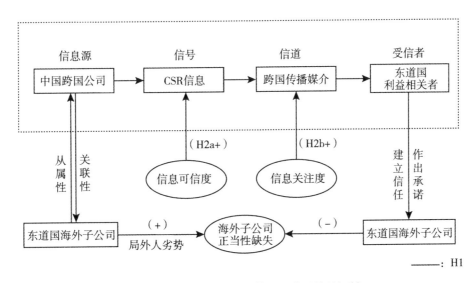

图 2 中国跨国公司 CSR 信息的跨国外溢机制

具体而言，作为"信息源"的中国跨国公司向外部发出一个"信号"，即披露 CSR 信息，"信号"通过作为跨国传播媒介的"信道"最终传递到作为"受信者"的东道国利益相关者，从而缓解海外子公司的正当性缺失。而信息可信度和信息关注度通过影响 CSR 信息的可信性和跨国传播媒介的强度进而影响 CSR 信息披露对海外子公司正当性缺失的缓解效果。

2.5　文献评述

通过整理相关文献，本文发现目前学界已经对中国跨国公司海外子公司在东道国面临正当性缺失以及 CSR 具有天然的正当性达成了共识，但很少有研究探讨二者之间的关系。其原因主要在两个方面：第一，跨国公司海外子公司的数据难以收集；第二，跨国情境下 CSR 信息的传播机制难以刻画。

最近一项关注该问题的研究基于沪深两市 A 股上市企业 2009—2018 年的面板数据探讨了 CSR 披露能否提升国际化企业绩效。结果表明，高质量的 CSR 披露可有效减缓跨国公司国际化初期的绩效下降的趋势，但长期来看，在国际化后期，CSR 披露则对企业管理成本具有消极影响（陈立敏和布雪琳，2021）。该研究揭示了 CSR 披露对中国企业国际竞争力的全过程影响及作用机制，提供了有趣的见解。本文在该研究的理论见解基础上，从信息传播视角探讨 CSR 的跨国传播过程。

3.　研究假设

3.1　中国跨国公司 CSR 信息披露与海外子公司正当性缺失

跨国企业的组织能力和管理取向往往在东道国不太为人所知（Mukherjee et al.，2018），这导致海外子公司与利益相关者之间的信息不对称。然而，跨国企业可以通过传达代表能力的信息来缓解这种信息不对称，例如政府的出口补贴、国际认证等（Bagwell & Staiger，1989；Clougherty & Grajek，2008）。就社会和环境绩效而言，企业的 CSR 信息标志着其管理能力（Dhaliwal et al.，2011）、产品质量（Elfenbein et al.，2012）和可持续发展能力（Marano et al.，2017），因此，跨国公司可以通过 CSR 信息披露来传达未被观察到的组织质量，以缓解海外子公司面临的"局外人劣势"带来的正当性缺失。

尽管跨国企业的 CSR 实践可能因国家而异（Surroca et al.，2013），但由于以下两个原因，母公司的 CSR 信息仍然是东道国利益相关者对子公司 CSR 行为可靠的预测指标。首先，由于母公司和子公司之间的从属性和关联性，跨国公司内部存在着巨大的同构压力，以保持母子公司之间在战略和利益相关者导向上的一致性。其次，一个公司的社会和环境实践通常是在与利益相关者的长期互动中演变而来的，因此，经常被内化到企业的政策中，这些政策往往会在整个公司中持续存在。

在此基础上，我们认为存在一种跨国信息传播机制，即母公司的 CSR 信息披露有助于减少海外子公司与东道国利益相关者之间的信息不对称，降低海外子公司面临的"局外人劣势"，从而缓和海外子公司的正当性缺失。综上，本文提出如下假设：

H1：中国跨国公司 CSR 信息披露与海外子公司正当性缺失负相关，即中国跨国公司更好的 CSR 信息披露，会缓和海外子公司面临的正当性缺失。

3.2　信息可信度的调节作用

由于母国和东道国之间的地理距离、语言差异、文化差异等因素，跨国公司和东道国的利益相关者之间可能存在较为严重的信息不对称。本文基于信息传播视角，引入信息可信度和信息关注度作为调节变量，观察其边界效应。

Li 等（2018）通过对中国企业跨国并购的研究，指出国有企业若聘请"四大"会计师事务所进行审计，可以提高企业的透明度。审计师的主要职责是保证公司信息和公司报告的可信性，审计人员的素质决定着公司信息披露的质量，其中不仅包括财务信息的质量，也包括 CSR 信息披露的质量（Fernandez-Feijoo et al.，2018；Bradbury，2022；张多蕾等，2022）。虽然更好的审计师可能不会要求更多的信息披露，但他们可以确保所披露信息的可信性。因此，本文选取是否聘请"四大"会计师事务所进行审计作为信息可信度的代理变量。

信息可信度作用于企业传递的"信号"，即信息可信度可以让企业披露的 CSR 信息更加真实，进而增强 CSR 信息披露对海外子公司正当性缺失的缓和作用。综上，本文提出如下假设：

H2a：信息可信度会正向调节中国跨国公司 CSR 信息披露与海外子公司正当性缺失之间的负相关关系。

3.3　信息关注度的调节作用

分析师在信息提炼、信息生产和信息传播的过程中全面介入（潘越等，2011）。在信息提炼的过程中，证券分析师可以从冗长的公司年报中提取出关键信息，并精炼成投资者易于理解的形式。在信息生产的过程中，证券分析师可以通过多种渠道获得公司一手资料，并形成高质量的研究报告。在信息传播的过程中，证券分析师拥有丰富的信息传播渠道。Kim 和 Zhang（2016）认为分析师对公司管理层的行为有着积极的监督作用。赵静等（2018）认为较多分析师关注代表较强的外部监管环境。对于证券分析师关注度较高的中国跨国公司，在多重交织的信息渠道网络覆盖下，包括 CSR 信息在内的各种信息都会被更全面、多角度的揭示和解读，从而提高信息传播的效率和效果。

信息关注度作用于"跨国传播媒介"。即信息关注度可以使企业披露的 CSR 信息通过多种渠道更快速地传播，进而增强 CSR 信息披露对海外子公司正当性缺失的缓和作用。综上，本文提出如下假设：

H2b：信息关注度会正向调节中国跨国公司 CSR 信息披露与海外子公司正当性缺失之间的负相关关系。

结合以上论述，本文的模型框架如图 3 所示。

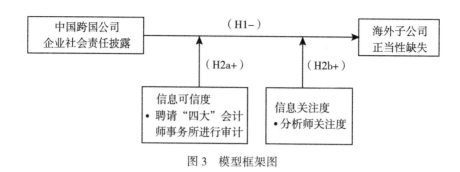

图 3　模型框架图

4. 研究设计

4.1　数据来源

本文选取我国沪深两市 A 股上市公司 2008—2019 年海外子公司作为研究对象。海外子公司数据来自对上市公司年报的手工搜集整理。跨国公司 CSR 信息披露数据来自中国研究数据服务平台（CNRDS）的环境、社会和治理数据库（Environmental Social and Governance Database，CESG）。企业透明度和其他相关数据来自 Wind 金融数据终端、国泰安数据库（CSMAR）和世界银行发展指标数据库。

本文对样本进行了如下筛选处理：（1）剔除海外子公司注册地在中国的样本（如中国港澳台地区）；（2）剔除海外子公司注册地在"避税天堂"的样本（如开曼群岛、百慕大）；（3）剔除 ST、*ST 和已退市公司；（4）剔除观察期内未披露 CSR 报告的样本。最终得到 443 家跨国公司在 89 个东道国或地区设立的 2688 家海外子公司作为研究对象，共计 10769 个观测值，表 1 为样本的描述性分析。

表 1　　　　　　　　　　　　　　　　样本的描述性分析

东道国分布			行　业　分　布		
国家/地区	数量/个	比例	行业	数量/个	比例
美国	2405	22.33%	制造业	6577	61.07%
澳大利亚	1305	12.12%	采矿业	778	7.22%
德国	640	5.94%	信息传输、软件和信息技术服务业	661	6.14%
日本	640	5.94%			
英国	524	4.87%	建筑业	494	4.59%
加拿大	353	3.28%	文化、体育和娱乐业	480	4.46%
印度尼西亚	347	3.22%	批发和零售业	439	4.08%

续表

东道国分布			行 业 分 布		
国家/地区	数量/个	比例	行业	数量/个	比例
越南	323	3.00%	房地产业	380	3.53%
巴西	321	2.98%	交通运输、仓储和邮政业	334	3.10%
马来西亚	307	2.85%			
俄罗斯	295	2.74%	水利、环境和公共设施管理业	153	1.42%
法国	273	2.54%			
意大利	259	2.41%	电力、热力、燃气及水生产和供应业	146	1.36%
阿联酋	180	1.67%			
墨西哥	161	1.50%	科学研究和技术服务业	87	0.81%
西班牙	153	1.42%	农、林、牧、渔业	86	0.80%
新西兰	134	1.24%	租赁和商务服务业	64	0.59%
比利时	119	1.11%	卫生和社会工作	40	0.37%
老挝	103	0.96%	住宿和餐饮业	34	0.32%
其他	1927	17.89%	综合	16	0.15%
合计	10769	100.00%	合计	10769	100.00%

注：采用证监会行业分类标准。

4.2 变量设计

4.2.1 被解释变量

本文的被解释变量为海外子公司正当性缺失，海外子公司正当性缺失是一个非常抽象的概念，对它的直接测度比较困难，很多学者采用不同的客观指标测度正当性（Ruef & Scott，1998；Tornikoski & Newbert，2007；杜运周和张玉利，2012）。本文基于正当性相关研究将海外子公司的退出风险作为正当性缺失的代理变量。若海外子公司在东道国具有正当性，则有利于海外子公司在东道国与当地利益相关者开展合作，获取资源，从而增加企业的长期利益，提高企业的生存绩效。

因此，我们将海外子公司正当性缺失定义为海外子公司在 t 时点的生存风险率（Cens）。通常应具备两个变量：海外子公司生存状态和海外子公司生存持续时间。（1）海外子公司生存状态。若在 t 时点，海外子公司仍在经营，取值为 0，反之海外子公司终止清算、股份剥离等，则认为海外子公司退出市场，取值为 1。（2）海外子公司生存持续时间。海外子公司 i 从 2008 年（样本第一年）或进入国家 j 开始，到退出此市场或 2019 年（样本最后一年）所经历的时间。两个变量均来自企业年报。

4.2.2 解释变量

本文的解释变量为中国跨国公司的企业社会责任信息披露（CSR），来自中国研究数据服务平台（CNRDS）的环境、社会和治理数据库（Environmental Social and Governance Database，CESG）。该数据库根据我国 CSR 所涉及的具体内容，包含 6 个方面的 CSR 信息，由 50 个细分指标构成，包含 42 个虚拟变量和 8 个连续变量，其中 6 个连续变量含有缺失值。为了使变量之间具有可比性，我们对指标进行了如下处理：（1）将 6 个含有缺失值的连续变量的缺失部分填充为 0；（2）为了减少异方差出现的概率，把"捐款总额"和"研发支出"两个连续变量进行取对数处理；（3）对 8 个连续变量进行离差标准化，使结果映射到［0，1］区间；（4）将细分指标根据 6 个方面进行整合，得到了 6 项不同方面的 CSR 指标，我们将每一项指标下细分指标的平均数作为该项指标的值。最后，我们将 6 项"优势"指标的平均数作为 CSR 的得分。

4.2.3 调节变量

（1）信息可信度。衡量信息可信度的调节变量为是否聘请"四大"会计师事务所进行审计（Big4），具体估计方法为如果中国跨国公司聘请"四大"会计师事务进行审计，则具有较高的信息可信度，取值为 1，否则取值为 0（Li，2018；赵奇伟和吴双，2019）。

（2）信息关注度。衡量信息关注度的调节变量为中国跨国公司被分析师关注度（Analyst），具体估计方法为在一年内，有多少个分析师（团队）对该公司进行过跟踪分析，一个团队数量为 1（林慧婷等，2016）。

4.2.4 控制变量

根据先前有关海外子公司的生存研究（衣长军等，2019；陈初昇等，2020）和现有理论，本文从国家和公司两个层面进行控制变量的选取。

国家层面包含东道国经济稳定性（Infla）、东道国战略资产水平（Hitec）和东道国是否"一带一路"沿线国家（Belt）。东道国经济稳定性用东道国该年的通货膨胀率来衡量；东道国战略资产水平使用东道国高科技产品的对数衡量；东道国若来自"一带一路"沿线国家，则东道国是"一带一路"沿线国家，变量取值为 1，否则取值为 0。数据来自世界银行发展指标数据库。

企业层面的控制变量包括企业规模（Size）、企业年龄（Age）、总资产收益率（ROA）、每股营业收入（Sale）、财务杠杆（DOLev）、经营杠杆（DFLev）、沉淀冗余资源（Srere）、劳动生产率（Labor）、研发强度（R&D）、企业所有制（State）、董事会规模（Dcount）和母公司持股比例（Share）。企业规模使用员工人数的对数进行衡量；企业年龄为观测年份与上市年份之差；总资产收益率使用息税前利润与资产总额的比例衡量；每股营业收入为营业收入本期值除以实收资本本期期末值；财务杠杆用（净利润+所得税费用+财务费用）/（净利润+所得税费用）进行衡量；经营杠杆用（净利润+所得税费用+财务费用+固定资产折旧、油气资产折耗、生产性生物资产折旧+无形资产摊销+长期待摊费用摊销）/（净利润+所得税费用+财务费用）进行衡量；沉淀冗余资源使用（管理费用+销售费用）/营业收入进行衡量；劳动生产率使用营业收入除以员工人数的对数衡量；研发强度为无形资产占总资产的比例；盈利能力为企业的净资产收益率；若企业的实际控制人为国有性质，则企业所有制变量取值为 1，否则取值为 0；董事会规模用企业董事会人数取对数衡量；持股比例为直接持股比例和间接持股比例之和。此外，本文还控制了行业固定效应、省份固定效应和东道国固定效应。数据来自 CSMAR、Wind 和企业年报。表 2 为各个变量的说明。

表 2   变 量 说 明

变量类型	变 量 名 称	变量符号	数 据 来 源
解释变量	CSR 信息披露	CSR	中国研究数据服务平台
调节变量	信息可信度	Big4	国泰安数据库
	信息关注度	Analyst	国泰安数据库
控制变量	东道国经济稳定性	Infla	世界银行数据库
	东道国战略资产水平	Hitec	世界银行数据库
	东道国是否"一带一路"沿线国家	Belt	黄群慧（2016）
	企业规模	Size	国泰安数据库
	企业年龄	Age	Wind 金融数据库
	总资产收益率	ROA	国泰安数据库
	每股营业收入	Sale	国泰安数据库
	财务杠杆	DOLev	国泰安数据库
	经营杠杆	DFLev	国泰安数据库
	沉淀冗余资源	Srere	国泰安数据库
	劳动生产率	Labor	国泰安数据库
	研发强度	R&D	国泰安数据库
	企业所有制	State	国泰安数据库
	董事会规模	Dcount	国泰安数据库
	持股比例	Share	企业年报

4.2.5 模型的设定

本文采用 Cox 比例风险模型来探究中国跨国公司 CSR 披露能否缓和海外子公司面临的正当性缺失。Cox 比例风险模型相较于传统的回归模型更适于本文的研究，其原因在于：（1）该模型允许自变量随时间变化，而不是假设它们是常量。（2）传统的回归模型假设为正态分布，而海外子公司退出等事件不一定符合正态分布。

在生存分析方法中，Cox 比例风险模型属于半参数模型。它通过设定个体生存与死亡结果以及生存持续时间来建立二者随相关影响因素变动的回归模型，从而分析出在某个时间点上的死亡风险率和发生死亡状态的可能性大小，并寻找对个体生存率产生重要影响的关键因素，且对于有无删失的生存数据分析均适用。

假设海外子公司已存活到时刻 t，则海外子公司在 $[t, t + \Delta t]$ 期间（$\Delta t > 0$）死亡的概率为：

$$(t \leqslant T \leqslant t + \Delta t \mid T \geqslant t) = \frac{P(t \leqslant T \leqslant t + \Delta t)}{P(T \geqslant t)} = \frac{F(t + \Delta t) - F(t)}{S(t)} \tag{1}$$

海外子公司在 t 时刻的风险率为：

$$\lambda(t, X_{(t)}) = \lambda_0(t)\, e^{\beta X_{(t)}} \tag{2}$$

公式（2）中，$\lambda_0(t)$ 为基准的死亡风险率，β 为待估系数，$X_{(t)}$ 为影响海外子公司死亡的因素。

在 Cox 比例风险模型的使用实践中，$X_{(t)}$ 数据总是离散的，因此需要把单一的记录分为几条记录，分别对应于几个时间段，使得每个时间段内的解释变量均为常数，据此建立如下模型：

$$\ln[h_v(t, X)] = \alpha X + \lambda_t + u \tag{3}$$

公式（3）中，α 为各变量的系数，X 为样本死亡风险率的解释变量，λ_t 为基准风险函数，u 为误差项。风险比率的计算方法为各变量系数的指数形式 e^α。若解释变量 X 的风险比率大于 $1(\alpha > 0)$，则说明 X 与海外子公司死亡风险率正相关，反之则负相关（Cox，1972）。

5. 实证结果与分析

5.1 描述性统计与相关性分析

表 3 是对变量的描述性统计，由于部分变量的指标存在缺失，其观测值会略小于基础观测样本数量。在 Cox 比例风险模型的回归分析中会自动删除这些缺失值，其不影响本文的主要回归结果。各变量的 VIF 值均小于 5，表明变量间的关系没有受到多重共线性问题的干扰。表 4 为各变量的相关系数表，各变量之间的相关系数均小于 0.5，表明变量间的相关性较低。

表 3　　　　　　　　　　　　　变量数据的描述性统计

变量	N	平均值	标准差	最小值	最大值	VIF 值
CSR	9758	0.45	0.14	0.09	0.84	1.43
Big4	10723	0.23	0.42	0	1	1.40
Analyst	10769	16.87	13.07	0	75	1.62
Infla	10739	3.71	5.15	−27.63	350	1.07
Hitec	10650	21.65	3.34	10.24	26.23	1.19
Belt	10769	0.24	0.43	0	1	1.13

续表

变量	N	平均值	标准差	最小值	最大值	VIF 值
Size	10769	9.35	1.27	0	13.22	2.03
Age	10769	13.38	6.68	0	30	1.31
ROA	10769	0.06	0.06	-0.67	0.50	1.48
Sale	10769	12.91	15.18	0.06	144.06	1.50
DOLev	10225	1.51	2.17	-7.65	79.09	1.09
DFLev	10225	1.61	1.50	0	49.95	1.17
Srere	10769	0.14	0.11	0.01	0.93	1.43
Labor	10768	14.13	0.83	11.57	18.40	1.60
R&D	10769	0.05	0.06	0	0.45	1.21
State	10507	0.15	0.35	0	1	1.09
Dcount	10769	8.93	1.99	0	18	1.04
Share	10384	88.06	22.04	0	100	1.05

表4　　　　　　　　　　　　　　　　　各变量的相关系数矩阵

变量	1	2	3	4	5	6	7	8	9	10	11	12	13	14	15	16	17	18
CSR	1																	
Big4	0.31	1																
Analyst	0.21	0.24	1															
Infla	0.07	-0.01	0.03	1														
Hitec	-0.12	0.07	0.02	-0.23	1													
Belt	0.03	0.00	0.02	0.13	-0.30	1												
Size	0.42	0.36	0.32	0.02	-0.05	0.06	1											
Age	0.28	0.08	-0.11	0.04	-0.02	0.01	0.22	1										
ROA	-0.05	0.09	0.43	0.02	0.01	0.07	-0.03	-0.20	1									
Sale	0.22	0.09	0.05	0.05	-0.05	0.05	0.35	0.34	-0.05	1								
DOLev	0.03	-0.07	-0.09	-0.02	-0.01	-0.01	0.05	0.07	-0.19	-0.01	1							
DFLev	0.10	0.07	-0.08	-0.01	-0.01	-0.01	0.13	0.10	-0.32	-0.03	0.16	1						
Srere	-0.11	0.04	0.06	-0.03	0.14	-0.09	-0.25	-0.12	0.10	-0.29	-0.03	-0.02	1					
Labor	0.09	0.16	0.09	-0.03	-0.01	0.03	-0.07	0.17	-0.03	0.33	-0.02	-0.06	-0.35	1				
R&D	0.19	-0.01	-0.07	0.01	0.01	-0.08	0.17	0.20	-0.07	0.18	0.16	0.06	-0.03	-0.11	1			
State	0.08	0.17	0.02	-0.01	0.01	0.00	0.00	0.05	0.01	0.01	-0.01	0.02	-0.13	0.14	-0.12	1		
Dcount	0.14	0.04	0.05	0.00	-0.01	0.02	0.12	0.10	-0.04	0.01	0.09	0.05	-0.01	0.02	0.05	0.03	1	
Share	-0.04	-0.07	0.04	-0.01	0.02	-0.04	-0.07	-0.08	0.09	-0.06	-0.03	-0.11	0.05	-0.06	-0.14	0.01	-0.01	1

5.2 非参数分析

表 5 为中国跨国公司海外子公司生存年限统计。由表 5 可知，中国跨国公司海外子公司的平均生存年限仅为 3.58 年，远低于国内企业 7~8 年的平均生存年限。在 2688 家海外子公司中，生存时间仅为 1 年的占比高达 24.96%，40.35% 的海外子公司生存年限不足 3 年，生存年限超过 10 年的海外子公司仅占 4.17%，这些数据进一步验证了中国跨国公司海外子公司在东道国面临正当性的缺失。

表 5 　　　　　　　　　　　　中国跨国公司海外子公司生存年限统计

生存时间	海外子公司数目	比重	生存时间	海外子公司数目	比重
1 年及以上	2688	24.96%	1 年	574	21.35%
2 年及以上	2114	19.63%	2 年	492	18.30%
3 年及以上	1622	15.06%	3 年	381	14.17%
4 年及以上	1241	11.52%	4 年	308	11.46%
5 年及以上	933	8.66%	5 年	296	11.01%
6 年及以上	637	5.92%	6 年	176	6.55%
7 年及以上	461	4.28%	7 年	112	4.17%
8 年及以上	349	3.24%	8 年	74	2.75%
9 年及以上	275	2.55%	9 年	77	2.86%
10 年及以上	198	1.84%	10 年	53	1.97%
11 年及以上	145	1.35%	11 年	39	1.45%
12 年及以上	106	0.98%	12 年	106	3.94%
总计	10769	100.00%	总计	2688	100.00%

表 6 列出了 2008—2019 年（共 12 年）观测期内中国跨国公司海外子公司的生存数目和退出数目，并由此计算出的 K-M 估计量。图 4 为中国跨国公司海外子公司 K-M 生存函数图。由表 6 和图 4 可以得出，中国跨国公司海外子公司存活率逐年下降，其中 2009 年下降最多，为 0.0749；其次是 2012 年、2017 年，分别下降了 0.0706、0.0503；其余年限的下降幅度均在 0.05 以内。

表 6 　　　　　　　　　　　中国跨国公司海外子公司的 K-M 估计量

生存时间（年）	海外子公司数目（家）	退出数目（家）	K-M 估计量
1	2688	573	0.9375
2	2115	493	0.8626
3	1622	380	0.8147
4	1242	309	0.7662

续表

生存时间（年）	海外子公司数目（家）	退出数目（家）	K-M 估计量
5	933	296	0.6956
6	637	175	0.6497
7	462	112	0.6005
8	350	75	0.5593
9	275	77	0.5247
10	198	53	0.4744
11	145	39	0.4351
12	106	106	0.4351

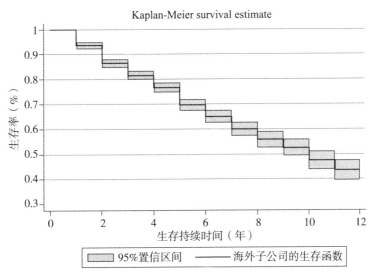

图 4　中国跨国公司海外子公司 K-M 生存函数图

5.3　主效应回归分析

Cox 比例风险模型对基线假设回归结果如表 7 所示。模型 1 是基线模型。模型 2 加入 CSR 信息披露（CSR）变量来检验假设 H1。CSR 信息披露变量的系数为−0.856，风险比率则为 0.425，在 5% 的水平上显著，说明中国跨国公司 CSR 披露负向影响海外子公司退出风险，假设 H1 得到验证。

表 7　　　　　　　　　　　　**中国跨国公司 CSR 对海外子公司生存的影响**

变量	模型 1		模型 2	
	系数	风险比率	系数	风险比率
Infla	−0.0002	1.000	−0.001	0.999
	(−0.04)		(−0.16)	

续表

变量	模型 1		模型 2	
	系数	风险比率	系数	风险比率
Hitec	0.039	1.040	0.039	1.040
	(1.38)		(1.33)	
Belt	0.008	1.008	0.016	1.016
	(0.01)		(0.02)	
Size	0.201***	1.222***	0.203***	1.225***
	(4.31)		(3.88)	
Age	−0.005	0.995	−0.014	0.986
	(−0.54)		(−1.54)	
ROA	−1.434	0.238	−1.672	0.188
	(−1.23)		(−1.41)	
Sale	0.010**	1.010**	0.013***	1.013***
	(2.41)		(3.14)	
DOLev	0.015	1.016	0.014	1.014
	(0.9)		(0.76)	
DFLev	−0.302***	0.740***	−0.319***	0.727***
	(−3.30)		(−3.24)	
Srere	−0.473	0.623	−0.298	0.742
	(−0.78)		(−0.46)	
Labor	0.095	1.010	0.04	1.040
	(1.19)		(0.47)	
R&D	1.027	2.792	2.736**	15.420**
	(1.06)		(2.56)	
State	0.242*	1.274*	0.283**	1.326**
	(1.89)		(2.15)	
Dcount	−0.002	0.998	−0.007	0.993
	(−0.07)		(−0.28)	
Share	−0.004*	0.996*	−0.003	0.997
	(−1.88)		(−1.54)	
CSR			−0.856**	0.425**
			(−2.13)	

续表

变量	模型 1		模型 2	
	系数	风险比率	系数	风险比率
行业	控制	控制	控制	控制
东道国	控制	控制	控制	控制
省份	控制	控制	控制	控制
N	9495		8581	
Log likelihood	3916.626		−3772.733	
LRχ^2	391.70		380.68	

注：*、**、***分别表示在10%、5%、1%的置信水平上显著，括号内为 Z 值。

5.4 调节效应回归分析

Cox 比例风险模型对调节效应的回归结果如表 8 所示。模型 1 检验信息可信度的调节作用（H2a），模型 2 检验信息关注度的调节作用（H2b）。

表 8　　　　　　　　　　信息可信度和信息关注度的调节作用

变量	模型 1		模型 2	
	系数	风险比率	系数	风险比率
Infla	−0.002	0.998	−0.001	0.999
	(−0.19)		(−0.08)	
Hitec	0.044	1.045	0.039	1.039
	(1.45)		(1.30)	
Belt	0.014	1.014	−0.002	0.998
	(0.01)		(−0.00)	
Size	0.220***	1.246***	0.199***	1.220***
	(3.95)		(3.66)	
Age	−0.011	0.989	−0.013	0.987
	(−1.22)		(−1.43)	
ROA	−1.576	0.207	−1.979	0.138
	(−1.33)		(−1.52)	

续表

变量	模型 1		模型 2	
	系数	风险比率	系数	风险比率
Sale	0.014***	1.014***	0.014***	1.014***
	(3.16)		(3.27)	
DOLev	0.014	1.015	0.015	1.015
	(0.77)		(0.8)	
DFLev	−0.328***	0.721***	−0.331***	0.718***
	(−3.29)		(−3.30)	
Srere	−0.075	0.928	−0.292	0.747
	(−0.11)		(−0.45)	
Labor	0.053	1.054	0.041	1.042
	(0.61)		(0.47)	
R&D	2.370**	10.694**	2.594**	13.379**
	(2.18)		(2.44)	
State	0.272**	1.313**	0.281**	1.325**
	(2.01)		(2.14)	
Dcount	−0.003	0.997	−0.005	0.995
	(−0.14)		(−0.20)	
Share	−0.003*	0.997*	−0.003	0.997
	(−1.73)		(−1.48)	
CSR	0.025	1.025	−0.034	0.967
	(0.05)		(−0.06)	
Big4	0.980***	2.664***		
	(2.68)			
CSR×Big4	−2.244***	0.106***		
	(−2.99)			
Analyst			0.020*	1.021*
			(1.73)	
CSR×Analyst			−0.044*	0.957*
			(−1.80)	
行业	控制	控制	控制	控制

续表

变量	模型 1		模型 2	
	系数	风险比率	系数	风险比率
东道国	控制	控制	控制	控制
省份	控制	控制	控制	控制
N	8561		8581	
Log likelihood	−3744.336		−3771.066	
LRχ^2	388.32		384.01	

注：*、**、*** 分别表示在 10%、5%、1% 的置信水平上显著，括号内为 Z 值。

模型 1 加入 CSR 信息披露（CSR）和是否聘请"四大"会计师事务所进行审计的交互项（CSR×Big4）。交互项的系数为−2.244，在 1% 的水平上显著。这表示信息可信度会正向调节中国跨国公司 CSR 信息披露与海外子公司退出风险之间的负相关关系。假设 H2a 得到验证。

模型 2 加入 CSR 信息披露（CSR）和分析师关注度的交互项（CSR×Analyst）。交互项的系数为−0.044，在 10% 的水平上显著。这表示信息关注度会正向调节中国跨国公司 CSR 信息披露与海外子公司退出风险之间的负相关关系。假设 H2b 得到验证。

5.5 稳健性检验

（1）替换回归模型。在本文研究中，因变量海外子公司生存是一个二元变量，本文通过构建二元 Logit 模型和 Probit 来分析快速国际化战略与海外子公司生存间关系，回归结果稳健（详见附录表 1）。

（2）替换核心自变量。在本文核心自变量 CSR 信息披露（CSR）的处理过程中，将第一步"连续变量的缺失部分填充为 0"替换为"删除含有缺失值的连续变量"，其余处理不变，回归结果稳健（详见附录表 2）。

（3）替换调节变量。在本文调节变量信息可信度的处理过程中，将"是否聘请'四大'会计师事务所进行审计"（Big4）替换为"可靠性保证"（Assur）。即 CSR 报告的可靠性保证，有则为 1，没有则为 0，结果稳健（详见附录表 3）。

（4）替换样本为"一带一路"沿线国家样本。附录表 4 模型 1 至模型 3 为替换样本后的主效应和调节效应的回归结果，结论与前文基本一致（详见附录表 4）。

（5）替换控制变量。使用净资产收益率（ROE）替换总资产收益率（ROA）进行回归，回归结果与前文基本一致，说明本文的实证结果具有稳健性（详见附录表 5）。

5.6 内生性检验——IV Probit 检验

本文研究 CSR 信息披露对海外子公司正当性的影响，虽然本文尽可能地在计量经济模型中控制公司和国家层面其他变量的影响，但仍然可能存在一些未被考虑的遗漏变量导致估计结果出现偏差。

本文使用跨国公司在同行业中的平均 CSR 信息披露（MICSR）和同省级行政区平均 CSR 信息披露（MPCSR）作为工具变量，以缓解未观察到的遗漏变量偏差导致的内生性问题。一方面，MICSR 和 MPCSR 受行业和地域特征影响，对海外子公司生存没有直接影响，满足了 IV 的外生假设。另一方面，企业的 CSR 信息披露会受行业同伴效应和地理同伴效应的影响（Liu & Wu，2016；Gupta et al.，2021）。本文的工具变量 MICSR 和 MPCSR 与自变量 CSR 信息披露（CSR）之间的相关系数分别为 0.526 和 0.532，同时与因变量海外子公司生存（XN）之间的相关系数分别为 0.022 和 0.016，完全满足了工具变量的相关假设。

本文使用 IV Probit 模型进行内生性检验。结果如表 9 所示。表 9 中模型 1 为工具变量行业平均 CSR 信息披露（MICSR）对自变量 CSR 信息披露（CSR）的回归，结果显示行业平均 CSR 信息披露（MICSR）的系数在 1% 的水平上显著为正。模型 2 是在控制内生性的基础上用自变量 CSR 信息披露（CSR）对海外子公司生存再次进行回归，结果显示 CSR 信息披露（CSR）的系数在 1% 的水平上显著为正，表明 CSR 信息披露会降低海外子公司的死亡风险率。模型 3 至模型 4 为采用省级行政区平均 CSR 信息披露（MPCSR）作为工具变量的内生性检验。使用 IV Probit 的内生性检验结果与前文保持一致，本研究结果较为稳健。

表 9　　　　　　　　　　　　　　　　　　IV Probit 检验的回归结果

变量	模型 1	模型 2	模型 3	模型 4
	CSR	XN	CSR	XN
Infla	−0.000	−0.001	0.000	−0.001
	(−0.30)	(−0.23)	(0.00)	(−0.20)
Hitec	−0.002***	0.007	−0.003***	0.013
	(−2.57)	(0.43)	(−4.33)	(0.85)
Belt	−0.072***	−0.085	−0.058***	−0.068
	(−3.74)	(−0.17)	(−3.02)	(−0.14)
Size	0.047***	0.171***	0.048***	0.147***
	(40.14)	(5.29)	(41.17)	(4.58)
Age	−0.001***	−0.009**	−0.001***	−0.010***
	(−3.53)	(−1.98)	(−3.85)	(−2.16)
ROA	−0.023	−0.738	0.007	−0.725
	(−0.87)	(−1.26)	(0.26)	(−1.24)
Sale	−0.001***	0.007***	−0.001***	0.007***
	(−5.55)	(3.00)	(−6.27)	(3.16)
DOLev	−0.001*	0.001	−0.000	0.003
	(−1.96)	(0.09)	(−0.74)	(0.24)

续表

变量	模型 1	模型 2	模型 3	模型 4
	CSR	XN	CSR	XN
DFLev	0.006***	−0.105***	0.007***	−0.112***
	(5.73)	(−3.04)	(7.03)	(−3.22)
Srere	0.153***	0.277	0.142***	0.180
	(10.4)	(0.83)	(9.69)	(0.54)
Labor	0.019***	0.065	0.016***	0.049
	(9.98)	(1.47)	(8.35)	(1.12)
R&D	0.253**	2.167***	0.270***	1.933***
	(8.51)	(3.67)	(9.14)	(3.30)
State	0.041***	0.197***	0.041***	0.177**
	(12.29)	(2.80)	(12.47)	(2.52)
Dcount	0.007***	0.003	0.006***	0.002
	(10.50)	(0.23)	(10.19)	(0.16)
Share	−0.000	−0.002	−0.000	−0.002
	(−1.01)	(−1.51)	(−0.18)	(−1.6)
MICSR	0.999***			
	(48.05)			
MPCSR			0.988***	
			(49.29)	
CSR		−2.089***		−1.581***
		(−4.75)		(−3.56)
Cons.	−0.783***	−3.121***		−2.937***
	(−18.90)	(−3.36)		(−3.18)
行业	控制	控制	控制	控制
东道国	控制	控制	控制	控制
省份	控制	控制	控制	控制
N	8024	8024	8024	8024
Wald	300.29***		292.66***	

注：*、**、***分别表示在10%、5%、1%的置信水平上显著，括号内为Z值。

5.7 进一步研究——目标企业与龙头企业的竞争效应

陆蓉等（2017）认为行业龙头企业会受到更多关注且对同行其他企业产生影响。为了验证上述效应是否存在，本文构建 CSR 大于龙头企业（HCSR）变量。测量方法为分行业求出龙头企业（即目标年份同行业内营业收入最高企业）的 CSR，当目标跨国公司的 CSR 大于龙头企业时取值为 1，否则为 0。行业数据来自 Wind 数据库。

表 10 中模型 1 为在基线模型中加入 CSR 大于龙头企业（HCSR）和 CSR 的交互项。交互项回归系数为-2.482，在 10%的水平上显著。这表示 CSR 大于龙头企业会增强中国跨国公司 CSR 披露对海外子公司正当性缺失的缓和作用。说明目标企业与龙头企业之间存在竞争效应，当目标企业 CSR 比龙头企业更强时，可以使东道国的利益相关者更有信心，从而使 CSR 更有效地发挥作用，以缓和海外子公司面临的正当性缺失，降低退出风险。

表 10 目标企业与龙头企业的竞争效应

变量	模型 1		模型 2		模型 3	
	系数	风险比率	系数	风险比率	系数	风险比率
Infla	0.000	1.000	0.001	1.001	0.000	0.000
	(0.01)		(0.06)		(0.05)	
Hitec	0.042	1.043	0.049	1.050	0.043	0.043
	(1.40)		(1.62)		(1.43)	
Belt	−0.020	0.981	−0.043	0.958	−0.016	−0.016
	(−0.02)		(−0.04)		(−0.01)	
Size	0.205***	1.227***	0.206***	1.228***	0.201***	0.201***
	(3.94)		(3.69)		(3.70)	
Age	−0.013	0.987	−0.011	0.989	−0.013	−0.013
	(−1.50)		(−1.28)		(−1.47)	
ROA	−1.824	0.161	−1.693	0.184	−1.962	−1.962
	(−1.53)		(−1.42)		(−1.52)	
Sale	0.013***	1.014***	0.014***	1.014***	0.014***	0.014***
	(3.18)		(3.17)		(3.19)	
DOLev	0.013	1.013	0.014	1.014	0.013	0.013
	(0.71)		(0.75)		(0.71)	
DFLev	−0.330***	0.719***	−0.334***	0.716***	−0.331***	−0.331***
	(−3.37)		(−3.38)		(−3.38)	

续表

变量	模型 1		模型 2		模型 3	
	系数	风险比率	系数	风险比率	系数	风险比率
Srere	−0.185	0.831	−0.193	0.824	−0.196	−0.196
	(−0.29)		(−0.29)		(−0.30)	
Labor	0.040	1.041	0.042	1.043	0.036	0.036
	(0.48)		(0.48)		(0.42)	
R&D	2.440**	11.469**	2.589**	13.317**	2.460**	2.460**
	(2.27)		(2.40)		(2.29)	
State	0.316**	1.372**	0.311**	1.364**	0.317**	0.317**
	(2.40)		(2.30)		(2.41)	
Dcount	0.000	1.000	0.001	1.001	0.001	0.001
	(−0.01)		(0.04)		(0.04)	
Share	−0.003	0.997	−0.003*	0.997*	−0.003	−0.003
	(−1.61)		(−1.66)		(−1.61)	
CSR	−0.376	0.687	−0.414	0.661	−0.403	−0.403
	(−0.88)		(−0.96)		(−0.94)	
HCSR	0.871	2.390	0.008	1.009	0.656	0.656
	(1.020)		(0.01)		(0.69)	
HCSR×CSR	−2.482*	0.084*	−0.293	0.746	−1.816	−1.816
	(−1.69)		(−0.15)		(−0.98)	
Big4			0.033	1.033		
			(0.24)			
HCSR×CSR×Big4			−1.370*	0.254*		
			(−1.90)			
Analyst					0.002	0.002
					(0.38)	
HCSR×CSR×Analyst					−0.014	−0.014
					(−0.62)	
行业	控制	控制	控制	控制	控制	控制
东道国	控制	控制	控制	控制	控制	控制
省份	控制	控制	控制	控制	控制	控制
N	8581		8561		8581	
Log likelihood	−3766.725		−3741.248		−3766.499	
LRχ^2	392.70		394.50		393.15	

注：*、**、*** 分别表示在 10%、5%、1% 的置信水平上显著，括号内为 Z 值。

模型 2 和模型 3 进一步探究信息可信度和信息关注度对该效应的调节作用。信息可信度与该效应的交互项系数为−1. 370，在 10%的水平上显著。表明信息可信度会正向调节上述竞争效应，即中国跨国公司聘请"四大"会计师事务所进行审计会强化 CSR 大于龙头企业（HCSR）对主效应的正向调节作用。说明信息可信度会增强竞争效应，即当企业信息更加可信的时候，目标企业拥有比行业龙头企业更高的 CSR 会进一步增加东道国的利益相关者的信心，从而对缓和目标公司正当性缺失起到更好的作用。

信息关注度与该效应的交互项不显著，说明信息关注度对竞争效应未起到调节作用。其原因可能为信息关注度通过丰富信息传播媒介从而拓展信息传播渠道来保障信息传播，而当东道国利益相关者将目标企业 CSR 与行业龙头企业的 CSR 进行比较时，已经获得了目标公司的信息，此时东道国的利益相关者会更在意信息的可信度。

6. 结论与讨论

6.1 研究结论

中国跨国公司 CSR 信息披露与海外子公司正当性缺失负相关。即中国跨国公司更好的 CSR 信息披露，会缓和海外子公司面临的正当性缺失；信息可信度和信息关注度会正向调节中国跨国公司 CSR 信息披露与海外子公司正当性缺失之间的负相关关系。

通过进一步探究同行业中目标企业与龙头企业之间的互动，本文发现披露比行业龙头企业更强的 CSR 信息会进一步缓和海外子公司面临的正当性缺失，即表示在同行业中，龙头企业和目标企业具有"竞争效应"，且此关系仍然受到信息可信度的调节作用。

6.2 理论贡献

首先，本文聚焦于中国跨国公司 CSR 信息如何外溢到东道国，缓和海外子公司正当性缺失的问题，不仅拓展了 CSR 的研究范围，也是对"母公司—子公司"外溢机制研究文献的重要补充；其次，本文基于利益相关者理论和制度理论，分析了中国跨国公司 CSR 信息如何影响东道国的利益相关者，从而缓和海外子公司在东道国面临的正当性的缺失，拓展了利益相关者理论和制度理论的相关研究；再次，本文基于信息传播视角，引入信息可信度和信息关注度，对中国跨国公司 CSR 信息的跨国外溢过程进行机制分析，在一定程度上弥补了 CSR 信息跨国外溢的研究空白，并对现有研究进行了重要的视角创新；最后，本文进一步探讨了中国跨国公司 CSR 信息影响海外子公司正当性的更多样化的途径，从不同的方面精炼完善了该机制，有利于未来研究的发展。

6.3 管理启示

首先，本研究选取中国沪深两市 2008—2019 年全行业的上市公司的海外子公司作为研究对象进行分析，其实证结果和研究结论更具普适性，为企业制定和实施包括 CSR 在内的国际化非市场战略提供更好的指导。其次，本文厘清了 CSR 信息的跨国外溢机制，并进行了进一步的精炼，有助于为中国跨国公司何时及进行多大强度的 CSR 披露以降低跨国经营风险，保障海外子公司长期生存提供精细化的指导意见。

6.4 局限性与研究展望

第一，本文使用海外子公司退出风险作为正当性缺失的代理变量。该代理变量仅能体现海外子公司在东道国面临的外部正当性缺失，无法准确测度出其他层面的正当性缺失。对该指标的进一步测度具有重要的研究和应用价值。

第二，本文只考虑了跨国信息传播机制的前半段，即中国跨国公司如何披露更可信的 CSR 信息以及 CSR 信息在传播的过程中如何被增强。然而 CSR 信息如何被东道国利益相关者甄别和接收也是一个重要的问题，囿于数据可得性，本文没有对其进行讨论，未来的研究可以对该问题进行进一步的探索。

第三，本文仅考虑一般的 CSR 信息披露。然而，"瑞幸咖啡""新疆棉"等"大事件"通常会受到网络媒体的大量报导，例如：在"河南洪水灾情"中，"鸿星尔克"宣布捐赠 5000 万元物资，在受到中国媒体和网民的热议同时，也被外国媒体广泛报导。未来可以探索企业的 CSR 信息是否通过"大事件"进行放大，从而取得更好的效果。

◎ **参考文献**

[1] 陈初昇，燕晓娟，衣长军，等．国际化速度、营商环境距离与海外子公司生存 [J]．世界经济研究，2020（9）．

[2] 陈立敏，布雪琳．社会责任披露能否提升国际化企业绩效？[J]．管理学刊，2021，34（3）．

[3] 陈立敏，刘静雅，张世蕾．模仿同构对企业国际化—绩效关系的影响——基于制度理论正当性视角的实证研究 [J]．中国工业经济，2016（9）．

[4] 杜运周，张玉利．互动导向与新企业绩效：组织合法性中介作用 [J]．管理科学，2012，25（4）．

[5] 林慧婷，何玉润，王茂林，等．媒体报道与企业资本结构动态调整 [J]．会计研究，2016（9）．

[6] 陆蓉，王策，邓鸣茂．我国上市公司资本结构"同群效应"研究 [J]．经济管理，2017，39（1）．

[7] 潘越，戴亦一，魏诗琪．机构投资者与上市公司"合谋"了吗：基于高管非自愿变更与继任选择事件的分析 [J]．南开管理评论，2011，14（2）．

[8] 石军伟，胡立君，付海艳．企业社会责任、社会资本与组织竞争优势：一个战略互动视角——基于中国转型期经验的实证研究 [J]．中国工业经济，2009（11）．

[9] 王碧珺，衷子雅．中国企业海外子公司的绩效表现及其差异分析 [J]．经济管理，2021，43（1）．

[10] 衣长军，刘晓丹，王玉敏，黄健．制度距离与中国企业海外子公司生存——所有制与国际化经验的调节视角 [J]．国际贸易问题，2019（9）．

[11] 张多蕾，赵深圳．企业社会责任、财务重述与融资约束 [J]．商业研究，2022（6）．

[12] 赵静，黄敬昌，刘峰．高铁开通与股价崩盘风险 [J]．管理世界，2018，34（1）．

[13] 赵奇伟，吴双．企业政治关联、不透明度与跨国并购绩效——基于投资者视角的微观证据 [J]．国际贸易问题，2019（3）．

[14] Bagwell, K. , Staiger, R. The role of export subsidies when product quality is unknown [J]. Journal of International Economics, 1989, 27 (1-2).

[15] Bradbury, M. , Jia, J. , Li, Z. Corporate social responsibility committees and the use of corporate social responsibility assurance services [J]. Journal of Contemporary Accounting & Economics, 2022, 18 (2).

[16] Campbell, J. L. Why would corporations behave in socially responsible ways? An institutional theory of corporate social responsibility [J]. Academy of Management Review, 2007, 32 (3).

[17] Charpin, R. , Powell, E. E. , Roth, A. V. The influence of perceived host country political risk on foreign subunits' supplier development strategies [J]. Journal of Operations Management, 2020, 67 (3).

[18] Cheng, B. , Ioannou, I. , Serafeim, G. Corporate social responsibility and access to finance [J]. Strategic Management Journal, 2014, 35 (1).

[19] Chernev, A. , Blair, S. Doing well by doing good: The benevolent halo of corporate social responsibility [J]. Journal of Consumer Research, 2015, 41 (6).

[20] Chiu, S. C. , Sharfman, M. Legitimacy, visibility, and the antecedents of corporate social performance: An investigation of the instrumental perspective [J]. Journal of Management, 2011, 37 (6).

[21] Clougherty, J. A. , Grajek, M. The impact of ISO 9000 diffusion on trade and FDI: A new institutional analysis [J]. Journal of International Business Studies, 2008, 39 (4).

[22] Cox, D. R. Regression methods and life tables [J]. JR Stat Soc, 1972 (34).

[23] Dhaliwal, D. S. , Li, O. Z. , Tsang, A. et al. Voluntary nonfinancial disclosure and the cost of equity capital: The initiation of corporate social responsibility reporting [J]. Accounting Review, 2011, 86 (1).

[24] Drori, I. , Honig, B. A process model of internal and external legitimacy [J]. Organization Studies, 2013, 34 (3).

[25] Elfenbein, D. W. , Fisman, R. , Mcmanus, B. Charity as a substitute for reputation: Evidence

from an online marketplace [J]. Review of Economic Studies, 2012, 79 (4).

[26] Fernandez-Feijoo, B. Romero, S. Ruiz, S. Financial auditor and sustainability reporting: Does it matter? [J]. Corporate Social Responsibility & Environmental Management, 2018, 25 (3).

[27] Gottschalk, P. Fraud examiners in white-collar crime investigations [M]. CRC Press, 2016.

[28] Gupta, A., Fung, A., Murphy, C. Out of character: CEO political ideology, peer influence, and adoption of CSR executive position by Fortune 500 firms [J]. Strategic Management Journal, 2021, 42 (3).

[29] Hawn, O. How media coverage of corporate social responsibility and irresponsibility influences cross order acquisitions [J]. Strategic Management Journal, 2020, 42 (1).

[30] Johanson, J., Vahlne, J. E. The Uppsala internationalization process model revisited: From liability of foreignness to liability of outsidership [J]. Journal of International Business Studies, 2009, 40 (9).

[31] Kim, J., Zhang, L. Accounting conservatism and stock price crash risk: Firm level evidence [J]. Contemporary Accounting Research, 2016, 33 (1).

[32] Li, J., Li, P., Wang, B. The liability of opaqueness: State ownership and the likelihood of deal completion in international acquisitions by Chinese firms [J]. Strategic Management Journal, 2018, 40 (2).

[33] Li, J. J. The formation of managerial networks of foreign firms in China: The effects of strategic orientations [J]. Asia Pacific Journal of Management, 2005, 22 (4).

[34] Liu, S., Wu, D. Competing by conducting good deeds: The peer effect of corporate social responsibility [J]. Finance Research Letters, 2016 (16).

[35] Mackey, A, Mackey, T. B., Barney, J. B. Corporate social responsibility and firm performance: Investor preferences and corporate strategies [J]. Academy of Management Review, 2007 (32).

[36] Marano, V., Tashman, P., Kostova, T. Escaping the iron cage: Liabilities of origin and CSR reporting of emerging market multinational enterprises [J]. Journal of International Business Studies, 2017, 48 (3).

[37] Mithani, M. A. Liability of foreignness, natural disasters, and corporate philanthropy [J]. Journal of International Business Studies, 2017 (8).

[38] Mukherjee, D., Makarius, E. E., Stevens, C. E. Business group reputation and affiliates' internationalization strategies [J]. Journal of World Business, 2018, 53 (2).

[39] Ruef, M., Scott, W. R. A multidimensional model of organizational legitimacy: Hospital survival in changing institutional environments [J]. Administrative Science Quarterly, 1998, 43 (4).

[40] Spence, M. Job market signaling [J]. Journal of Political Economics, 1973, 87 (3).

[41] Suchman, M. C. Managing legitimacy: Strategic and institutional approaches [J]. Academy of Management Review, 1995, 20 (3).

[42] Surroca, J., Tribo, J., Zahra, S. Stakeholder pressure on MNEs and the transfer of socially

irresponsible practices to subsidiaries [J]. Academy of Management Journal, 2013 (56).

[43] Tornikoski, E. T. , Newbert, S. L. Exploring the determinants of organizational emergence: A legitimacy perspective [J]. Journal of Business Venturing, 2007, 22 (2).

Can CSR Information Disclosure by Chinese MNEs
Alleviate the Lack of Legitimacy of Overseas Subsidiaries?
—A Study Based on the Perspective of Information Dissemination

Zhao Qiwei[1] Yu Yan[2] Zhang Nan[3]

(1, 2 School of Economics and Management, Wuhan University, Wuhan, 430072;

3 College of Innovation and Entrepreneurship, South-Central Minzu University, Wuhan, 430074)

Abstract: The mismatch between the multinational performance of Chinese firms and their rapid internationalization has been attributed to the lack of legitimacy faced by overseas subsidiaries in host countries. Corporate social responsibility (CSR) disclosure can give domestic firms legitimacy by reducing information asymmetry, yet whether such a mechanism has cross-country spillover effects between parent and subsidiary firms is an important but unattended question. Considering the complexity of information dissemination across borders, this paper explores the issue through the lens of information dissemination and analyses the boundary effects of information credibility and information concern. Based on panel data of A-share MNCs from 2008-2019, a COX proportional risk model is used to test the issue empirically. It is found that CSR disclosure by Chinese MNCs can moderate the legitimacy deficit faced by overseas subsidiaries, and that information credibility and information concern enhance this effect. The paper further explores the competitive effect between target and leading firms in the same industry to refine the mechanism and provides a refined reference on how Chinese MNCs can improve their overseas business performance through CSR information disclosure.

Key words: Corporate social responsibility; Dissemination of information; Chinese multinational enterprises; Foreign subsidiary; Legitimacy

专业主编：陈立敏

附录

表 1   二元 **Logit** 模型和 **Probit** 下主效应与调节效应的回归结果

变量	模型 1	模型 2	模型 3	模型 4	模型 5	模型 6
Infla	-0.001	-0.001	-0.0001	-0.001	-0.001	-0.001
	(-0.07)	(-0.12)	(-0.01)	(-0.16)	(-0.21)	(-0.12)

续表

变量	模型 1	模型 2	模型 3	模型 4	模型 5	模型 6
Hitec	0.055*	0.060*	0.054*	0.026*	0.029*	0.025*
	(1.77)	(1.90)	(1.74)	(1.71)	(1.88)	(1.69)
Belt	-0.065	-0.06	-0.08	-0.014	-0.009	-0.02
	(-0.06)	(-0.06)	(-0.07)	(-0.03)	(-0.02)	(-0.04)
Size	0.233***	0.250***	0.228***	0.101***	0.109***	0.099***
	(4.21)	(4.23)	(3.96)	(3.79)	(3.83)	(3.58)
Age	-0.024***	-0.020**	-0.022**	-0.011**	-0.009**	-0.010**
	(-2.63)	(-2.19)	(-2.43)	(-2.48)	(-2.03)	(-2.32)
ROA	-2.124*	-2.062*	-2.519*	-0.695	-0.681	-0.823
	(-1.70)	(-1.65)	(-1.84)	(-1.19)	(-1.16)	(-1.29)
Sale	0.015***	0.016***	0.016***	0.008***	0.008***	0.008***
	(3.47)	(3.5)	(3.6)	(3.47)	(3.52)	(3.58)
DOLev	0.016	0.016	0.017	0.004	0.003	0.004
	(0.79)	(0.8)	(0.86)	(0.39)	(0.31)	(0.41)
DFLev	-0.391***	-0.401***	-0.406***	-0.119***	-0.120***	-0.120***
	(-3.64)	(-3.70)	(-3.71)	(-3.44)	(-3.41)	(-3.45)
Srere	-0.217	0.005	-0.227	(0.008)	0.11	0.003
	(-0.32)	(0.01)	(-0.34)	(-0.02)	(0.33)	(0.01)
Labor	0.047	0.056	0.046	0.02	0.024	0.021
	(0.54)	(0.61)	(0.51)	(0.47)	(0.53)	(0.48)
R&D	3.457***	2.990***	3.274***	1.574***	1.329**	1.495***
	(3.09)	(2.63)	(2.93)	(2.77)	(2.29)	(2.62)
State	0.326**	0.300**	0.320**	0.138**	0.123*	0.134*
	(2.34)	(2.09)	(2.30)	(2.02)	(1.75)	(1.95)
Dcount	-0.007	-0.004	-0.005	-0.002	-0.001	-0.001
	(-0.28)	(-0.16)	(-0.19)	(-0.14)	(-0.09)	(-0.07)
Share	-0.004*	-0.004*	-0.003*	-0.002*	-0.002**	-0.002*
	(-1.75)	(-1.95)	(-1.69)	(-1.74)	(-1.96)	(-1.70)
CSR	-1.143***	-0.098	-0.17	-0.569***	-0.091	-0.126
	(-2.72)	(-0.19)	(-0.27)	(-2.72)	(-0.35)	(-0.40)
Big4		1.207***			0.563***	
		(3.11)			(2.82)	

续表

变量	模型 1	模型 2	模型 3	模型 4	模型 5	模型 6
CSR×Big4		-2.698***			-1.270***	
		(-3.39)			(-3.15)	
Analyst			0.024**			0.011*
			(1.97)			(1.8)
CSR×Analyst			-0.052**			-0.024*
			(-2.04)			(-1.87)
Cons.	-5.037***	-5.794***	-5.352***	-2.623***	-2.978***	-2.807***
	(-2.62)	(-2.86)	(-2.69)	(-2.86)	(-3.10)	(-2.96)
行业	控制	控制	控制	控制	控制	控制
东道国	控制	控制	控制	控制	控制	控制
省份	控制	控制	控制	控制	控制	控制
N	8024	8003	8024	8024	8003	8024
Log likelihood	-1845.377	-1831.561	-1843.235	-1851.832	-1838.693	-1850.052
LRχ^2	345.00	354.02	349.28	332.09	339.76	335.65

注：*、**、***分别表示在 10%、5%、1%的置信水平上显著，括号内为 Z 值。下同。

表 2　　　　　　　　　替换 CSR 的计算方法后主效应与调节效应的回归结果

变量	模型 1		模型 2		模型 3	
	系数	风险比率	系数	风险比率	系数	风险比率
Infla	-0.001	0.999	-0.002	0.998	-0.001	0.999
	(-0.15)		(-0.19)		(-0.08)	
Hitec	0.039	1.040	0.044	1.045	0.039	1.039
	(1.33)		(1.45)		(1.31)	
Belt	0.01	1.010	0.007	1.007	-0.008	0.992
	(0.01)		(0.01)		(-0.01)	
Size	0.203***	1.225***	0.219***	1.245***	0.200***	1.222***
	(3.89)		(3.96)		(3.7)	
Age	-0.014	0.986	-0.011	0.989	-0.013	0.987
	(-1.55)		(-1.21)		(-1.43)	
ROA	-1.665	0.189	-1.599	0.202	-1.965	0.140
	(-1.40)		(-1.35)		(-1.51)	

续表

变量	模型 1		模型 2		模型 3	
	系数	风险比率	系数	风险比率	系数	风险比率
Sale	0.013 ***	1.013 ***	0.014 ***	1.014 ***	0.014 ***	1.014 ***
	(3.14)		(3.16)		(3.27)	
DOLev	0.014	1.014	0.014	1.014	0.014	1.015
	(0.75)		(0.76)		(0.78)	
DFLev	−0.318 ***	0.728 ***	−0.327 ***	0.721 ***	−0.329 ***	0.719 ***
	(−3.23)		(−3.28)		(−3.28)	
Srere	−0.296	0.744	−0.069	0.933	−0.285	0.752
	(−0.46)		(−0.11)		(−0.44)	
Labor	0.038	1.039	0.051	1.053	0.04	1.040
	(0.46)		(0.59)		(0.46)	
R&D	2.740 **	15.489 **	2.402 **	11.041 **	2.604 **	13.519 **
	(2.57)		(2.22)		(2.45)	
State	0.283 **	1.327 **	0.270 **	1.311 **	0.281 **	1.324 **
	(2.16)		(2)		(2.14)	
Dcount	−0.006	0.994	−0.003	0.997	−0.004	0.996
	(−0.25)		(−0.13)		(−0.18)	
Share	−0.003	0.997	−0.003 *	0.997	−0.003	0.997
	(−1.56)		(−1.73)		(−1.51)	
CSR	−0.822 **	0.439 **	−0.046	0.955	−0.081	0.922
	(−2.19)		(−0.10)		(−0.14)	
Big4			0.905 **	2.473 **		
			(2.55)			
CSR×Big4			−2.015 ***	0.133 ***		
			(−2.85)			
Analyst					0.019 *	1.019 *
					(1.69)	
CSR×Analyst					−0.041 *	0.960 *
					(−1.77)	
行业	控制	控制	控制	控制	控制	控制
东道国	控制	控制	控制	控制	控制	控制

续表

变量	模型 1		模型 2		模型 3	
	系数	风险比率	系数	风险比率	系数	风险比率
省份	控制	控制	控制	控制	控制	控制
N	8581		8561		8581	
Log likelihood	−3772.594		−3744.628		−3770.986	
LRχ^2	380.96		384.74		384.17	

表 3   可靠性保证的调节作用

变量	模型 1		模型 2	
	系数	风险比率	系数	风险比率
Infla	0.001	1.001	0.003	1.003
	(0.08)		(0.32)	
Hitec	0.042	1.043	0.044	1.045
	(1.4)		(1.46)	
Belt	−0.012	0.988	−0.038	0.963
	(−0.01)		(−0.04)	
Size	0.209***	1.232***	0.206***	1.228***
	(4.01)		(3.95)	
Age	−0.015*	0.985*	−0.014	0.986
	(−1.66)		(−1.61)	
ROA	−1.561	0.210	−1.569	0.208
	(−1.32)		(−1.32)	
Sale	0.013***	1.013***	0.013***	1.013***
	(2.93)		(2.99)	
DOLev	0.014	1.014	0.015	1.015
	(0.76)		(0.79)	
DFLev	−0.320***	0.726***	−0.328***	0.720***
	(−3.26)		(−3.33)	
Srere	−0.180	0.836	−0.107	0.899
	(−0.28)		(−0.17)	
Labor	0.040	1.041	0.032	1.033
	(0.48)		(0.38)	
R&D	2.771***	15.970***	2.632**	13.897**
	(2.58)		(2.45)	

续表

变量	模型 1		模型 2	
	系数	风险比率	系数	风险比率
State	0.267 **	1.307 **	0.266 **	1.305 **
	(2.04)		(2.03)	
Dcount	−0.004	0.996	−0.003	0.997
	(−0.15)		(−0.11)	
Share	−0.003 *	0.997 *	−0.003 *	0.997 *
	(−1.7)		(−1.74)	
CSR	−0.676 *	0.508 *	−0.584	0.558
	(−1.65)		(−1.42)	
Assur	−0.901 **	0.406 **	2.559	12.919
	(−2.41)		(1.61)	
CSR×Assur			−6.201 **	0.002 **
			(−2.07)	
行业	控制	控制	控制	控制
东道国	控制	控制	控制	控制
省份	控制	控制	控制	控制
N	8581		8581	
Log likelihood	−3769.004		−3766.828	
LRχ^2	388.14		392.49	

表 4 　　　替换样本为"一带一路"沿线国家样本后主效应与调节效应的回归结果

变量	模型 1		模型 2		模型 3	
	系数	风险比率	系数	风险比率	系数	风险比率
Infla	0.007	1.007	0.007	1.007	0.006	1.006
	(0.41)		(0.42)		(0.33)	
Hitec	−0.069	0.933	−0.07	0.932	−0.062	0.940
	(−0.48)		(−0.49)		(−0.42)	
Size	0.354 ***	1.425 ***	0.341 ***	1.406 ***	0.342 ***	1.407 ***
	(3.88)		(3.57)		(3.60)	
Age	−0.055 ***	0.946 ***	−0.051 ***	0.951 ***	−0.059 ***	0.943 ***
	(−3.59)		(−3.17)		(−3.77)	
ROA	−7.411 ***	0.001 ***	−8.052 ***	0.000 ***	−8.051 ***	0.000 ***
	(−3.38)		(−3.59)		(−3.42)	

续表

变量	模型 1		模型 2		模型 3	
	系数	风险比率	系数	风险比率	系数	风险比率
Sale	0.008	1.008	0.007	1.007	0.009	1.009
	(1.21)		(1.02)		(1.35)	
DOLev	−0.009	0.991	−0.01	0.990	−0.006	0.994
	(−0.18)		(−0.19)		(−0.12)	
DFLev	−0.556***	0.573***	−0.582***	0.559***	−0.570***	0.566***
	(−3.23)		(−3.21)		(−3.21)	
Srere	1.096	2.993	1.333	3.791	1.205	3.337
	(1.27)		(1.56)		(1.39)	
Labor	−0.087	0.917	−0.127	0.881	−0.091	0.913
	(−0.58)		(−0.82)		(−0.60)	
R&D	2.713	15.071	2.567	13.027	2.914	18.433
	(1.47)		(1.32)		(1.57)	
State	0.351*	1.420*	0.227	1.255	0.318	1.374
	(1.66)		(1.03)		(1.49)	
Dcount	0.011	1.011	0.017	1.017	0.018	1.018
	(0.28)		(0.41)		(0.43)	
Share	−0.006*	0.994*	−0.006*	0.994*	−0.006*	0.994*
	(−1.68)		(−1.69)		(−1.71)	
CSR	−1.283*	0.277*	0.156	1.169	0.198	1.219
	(−1.95)		(0.18)		(0.2)	
Big4			1.957***	7.075***		
			(3.62)			
CSR×Big4			−3.494***	0.030***		
			(−3.06)			
Analyst					0.039**	1.039**
					(1.99)	
CSR×Analyst					−0.079**	0.924**
					(−2.06)	
行业	控制	控制	控制	控制	控制	控制
东道国	控制	控制	控制	控制	控制	控制
省份	控制	控制	控制	控制	控制	控制

续表

变量	模型 1		模型 2		模型 3	
	系数	风险比率	系数	风险比率	系数	风险比率
N	3890		3880		3880	
Log likelihood	−1248.171		−1241.034		−1245.273	
LRχ^2	172.83		185.68		177.20	

表 5　　　　　替换控制变量后主效应与调节效应的回归结果

变量	模型 1		模型 2		模型 3	
	系数	风险比率	系数	风险比率	系数	风险比率
Infla	−0.001	0.999	−0.002	0.998	−0.001	0.999
	(−0.15)		(−0.18)		(−0.06)	
Hitec	0.039	1.040	0.044	1.045	0.038	1.039
	(1.32)		(1.45)		(1.3)	
Belt	0.02	1.021	0.014	1.014	−0.002	0.998
	(0.02)		(0.01)		(−0.00)	
Size	0.203***	1.225***	0.224***	1.250***	0.205***	1.227***
	(3.82)		(3.95)		(3.76)	
Age	−0.013	0.988	−0.01	0.990	−0.012	0.988
	(−1.40)		(−1.14)		(−1.35)	
ROE	−0.446	0.640	−0.491	0.612	−0.575	0.563
	(−0.70)		(−0.77)		(−0.81)	
Sale	0.014***	1.014***	0.014***	1.014***	0.014***	1.014***
	(3.19)		(3.21)		(3.32)	
DOLev	0.015	1.015	0.015	1.015	0.015	1.016
	(0.8)		(0.79)		(0.83)	
DFLev	−0.293***	0.746***	−0.308***	0.735***	−0.307***	0.736***
	(−3.01)		(−3.09)		(−3.06)	
Srere	−0.341	0.711	−0.096	0.908	−0.309	0.734
	(−0.53)		(−0.15)		(−0.48)	
Labor	0.039	1.040	0.056	1.058	0.047	1.049
	(0.47)		(0.64)		(0.55)	
R&D	2.758***	15.766***	2.377**	10.774**	2.613**	13.633**
	(2.59)		(2.19)		(2.46)	

续表

变量	模型 1		模型 2		模型 3	
	系数	风险比率	系数	风险比率	系数	风险比率
State	0.274**	1.316**	0.268**	1.307**	0.272**	1.313**
	(2.1)		(1.99)		(2.08)	
Dcount	-0.007	0.993	-0.004	0.996	-0.005	0.995
	(-0.27)		(-0.14)		(-0.20)	
Share	-0.003	0.997	-0.003*	0.997*	-0.003	0.997
	(-1.53)		(-1.73)		(-1.48)	
CSR	-0.859**	0.423**	0.036	1.037	-0.049	0.952
	(-2.13)		(0.07)		(-0.08)	
Big4			0.974***	2.650***		
			(2.67)			
CSR×Big4			-2.261***	0.104***		
			(-3.01)			
Analyst					0.019	1.019
					(1.57)	
CSR×Analyst					-0.043*	0.958*
					(-1.75)	
行业	控制	控制	控制	控制	控制	控制
东道国	控制	控制	控制	控制	控制	控制
省份	控制	控制	控制	控制	控制	控制
N	8581		8561		8581	
Log likelihood	-3773.502		-3744.939		-3771.930	
LRχ^2	379.14		387.12		382.29	

珞珈管理评论
2023 年卷第 3 辑（总第 48 辑）

Luojia Management Review
No. 3, 2023（Sum. 48）

谦亦有度：领导谦卑与员工
主动性行为的倒 U 形关系[*]

● 史丽华[1] 岳 磊[2]

（1 广州大学管理学院 广州 510006；2 广东金融学院信用管理学院 广州 510521）

【摘 要】 基于内隐领导理论，本研究构建了领导谦卑与员工主动性行为之间的倒 U 形关系模型。通过两阶段调研 211 份领导与员工的配对样本，本研究结果显示，领导谦卑与员工主动性行为之间存在倒 U 形关系，即适度的领导谦卑能够促进员工主动性行为；而当领导谦卑超过一定界限时，员工主动性行为反而逐渐下降。领导能力与任务常规性调节了领导谦卑与员工主动性行为之间的倒 U 形关系。领导能力越弱，任务常规性程度越低，领导谦卑对员工主动性行为的倒 U 形影响越显著。研究结论为如何通过提升领导谦卑促进员工主动性行为提供了理论依据。

【关键词】 领导谦卑 主动性行为 领导能力 任务常规性 倒 U 形

中图分类号：F272.92；C933.2   文献标识码：A

1. 引言

随着知识经济和人工智能时代的到来，组织环境日益动态复杂，充满不确定性和不可预测性，复杂情境下领导独当一面越来越难。领导者自大傲慢、强势自恋或过度自信而导致的组织失败案例比比皆是（Boje et al., 2004；Knottnerus et al., 2006；Chatterjee & Hambrick, 2007；Campbell et al., 2011）。知识爆炸和技术演进使得领导自身的知识和能力局限成为阻碍企业快速发展的栅栏（Weick, 2001），如何有效调动员工的积极性和主动性成为组织发展的关键。在此背景下，强调领导正确看待

---

* 基金项目：国家自然科学基金面上项目"企业数字化转型下的 ICT 要求与支持：变异导向与事件导向的双重视角"（项目批准号：72071052）；国家自然科学基金青年项目"民营企业职业经理对上谦卑与对下谦卑的'双刃剑'效应：理论内涵、作用机理及其改善机制研究"（项目批准号：71701054）；2022 年度广州市高等教育教学质量与教学改革工程项目"基于 OBE 理念的'人力资源管理'省级在线开放课程教学改革"。

通讯作者：岳磊，E-mail: rock_yl@163.com。

自我局限性、虚心学习、保持开放性、关注自我成长及下属成长的谦卑型领导（Owens & Hekman，2012）日益受到学术界与实践界的关注，谦卑更是被誉为 21 世纪领导者必备的修为（Morris et al.，2005）。

围绕领导谦卑行为的有效性，学者们得到了不一致的研究发现。持积极效应的学者们认为，领导谦卑行为能够提升个体的自我效能感和心理安全感（雷星晖等，2015；罗瑾琏等，2016）、组织认同感（曲庆等，2013）、学习目标导向（Owens et al.，2013），增进上下级关系亲近性（毛江华等，2017）、关系能量（Wang et al.，2018）、对领导的信任（罗文豪和陈佳颖，2020）和积极追随（陶厚永等，2022），最终提升员工的工作表现和绩效（刘圣明等，2018；杨陈等，2018；陈力凡等，2022）。持消极效应的学者们则认为，领导谦卑可能会被下属视为无能或缺乏胜任力、自信心不足或有自卑感（Weiss & Knight，1980；Knight & Nadel，1986；Tangney，2000），谦卑甚至不能称为一种品德（Hume，1994），不利于领导有效性的发挥。不仅如此，领导谦卑行为还会增加员工的权力感，进而增加员工从事偏差行为的概率（Guo et al.，2020；Qin et al.，2020；曹元坤等，2021）。谦卑作为一种有节制的美德虽然备受传统文化推崇，但高权力距离的文化背景使得传统的威权领导备受推崇（Farh & Cheng，2000），领导谦卑行为在激烈竞争的现代社会是否有效和适用还有待进一步的检验。

针对不一致的研究结论，学者们纷纷探索领导谦卑有效性的边界条件。一些学者从员工认知特征出发，剖析调节焦点（雷星晖等，2015）、权力距离导向（唐汉瑛等，2015；陈力凡等，2022）、对领导谦卑行为的归因（Bharanitharan et al.，2019；Qin et al.，2020；毛江华等，2017）、团队认知多样性（刘圣明等，2018）等因素对领导谦卑积极效应的影响。一些学者从工作情境特征入手，指出组织面临的极端威胁或时间压力（Owens & Hekman，2012）、工作单位结构（杨陈等，2018）等因素对领导谦卑行为的有效性具有干扰效应。还有学者基于中庸文化背景，挖掘领导谦卑对员工知识隐藏的影响（袁凌等，2018）。

这些研究都关注到员工对领导谦卑行为信息的认知、解读与加工。起源于认知心理学的内隐领导理论（Brown & Lord，2001；Lord et al.，2001）指出，员工关于领导原型特征的认知结构或图式是区分领导者与非领导者的内部标签及参照标准。因此，有必要从内隐原型特征的视角来剖析领导谦卑行为的影响效应，以更好地厘清以往研究发现的不一致性，审视领导谦卑行为在现代组织情境的适用性。

根据内隐领导理论，本研究认为领导谦卑对下属主动性行为存在非线性的影响。其中较低与较高水平的领导谦卑行为均不吻合员工心目中对领导积极原型特征的内隐期望，从而负向影响员工的主动性行为。正所谓"谦亦有度，过谦则近伪""过谦则下无敬畏之心"，领导谦卑的积极作用也存在"过犹不及"效应。根据内隐领导理论的联结模型（connectionist model），个体对领导理想特征的构思与组织情境密切相关（Lord et al.，2001），情境线索可以重构原型特征中某些领导特征或行为的权重，从而影响员工对领导的期待、感知及解读（Hanges et al.，2000；Lord & Brown，2001；Dinh et al.，2014；Lord et al.，2020），进而塑造他们的态度和行为反应（Offermann & Coats，2018）。情境可以通过特定的社会、环境或任务特征来定义，因为它们提供了特定的情境约束和机会，从而影响组织行为的发生和意义，以及变量之间的关系（Johns，2006）。因此，本研究将综合考虑组织情境中两类特征因素的调节效应，一类是与领导特征相关的因素"领导能力"，另一类是与任务特征相关的因

素 "任务常规性"。领导能力是指领导具备的职业技能和胜任力（Liden & Maslyn, 1998），较强的领导能力吻合下属关于领导应当智慧、聪明的内隐认知图式（Epitropaki & Martin, 2004），从而改善谦卑领导行为与员工内隐认知的吻合程度；较弱的领导能力则加剧领导谦卑信息与员工内隐期望的不一致性。任务常规性指工作任务具有的重复性和常规化特征（Bargh, 1994）。任务常规性一方面会影响领导谦卑信息的凸显性和易得性（Epitropaki & Martin, 2005；Ohly et al., 2006），另一方面会影响员工在认知及解读谦卑领导信息时的资源消耗和认知负荷（Brewer, 1988；Fazio & Olson, 2003；Ho, 2012；Sy, 2011），导致低任务常规性情境下遭遇高认知负荷的员工更多地感知到领导谦卑行为与员工内隐期望的不匹配性。

综上所述，本研究从内隐领导理论的视角出发，运用中国企业领导与下属的配对样本来探讨领导谦卑与主动性行为之间的倒 U 形关系及边界条件，从而为如何通过提升领导谦卑有效激发员工主动性行为提供具有科学性与针对性的对策建议。这不仅对中国企业的员工管理实践具有重要的现实意义，也有利于推进现有研究对领导谦卑有效性的理解。

2. 理论基础与假设推导

认知主义的研究发现，个体的社会认知喜欢走捷径，总是本能地对他人进行分类，以便简化外部世界和认知加工过程。当个体遇到环境刺激时，首先习惯于提取已经存在于长时记忆系统中与刺激物有关的图式、内隐理论或认知结构用来与刺激物进行匹配，从而对刺激信息进行编码与分类，以简化认知加工过程（Fiske & Taylor, 1991；Lord & Maher, 1991）。

以认知心理学为基础的内隐领导理论强调，被领导者的内在概念因素对其评估的领导者的行为有极大的影响（Eden & Leviatan, 1975）。内隐领导理论可以被归类为一种认知结构和原型（Lord et al., 1984），是个体基于社会化及其他经历形成的关于领导者应该具有的特质或行为的预期和信念（Lord et al., 1984；Shondrick & Lord, 2010）。这种存储于个体记忆之中的认知结构或图式体现了个体心目中领导的理想形象和对领导者的角色期望（Epitropaki et al., 2013），是个体区分领导者与非领导者的 "内部标签"。一旦个体遇到领导者，他们存储于记忆中的认知结构或图式就会被激活（Kenney et al., 1996），成为个体评判领导者的社会分类标准（Shondrick et al., 2010；Sy, 2010）。当目标对象的主要特质和行为与个体记忆中关于领导的特质和行为原型相匹配时，就被归类为领导者，从而拥有更高的领导效能和影响力（Shondrick & Lord, 2010；van Quaquebeke et al., 2011；Epitropaki et al., 2013）。研究显示，员工对领导行为信息的反应，在很大程度上取决于领导实际行为与员工心目中理想领导的内在参照标准相吻合的程度（Nye, 1991；Eckloff et al., 2008；Shondrick & Lord, 2010；张祥润等，2017；孔茗等，2019）。

2.1 领导谦卑与员工主动性行为的倒 U 形关系

在组织情境中，领导谦卑体现为领导在与下属进行人际互动过程中所展现的一种行为特征，包括三个方面的特点：正确看待自己、能够坦承自身的不足；肯定并赞赏他人的长处及贡献；虚心学习、愿意聆听他人的观点及建议（Owens & Hekman, 2012; Owens, et al., 2013）。主动性行为是指员工为实现未来发展而采取的一系列行为（Belschak & Hartog, 2010）。根据内隐领导理论，本研究认为领导谦卑与员工主动性行为之间存在倒 U 形的非线性关系。也即领导谦卑的积极效应存在临界点，较低与较高水平的谦卑均会使员工表现出较低的主动性行为，中等水平的谦卑则会提升员工的主动性行为。

具体而言，员工拥有关于领导应该具有的原型特质的认知图式和内隐期望，这些图式和期望是他们区分并评判领导效能的重要标准（Lord & Maher, 1991; Brown & Lord, 2001）。只有当领导与员工心目中领导原型特质的认知图式相匹配时，领导才能得到员工的认可与支持，进而激发员工积极的工作行为（Lord et al., 1984）。研究表明，正性领导原型特质（prototype）包括智力、魅力、力量等，负性领导原型特质（antiprototype）包括专制和男性化（Lord et al., 1984; Offermann et al., 1994; Epitropaki & Martin, 2004; Paunonen et al., 2006）。

根据内隐领导理论的观点，员工会依据有关领导特征的认知图式而非全部可用的信息来评估领导的有效性（Fraser & Lord, 1988; Lord et al., 1984），导致领导较低或较高水平的谦卑行为均不符合员工对有效领导者的内隐预期（Lord et al., 1984; 2017; Epitropaki & Martin, 2004）。较低水平的谦卑意味着领导较少承认自身的不足、较少赞赏下属的贡献，通常也不太愿意聆听下属的观点与建议（Owens & Hekman, 2012）。这会让员工觉得领导傲慢自大、专制独断，从而与"专制"等负性领导原型特质相匹配，不符合员工心目中的理想领导图式和内隐期望（Offermann et al., 1994）。较高水平的领导谦卑行为意味着领导倾向于将积极事件和荣耀给予他人、较高程度地坦承自己的缺点与不足、依赖和强调他人的建议与贡献（Owens & Hekman, 2012），这容易被下属解读为能力不足或依赖下属，从而与员工心目中对有效领导充满智力、魅力及力量等正性领导原型特质的内隐期望和认知图式不匹配（Offermann et al., 1994; Epitropaki & Martin, 2004）。较低与较高水平的领导谦卑行为都在一定程度上违背了员工内隐期望和认知图式，从而降低下属对领导效能的积极评价（Baumeister et al., 2001; Amabile et al., 2004），弱化其模仿领导谦卑行为进而主动追求学习与发展的行为。以往研究发现，领导谦卑行为一方面可以提升诚实、温暖等关系取向特征（communal），另一方面会降低能力、影响力等工作取向特征（agentic），导致领导谦卑行为提升关系取向特征的积极效应（Ou et al., 2018）会被降低工作取向特征的消极效应（Zapata & Hayes-Jones, 2019）所抵消，呈现出相互抑制的特点（MacKinnon et al., 2000; Shrout & Bolger, 2002），最终表现为一种倒 U 形的非线性影响。

当领导适度地坦承自身不足、认可并赞赏他人的贡献与优点以及虚心接受他人的意见和建议时，这些行为一方面能够唤起适度水平的积极情绪体验（Wang et al., 2018），另一方面，适度水平的谦卑行为也吻合员工心目中对有效领导应该通情达理而不应独断专制、乐于奉献而非自私自利的内隐期望和认知图式（Lord et al., 1984; Offermann et al., 1994）。这些被激活的认知图式促使员工将展现这些行为的领导看成是一位符合下属内隐期望和认知图式的领导。谦卑领导通过以身作则、虚心学习的行为示范让下属意识到追求成长与进步是正确的工作目标（Owens & Hekman, 2012; Owens et al., 2016），并且通过坦承自我不足及肯定下属的行为提升下属的信心（唐汉瑛等，2015; 雷星晖等，2015），促使下属有动机并有信心开展主动性行为（Lam et al., 2014）。

综上所述，较低或较高水平的谦卑行为导致员工心目中一些正性的领导原型特质未被激发，或是负性领导原型特质被激发，从而削弱了领导谦卑的正向影响效应。据此，本文提出假设：

H1：领导谦卑对员工主动性行为具有倒 U 形影响。

2.2 领导能力的调节作用

根据内隐领导理论，领导谦卑能否有效激发员工主动性行为取决于员工能否从领导身上观察到其内心所期望的领导原型特征（Brown & Lord, 2001）。由于谦卑作为单一的行为特征无法吻合员工对有效领导原型特征的全部期望，领导谦卑的影响效应还取决于下属对其它领导原型特征如领导能力的感知。根据内隐领导的联结模型，领导能力可以重构某些领导原型特征的权重（Hanges et al., 2000; Lord & Brown, 2001; Dinh et al., 2014; Lord et al., 2020），进而影响员工对领导谦卑行为的感知及解读，最终影响领导谦卑与员工主动性行为的倒 U 形关系。

较强的领导能力吻合员工对有效领导原型特征的内隐期望（Lord et al., 1984; Offermann et al., 1994; Epitropaki & Martin, 2004），此时领导谦卑不会对员工主动性行为产生倒 U 形影响。这主要是因为，较强的工作能力不仅是工作场所员工心目中有效领导的核心原型特征（Lord et al., 1984; Ling et al., 2000），也是领导有效引导员工完成工作任务、获取更多工作回报的重要前提（Liden et al., 1993）。以往研究显示，感知他人能力更强的个体愿意较少表达自己的观点并允许他人制定决策（Anderson et al., 2006）。所以即使领导展示出较少的谦卑行为，员工也会认同并接受工作能力强的领导，愿意聆听其观点、接受其指导。随着较强能力的领导表现出越来越多的谦卑行为，领导能力将放大领导谦卑行为提升关系取向特征的积极效应（Ou et al., 2018），抵消领导谦卑行为被解读为能力不足或依赖下属从而降低工作取向特征的消极效应（Zapata & Hayes-Jones, 2019）。正如 Collins（2001, 2005）所言，最有效的领导应是谦卑与能力的结合体。领导能力能够提升谦卑领导的积极效应，缓解其不利影响，进而促使员工遵循谦卑领导以身作则的学习示范，积极主动地追求成长与发展。

对于较低工作能力的领导而言，领导谦卑对员工主动性行为的影响存在显著的倒 U 形关系。低能力的领导不吻合员工对领导应充满智力、力量等特质的内隐期望（Lord et al., 1984; Epitropaki & Martin, 2004），进而不被员工知觉为有效的领导（Rozin & Royzman, 2001; Amabile et al., 2004）。当低能力的领导展现出较低水平的谦卑行为时，往往意味着领导自身工作能力存在不足又不愿意肯定下属的贡献及优点，也不重视及采纳下属的观点及意见（Owens et al., 2013），这将进一步强化员工对领导行为与内隐认知图式不匹配的认知。当低能力的领导展现出较高水平的谦卑行为时，则被进一步解读为能力不足及对下属的依赖（Owens & Hekman, 2012）、不自信及缺乏应对能力（Morris et al., 2005）。这些负面认知信息将进一步降低员工对领导的积极评价（Wyer, 2004），不利于激励员工自愿追随领导且自发主动地开展工作。据此，本研究提出假设：

H2：领导能力对领导谦卑与员工主动性行为之间的倒 U 形关系具有调节作用。当领导能力较低时，领导谦卑对员工主动性行为存在显著的倒 U 形影响。

2.3 任务常规性的调节作用

内隐领导理论作为一种信息认知和加工的过程得到了学者的认同（Lord，1985；Lord & Alliger，1985），内隐领导的联结模型也进一步指出情境因素会激活特定的领导特征网络节点、改变不同领导原型特征的权重及凸显性（Hanges et al.，2000；Lord et al.，2001），从而影响员工对领导行为信息的认知与解读。一方面，情境会影响领导行为信息的凸显性和易得性，从而给予信息加工者不同的认知压力和信息选择（Epitropaki & Martin，2005；Lord et al.，2020），影响员工对领导表现出与特定情境相匹配的行为的期望程度；另一方面，情境也会影响员工在认知及解读领导行为信息时的资源消耗与认知负荷。Pierece 和 Aguinis（2013）指出"过犹不及"效应具有明显的情境特殊性（context-specific），需要结合情境条件进行探讨。因此，本研究选择任务常规性这一情境因素来考察其对员工解读领导谦卑行为的影响效应。任务常规性指工作任务所具有的重复性特征，通常呈现出非个体意愿、无意识以及效率高的特点（Bargh，1994）。常规性并不意味着任务的简单化，而特指个体所从事的工作任务的重复性和可预测性（Perrow，1970；Ohly et al.，2006）。从信息加工的角度来看，任务常规性水平将影响员工在多大程度上运用内隐领导理论对领导传递的信息进行认知、加工与解读。

在任务常规性较高的情境中，常规化和重复性的工作设计能够自动唤起员工的工作意识和行为，此时员工的认知负担比较轻（Ohly et al.，2006），从而拥有更多的认知资源理解领导谦卑所传递的信息，也更容易被领导谦卑的学习示范行为所感染，从而愿意积极开展主动性行为。依据 Owens 和 Hekman（2012）的观点，领导谦卑中所包含的接受员工经验不足、容忍犯错以及需要在不断改进中迭代成长等都意味着需要一个相对稳定的组织环境，领导的谦卑行为适用于小幅度平缓发展的而非大幅度剧烈变革的组织环境。由此可见，任务常规性较高而非较低的工作情境更适合领导谦卑行为发挥价值。不仅如此，谦卑的领导此时给予的欣赏与肯定还可以为下属提供更多的情感关怀、关系能量及支持（Wang et al.，2018），吻合员工有关领导者应该具备温暖、合作性等关系取向特征的期望和认知（Eagly & Carli，2003；Kocnig et al.，2011；Rosette & Tost，2010），促使他们有信心、更有资源去开展主动性行为。因此，当任务常规性程度比较高时，领导谦卑有助于员工更好地理解和接受领导以身作则的学习示范效应，从而弱化其对员工主动性行为的倒 U 形影响。

在任务常规性较低的情境中，一方面，员工需要消耗现有的认知资源去处理当前工作中的不确定性和复杂性（Perrow，1970；Ohly et al.，2006），高认知负荷消耗了员工较多的认知资源，促使他们更倾向依据领导原型的认知图式来评估领导（Brewer，1988；Fazio & Olson，2003；Ho，2012；Sy，2011），最终削弱员工对领导谦卑所传递的积极信息的理解和接受。另一方面，低常规性工作情境所带来的不确定性及风险将进一步削弱员工对领导谦卑行为的积极评价，放大谦卑领导被感知为缺乏智慧、活力等积极原型特征（Epitropaki & Martin，2004；Zapata & Hayes-Jones，2019）所带来的消极影响，进而降低员工追随领导、强化自身学习与发展的行为动机。具体而言，领导较低水平的谦卑意味着员工的观点及意见不被领导重视和采纳（Owens et al.，2013；2016），这一消极认知及预期会在低常规性的工作情境下被强化，从而导致员工缺乏足够的信心与自由度去改变现状，主动性行为的动机也由此被弱化。而较高水平的谦卑使员工认知到领导更多的不足（Owens &

Hekman，2012）及缺乏应对能力（Morris et al.，2005），这种与积极领导原型不匹配的特征将削弱下属对领导带领自己完成具有不可预测性、非重复性工作任务的信心与预期。由此可见，低常规性的工作情境不仅会消耗员工的认知与信息加工资源，也会强化员工评价较低及较高水平的领导谦卑时所感知到的不匹配性，从而扩大较低与较高水平的领导谦卑行为所带来的负向效应。据此，本研究提出假设：

H3：任务常规性对领导谦卑与员工主动性行为之间的倒 U 形关系具有调节作用。任务常规性程度较低时，领导谦卑对员工主动性行为具有显著的倒 U 形影响。

本文的研究模型见图 1。

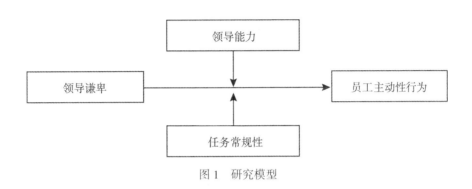

图 1　研究模型

3. 研究设计

3.1　研究程序及样本

为更加准确地反映变量之间的因果机制，更好地控制共同方法偏差（common-method bias），本研究采取两阶段、多种数据来源的方式来收集领导与员工配对信息。调查样本为华南地区某高校近三年的 MBA 毕业生，企业涉及电子科技、医药制品与建筑等多个行业。我们根据学生班级、学号随机抽取 300 名调研对象，并发送 300 份问卷调研邀请电子邮件，在邮件中阐述调研的目的和上下级配对的问卷发放方式，强调自愿参与、调研结果仅供学术研究使用且严格保密，邀请愿意参与的 MBA 毕业生随机提供一位在工作中互动紧密的下属的邮箱。我们收到了 254 份 MBA 毕业生确认参与的邮件（回收率为 84.67%），并向他们提供的 254 个下属邮箱发放问卷调研邀请电子邮件，邮件中清楚地阐述我们的调研目的和问卷发放方式，强调参与的自愿性和调研结果的保密性，邀请这些下属完成第一阶段的调研问卷（内容包括：领导谦卑、领导能力、任务常规性及人口统计信息，包括性别、年龄和团队任期），最终收到了 244 份下属的回复，回收率为 96.06%。在第二阶段（3 周以后），我们邀请配对的 244 位直接领导对下属的主动性行为进行评价，最终收到 211 份问卷，回收率为 86.48%。

样本描述性统计结果显示，配对领导的平均年龄 35.74 岁（SD=5.25），担任团队领导的平均任期为 40.36 个月（SD=37.59），其中男性占 64.5%。配对下属的平均年龄 30.87 岁（SD=5.35），在团队内的平均任期为 32.58 个月（SD=37.87），其中男性占 54.5%。

3.2 测量工具

本研究中的量表主要来自西方文献。为保证这些量表在中国情境下的有效性，本研究由管理学专业的博士生并行、双盲地采用标准的翻译与回译程序对英文量表条目逐句翻译（Brislin, 1980），并邀请组织行为学领域的教授对译文进行评价和修订，最终确定最合适的中文条目。问卷采用 Likert 五点制评分，选项从 1="非常不同意"到 5="非常同意"。

（1）领导谦卑（第一阶段）。采用 Owens 等（2013）的 9 条目量表，包括领导对自身不足的认知、对他人长处和能力的欣赏、虚心学习 3 个维度，由下属对直接领导进行评价。示例题项为"当我的直接领导不知道如何解决某些事情时，他/她会承认这一点"等。该量表在本研究中的内部一致性信度系数为 0.93。

（2）领导能力（第一阶段）。采用 Liden 与 Maslyn（1998）的 3 条目量表，由下属对直接领导进行评价。示例题项为"我敬佩我直接领导的职业能力"等。该量表在本研究中的内部一致性信度系数为 0.86。

（3）任务常规性（第一阶段）。采用 Withey 等（1983）的 3 条目量表，由下属自评。示例题项为"我的工作很常规化"等。该量表在本研究中的内部一致性信度系数为 0.86。

（4）员工主动性行为（第二阶段）。采用 Belschak 与 Hartog（2010）的 4 条目量表，由直接领导对下属进行评价。示例题项为"该员工探索执行工作的新方法，让他/她能更上一层楼"。该量表在本研究中的内部一致性信度系数为 0.82。

（5）控制变量。我们在分析中控制了可能对员工主动性行为产生影响的个体特征，包括员工的人口特征如性别、年龄及任职期限。其中，年龄（单位：年）及任职期限（单位：月）均以实际数字计算；对性别进行虚拟变量处理，男性为"1"，女性为"2"。

4. 数据分析及结果

4.1 变量区分效度的验证性因子分析

本研究采用 Mplus6.0 软件（Muthen & Muthen, 2008）对 4 个研究变量（领导谦卑、领导能力、任务常规性、员工主动性行为）进行验证性因子分析，以检验变量的区分效度。表 1 显示，四因子模型比其他嵌套模型的拟合效果要好，$\chi^2/df=1.84$，CFI=0.95，TFI=0.94，RMSEA=0.06，SRMR=0.04，表明本研究的 4 个变量之间具备良好的区分性，可以进行下一步的分析。

表 1 变量区分效度的验证性因子分析结果

模型	所含因子	χ^2 / df	CFI	TFI	RMSEA	SRMR
基本模型	四因子：LH；LC；TR；PB	1.84	0.95	0.94	0.06	0.04
模型 1	三因子：LH+LC；TR；PB	3.35	0.85	0.83	0.11	0.07
模型 2	两因子：LH+LC+TR；PB	5.36	0.73	0.69	0.14	0.10
模型 3	单因子：LH+LC+TR+PB	7.30	0.60	0.55	0.17	0.14

注：LH 表示领导谦卑；LC 表示领导能力；TR 表示任务常规性；PB 表示员工主动性行为。"+"表示两个因子合并为一个因子。

4.2 描述性统计分析

表 2 显示了本研究的主要变量及控制变量的均值、标准差、相关系数及信度系数。其中，领导谦卑与员工主动性行为之间的相关系数分别为 0.06 （$p > 0.05$），说明领导谦卑与员工主动性行为之间不存在显著的线性关系。

表 2 变量描述性统计及相关系数

变量	均值	标准差	1	2	3	4	5	6	7
1. 性别	1.45	0.50	—						
2. 年龄	30.87	5.35	−0.13	—					
3. 任职期限	32.58	37.87	−0.09	0.33**	—				
4. 领导谦卑	3.82	0.75	−0.09	−0.10	−0.04	(0.93)			
5. 领导能力	4.13	0.73	0.09	−0.13	0.01	0.52**	(0.86)		
6. 任务常规性	3.43	0.88	0.19**	0.01	0.14*	−0.10	−0.07	(0.86)	
7. 员工主动性行为	3.72	0.61	0.09	−0.09	−0.12	0.06	0.07	0.01	(0.82)

注：$N = 211$。** 表示 $p < 0.01$，* 表示 $p < 0.05$，双尾检验。括号内为各变量的 alpha 信度系数。

4.3 假设检验

为了检验前文提出的假设，本研究采用逐步加入控制变量、自变量、自变量交互项的路径模型（path model）进行数据分析。为了避免加入交互项后带来的多重共线性问题，本文按照通行的做法，分别对自变量与调节变量进行中心化处理，然后再计算其交互项并代入回归方程（Friedrich，1982）。

为检验领导谦卑行为的平方项与调节变量的交互项对员工主动性行为的影响效应，本研究采用以下方程：

$$Y = B_0X + B_1X^2 + B_2Z_1 + B_3Z_2 + B_4XZ_1 + B_5XZ_2 + B_6X^2Z_1 + B_7X^2Z_2 + c_0$$

其中 X 为领导谦卑行为的一次项，X^2 为领导谦卑行为的平方项，Z_1 为领导能力，XZ_1 为领导谦卑行为与领导能力的乘积项，X^2Z_1 为领导谦卑行为的平方项与领导能力的乘积项；Z_2 为任务常规性，XZ_2 为领导谦卑行为与任务常规性的乘积项，X^2Z_2 为领导谦卑行为的平方项与任务常规性的乘积项。

表 3 模型 1 的回归结果显示，加入控制变量后，领导谦卑对员工主动性行为的影响不显著（$\beta = 0.03$，$p > 0.05$），说明领导谦卑与员工主动性行为之间不存在简单的线性关系。模型 2 显示，领导谦卑的平方项与员工主动性行为之间呈显著的负向关系（$\beta = -0.07$，$p < 0.05$），说明领导谦卑与员工主动性行为之间呈倒 U 形关系，假设 H1 得到支持。

为检验领导能力在领导谦卑与员工主动性行为关系中的调节作用，本研究在控制变量、自变量、自变量平方项的基础上，加入交互项。表 3 模型 3 的结果显示，领导谦卑的平方项与领导能力的乘积项对员工主动性行为的回归系数显著（$\beta = 0.07$，$p < 0.05$），说明领导谦卑与员工主动性行为的倒 U 形关系受到领导能力的调节。参考 Aiken 和 West（1991）的建议，本研究进一步绘制了领导能力的调节效应图。如表 4 及图 2 所示，当领导能力较低时，领导谦卑与员工主动性行为之间呈显著的倒 U 形关系。其中低水平的领导谦卑与员工主动性行为的简单斜率为不显著的正值（$\beta = 0.12$，$p > 0.05$），中等水平领导谦卑与员工主动性行为的简单斜率为不显著的负值（$\beta = -0.15$，$p > 0.05$），高水平领导谦卑与员工主动性行为的简单斜率为显著的负值（$\beta = -0.41$，$p < 0.01$）。当领导能力较高时，领导谦卑与员工主动性行为的简单斜率均为不显著的正值。因此，假设 H2 得到支持。

表 3　　　　　　　　　　　　　假设检验及数据分析结果

自变量	员工主动性行为				
	模型 1	模型 2	模型 3	模型 4	模型 5
截距	3.72***	3.79***	3.76***	3.79***	3.76***
性别	0.05	0.05	0.04	0.06	0.04
年龄	−0.03	−0.02	−0.03	−0.02	−0.02
任职期限	−0.06	−0.06	−0.06	−0.06	−0.06
领导谦卑	0.03	0.00	−0.05	0.02	−0.03
领导谦卑平方项		−0.07*	−0.06	−0.05	−0.04
领导能力			−0.04		−0.04
任务常规性				−0.08	−0.07
领导谦卑×领导能力			0.09		0.10*

续表

自变量	员工主动性行为				
	模型 1	模型 2	模型 3	模型 4	模型 5
领导谦卑平方项×领导能力			0.07*		0.08*
领导谦卑×任务常规性				0.05	0.07
领导谦卑平方项×任务常规性				0.07*	0.07*
R^2	0.03	0.05	0.08*	0.07*	0.10**

注：$N=211$。*** 表示 $p<0.001$，** 表示 $p<0.01$，* 表示 $p<0.05$。

表 4   领导能力及任务常规性的调节效应

领导谦卑	员工主动性行为			
	领导能力		任务常规性	
	High	Low	High	Low
低水平（平均值–1 个标准差）	0.02	0.12	0.03	0.22*
中等水平（平均值）	0.04	−0.15	0.08	−0.03
高水平（平均值+1 个标准差）	0.06	−0.41**	0.12	−0.27**

注：** 表示 $p<0.01$，* 表示 $p<0.05$。

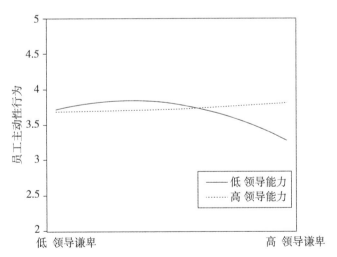

图 2 领导能力对领导谦卑与员工主动性行为倒 U 形关系的调节效应

表 3 模型 4 的结果显示，领导谦卑的平方项与任务常规性的乘积项对员工主动性行为的回归系数显著（$\beta=0.07$，$p<0.05$），说明领导谦卑与员工主动性行为的倒 U 形关系受到任务常规性的调节。如表 4 及图 3 所示，当任务常规性较低时，领导谦卑与员工主动性行为之间存在显著的倒 U 形关系。

其中低水平的领导谦卑与员工主动性行为的简单斜率为显著的正值（$\beta = 0.22$，$p < 0.05$），中等水平领导谦卑与员工主动性行为的简单斜率为不显著的负值（$\beta = -0.03$，$p > 0.05$），高水平领导谦卑与员工主动性行为的简单斜率为显著的负值（$\beta = -0.27$，$p < 0.01$）。当任务常规性较高时，领导谦卑与员工主动性行为的简单斜率均为不显著的正值。因此，假设 H3 得到支持。

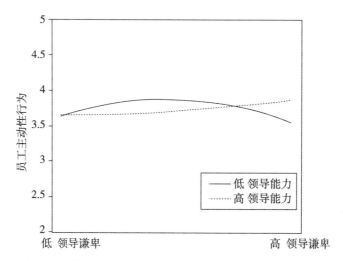

图 3　任务常规性对领导谦卑与员工主动性行为倒 U 形关系的调节效应

表 3 模型 5 的结果显示，当同时放入领导能力以及任务常规性后，两个调节变量与领导谦卑的平方项的乘积项对员工主动性行为的回归系数依然显著（$\beta = 0.08$，$p < 0.05$；$\beta = 0.07$，$p < 0.05$），说明数据分析结果具有较好的稳健性，假设 H2 与假设 H3 进一步得到支持。

4.4　补充分析

为了进一步检验领导能力与任务常规性可能存在的交互调节效应，本研究开展了三重调节效应检验。具体而言，在表 3 模型 5 的基础上，新增三个自变量（领导能力与任务常规性的乘积性；领导能力、任务常规性与领导谦卑的乘积项；领导能力、任务常规性与领导谦卑平方项的乘积项）进行回归分析。

数据分析结果显示，两个调节变量（领导能力与任务常规性）的乘积项对员工主动性行为的回归系数不显著（$\beta = -004$，$p = 0.484$），两个调节变量（领导能力与任务常规性）与领导谦卑的乘积项对员工主动性行为的回归系数不显著（$\beta = -0.07$，$p = 0.231$），两个调节变量（领导能力与任务常规性）与领导谦卑平方项的乘积项对员工主动性行为的回归系数也不显著（$\beta = 0.02$，$p = 0.603$），三重调节效应不显著。此时，领导能力与领导谦卑平方项的乘积项对员工主动性行为的回归系数依然显著（$\beta = 0.07$，$p < 0.05$），假设 H2 得到进一步的支持。任务常规性与领导谦卑平方项的乘积项对员工主动性行为的回归系数依然显著（$\beta = 0.09$，$p < 0.05$），假设 H3 得到进一步的支持。

5. 研究分析与讨论

5.1 结论与讨论

本研究通过梳理以往文献关于领导谦卑影响效应的不一致结论，依据内隐领导理论，构建领导谦卑与员工主动性行为的倒 U 形关系模型并探讨其适用情境。通过两阶段调研 211 份上下级配对样本，本研究发现：（1）领导谦卑与员工主动性行为之间存在倒 U 形关系，较高或较低水平的领导谦卑均不利于激发员工的主动性行为。（2）这种倒 U 形关系受到领导能力的调节。当领导能力较低时，领导谦卑对员工主动性行为存在显著的倒 U 形影响。（3）这种倒 U 形关系受到任务常规性的调节。任务常规化程度较低时，领导谦卑对员工主动性行为存在显著的倒 U 形影响。

5.2 理论意义

首先，本研究从内隐领导理论的角度为以往文献中领导谦卑影响效应的不一致结论提供了新的解释。以往文献围绕谦卑领导的有效性得到了积极效应与消极效应并存的结论，学者们也从调节变量出发探寻领导谦卑的适用条件。对这些调节变量的剖析都关注到员工对领导谦卑行为信息的认知、解读与加工，例如员工对领导谦卑行为信息的归因（Bharanitharan et al.，2019；Qin et al.，2020；毛江华等，2017；刘美玉和王季，2020）。本研究从起源于认知心理学的内隐领导理论出发，聚焦于员工对领导原型特征的认知结构或图式，剖析领导谦卑行为信息与员工内隐原型的匹配性及其对员工主动性行为的非线性影响。这一研究发现为现有文献中的不一致结论提供了新的解释视角，进一步拓展了学术界对领导谦卑内涵及其与员工主动性行为之间关系的理解。

其次，本研究对于领导谦卑和员工主动性行为之间倒 U 形关系的探讨也进一步回应了"过犹不及"效应的相关研究（Grant & Schwartz，2011；Pierece & Aguinis，2013）。Grant 和 Schwartz（2011）以及 Pierece 和 Aguinis（2013）指出，任何对组织有利的积极变量的积极效应都有临界点，超出了临界点，积极作用将会消失，甚至转化为消极影响，从而呈现为倒 U 形的非线性关系。随着"过犹不及"现象得到越来越多的关注，以往关于积极前因多多益善的单调线性假设不断受到质疑。例如，Vergauwe 等（2017）用"过犹不及"效应来解释魅力型人格与领导效能之间的曲线关系；Lam 等（2014）研究表明，积极情绪对员工主动性行为存在倒 U 形的曲线影响。国内学者如朱金强等（2018）发现包容性领导对创新具有倒 U 形的影响；张军伟和龙立荣（2016）指出领导宽恕对员工绩效存在非线性影响。本研究结果进一步拓展了"过犹不及"效应的文献脉络。

再次，本研究通过引入领导能力与任务常规性两个调节变量，进一步厘清了领导谦卑与员工主动性行为之间倒 U 形关系的理论边界。以往文献在探讨内隐领导理论时都强调了领导行为特征与工作特征的影响。如 Lam 等（2015）提出，员工会依据领导是否愿意分享信息，来评估其表现出的参与型领导行为是否吻合员工心目中的领导认知图式。Epitropaki 与 Martin（2005）研究发现，高工作负荷情境下，个体依赖内隐领导理论来评估领导。本研究也发现，领导能力及任务常规性这两项特征能够影响员工对领导谦卑的认知与解读，使得领导谦卑与员工主动性行为之间的倒 U 形效应在低领导能力及低任务常规性情境下更加凸显。这一研究结果进一步推进了现有文献关于领导谦卑及内隐领导理论的边界条件的相关研究。

最后，本研究也为员工主动性行为的研究提供了新的解释视角。以往研究关于领导这一远端（distal）因素究竟能否影响员工的主动性行为存在不一致的结论（Frese, Teng, & Wijnen, 1999; Crant, 2000; Parker et al., 2006）。不同于以往文献倡导通过变革召唤（Hartog & Belschak, 2012）、愿景激励（Griffin, Parker, & Mason, 2010）等英雄式行为来鼓舞、感召员工，本研究提供了一种"相对安静"（quieter）的领导力路径（Owens & Heckman, 2012），即领导适度地展现虚己以听、赞赏他人的行为也能提升员工的主动性行为。本研究进而从领导谦卑行为的角度拓展了现有文献对于员工主动性行为前因变量的理解。

5.3　管理启示

第一，组织和管理者在培养谦卑型领导时需要谦亦有度，以更好地提升员工的主动性。尽管谦卑的积极价值得到较多学者的支持，考虑到本研究结果所揭示的领导谦卑对员工主动性行为的非线性影响，组织和管理者需要综合考虑领导谦卑与情境的匹配性，理性、谨慎、有针对性、有策略地向下属展示谦卑行为，提防领导过度谦卑给员工主动性行为带来的负面影响。未来组织和管理者可以通过相关培训或学习更好地掌握谦卑行为的展示策略和情境，以更好地发挥谦卑行为的积极影响、降低消极效应。

第二，组织应采取措施提升领导者的专业能力。本文的研究结果显示，领导谦卑有效性的发挥需要更多的情境支持，例如领导能力的培养以及有效的工作设计等。这就需要企业组织在培训管理层实施谦卑领导风格时，应注重提升他们的专业能力，引导管理层结合自身能力有针对性地展现适度的谦卑行为。不仅如此，企业在对管理层进行招聘、甄选及考核时，也应将谦卑行为及专业能力均纳入评价指标体系，以最大程度地发挥谦卑对领导有效性的积极影响。

第三，组织应注重领导谦卑与工作情境的匹配性。本文实证结果显示，对于一些常规化程度较高的工作情境，领导应积极展现谦卑行为，激励员工在"简单事情重复做、重复事情用心做"的过程中不断实现提升与改进。而当任务常规性程度较低时，领导应采取适当的措施如提供任务支持与帮助、强化工作任务的可预测性等，以节约员工的认知资源及信息加工负担，从而减弱领导过高与过低水平的谦卑行为对员工主动性行为带来的负面影响。

5.4　研究局限及未来展望

本研究也存在一些局限性，需要未来研究进一步深入探讨。首先，本研究的样本来源于 MBA 毕业生及其直接下属，在一定程度上影响了研究结论的外部推广效度，未来研究可以利用不同来源的样本来增强研究结论的外部有效性。考虑到本研究结论源自两个时间节点的配对样本，未来研究还可以开展动态追踪研究，以更加深刻地揭示领导谦卑与员工主动性行为之间的变化规律。

其次，领导谦卑对员工主动性行为的倒 U 形影响还存在一些可能的中介变量。根据内隐领导理论，未来研究还可以进一步剖析内隐原型匹配（张祥润等，2017；孔茗等，2019）、积极追随与消极追随（陶厚永等，2022）、领导效能、关系取向特征与工作取向特征（Zapata & Hayes-Jones，2019）等变量的中介机制。

再次，本研究仅剖析了领导能力特征与工作任务特征所发挥的调节作用，但领导谦卑有效性的发挥可能还受到其他因素的影响，如领导真诚、组织威胁或时间压力等。其中，在组织遇到重大威胁或存在时间压力的情况下，领导谦卑的正向影响效应往往会受到制约（Owens & Hekman，2012），这些都需要未来研究进一步加以检验。

最后，本研究仅探讨了领导谦卑对员工主动性行为这一结果变量的非线性影响。后续可进一步探讨领导谦卑对其他员工行为的影响，如员工建言行为、助人行为、道德行为等，进而为剖析领导谦卑的影响效应提供更多的实证证据。

◎ 参考文献

[1] 陈力凡，刘圣明，胡小丽. 社会认同视角下谦卑型领导与员工主动性行为 [J]. 管理科学学报，2022，25（2）.

[2] 雷星晖，单志汶，苏涛永，杨元飞. 谦卑型领导行为对员工创造力的影响研究 [J]. 管理科学，2015，28（2）.

[3] 刘圣明，陈力凡，王思迈. 满招损，谦受益：团队沟通视角下谦卑型领导行为对团队创造力的影响 [J]. 心理学报，2018，50（10）.

[4] 罗瑾琏，花常花，钟竞. 谦卑型领导对知识员工创造力的影响及作用机制研究：一个被中介的调节模型 [J]. 研究与发展管理，2016，28（4）.

[5] 毛江华，廖建桥，韩翼，刘文兴. 谦逊领导的影响机制和效应：一个人际关系视角 [J]. 心理学报，2017，49（9）.

[6] 曲庆，何志婵，梅哲群. 谦卑型领导行为对领导有效性和员工组织认同影响的实证研究 [J]. 中国软科学，2013（7）.

[7] 唐汉瑛，龙立荣，周如意. 谦卑领导行为与下属工作投入：有中介的调节模型 [J]. 管理科学，2015，28（3）.

[8] 陶厚永，陈邵嘉，杨天飞，李薇. 谦逊 vs. 威权：领导风格对新生代员工主动—顺从行为影响的比较研究 [J]. 珞珈管理评论，2022，44（5）.

[9] Baumeister, R. F., Bratslavsky, E., Finkenauer, C., Vohs, K. D. Bad is stronger than good [J]. Review of General Psychology, 2001, 5（4）.

[10] Belschak, F. D., Den Hartog, D. N. Pro-self, prosocial, and pro-organizational foci of proactive behavior：Differential antecedents and consequences [J]. Journal of Occupational and Organizational Psychology, 2010, 83（2）.

［11］ Bharanitharan, K. , Chen, Z. X. , Bahmannia, S. , Lowe, K. B. Is leader humility a friend or foe, or both? An attachment theory lens on leader humility and its contradictory outcomes ［J］. Journal of Business Ethics, 2019, 160 (3).

［12］ Brown, D. J. , Lord, R. G. Leadership and perceiver cognition: Moving beyond first order constructs ［M］// M. London (Ed.) . How people evaluate others in groups. London: Erlbaum, 2001.

［13］ Collins, J. C. Level 5 leadership: The triumph of humility and fierce resolve ［J］. Harvard Business Review, 2001, 79 (1).

［14］ Crant, J. M. Proactive behavior in organizations ［J］. Journal of Management, 2000, 26 (3).

［15］ Eden, D. , Leviatan, U. Implicit leadership theory as a determinant of the factor structure underlying supervisory behavior scales ［J］. Journal of Applied Psychology, 1975, 60 (6).

［16］ Epitropaki, O. , Martin, R. Implicit leadership theories in applied settings: Factor structure, generalizability and stability over time ［J］. Journal of Applied Psychology, 2004, 89 (2).

［17］ Epitropaki, O. , Martin, R. From ideal to real: A longitudinal study of the role of implicit leadership theories on leader-member exchanges and employee outcomes ［J］. Journal of Applied Psychology, 2005, 90 (4).

［18］ Grenberg, J. Kant and the ethics of humility ［M］. Cambridge: Cambridge University Press, 2005.

［19］ Griffin, M. A. , Parker, S. K. , Mason, C. M. Leader vision and the development of adaptive and proactive performance: A longitudinal study ［J］. Journal of Applied Psychology, 2010, 95 (1).

［20］ Hanges, P. J. , Lord, R. G. , Dickson, M. W. An information processing perspective on leadership and culture: A case for connectionist architecture ［J］. Applied Psychology: An International Review, 2000, 49 (1).

［21］ Hoffman, B. J. , Woehr, D. J. , Maldagen-Youngjohn, R. , Lyons, B. D. Great man or great myth? A quantitative review of the relationship between individual differences and leader effectiveness ［J］. Journal of Occupational and Organizational Psychology, 2011, 84 (2).

［22］ Hume, D. Political writings ［M］. Indianapolis: Hackett Publishing, 1994.

［23］ Knight, P. A. , Nadel, J. I. Humility revisited: Self-esteem, information search, and policy consistency ［J］. Organizational Behavior and Human Decision Processes, 1986, 38 (2).

［24］ Lam, C. K. , Huang, X. , Chan, S. C. The threshold effect of participative leadership and the role of leader information sharing ［J］. Academy of Management Journal, 2015, 58 (3).

［25］ Lam, C. F. , Spreitzer, G. , Fritz, C. Too much of a good thing: Curvilinear effect of positive affect on proactive behaviors ［J］. Journal of Organizational Behavior, 2014, 35 (4).

［26］ Lord, R. G. , Alliger, G. M. A comparison of four information processing models of leadership and social perceptions ［J］. Human Relations, 1985, 38 (1).

［27］ Lord, R. G. , Foti, R. J. , De Vader, C. L. A test of leadership categorization theory: Internal structure, information processing, and leadership perceptions ［J］. Organizational Behavior and Human Performance, 1984, 34 (3).

[28] Lord, R. G., Day, D. V., Zaccaro, S. J., Avolio, B. J., Eagly, A. H. Leadership in applied psychology: Three waves of theory and research [J]. Journal of Applied Psychology, 2017, 102 (3).

[29] Morris, J. A., Brotheridge, C. M., Urbanski, J. C. Bringing humility to leadership: Antecedents and consequences of leader humility [J]. Human Relations, 2005, 58 (10).

[30] Offermann, L. R., Kennedy, J. K., Wirtz, P. W. Implicit leadership theories: Content, structure and generalizability [J]. The Leadership Quarterly, 1994, 5 (1).

[31] Ohly, S., Sonnentag, S., Pluntke, F. Routinization, work characteristics and their relationships with creative and proactive behaviors [J]. Journal of Organizational Behavior, 2006, 27 (3).

[32] Owens, B. P., Hekman, D. R. Modeling how to grow: An inductive examination of humble leader behaviors, contingencies, and outcomes [J]. Academy of Management Journal, 2012, 55 (4).

[33] Owens, B. P., Johnson, M. D., Mitchell, T. R. Expressed humility in organizations: Implications for performance, teams, and leadership [J]. Organization Science, 2013, 24 (5).

[34] Parker, S. K., Williams, H. M., Turner, N. Modeling the antecedents of proactive behavior at work [J]. Journal of Applied Psychology, 2006, 91 (3).

[35] Pierce, J. R., Aguinis, H. The too-much-of-a-good-thing effect in management [J]. Journal of Management, 2013, 39 (2).

[36] Qin, X., Chen, C., Yam, K.C., Huang, M. P., Ju, D. The double-edged sword of leader humility: Investigating when and why leader humility promotes versus inhibits subordinate deviance [J]. Journal of Applied Psychology, 2020, 105 (7).

[37] Tangney, J. P. Humility: Theoretical perspectives, empirical findings and directions for future research [J]. Journal of Social and Clinical Psychology, 2000, 19 (1).

[38] Wang, L., Owens, B. P., Li, J., Shi, L. Exploring the affective impact, boundary conditions, and antecedents of leader humility [J]. Journal of Applied Psychology, 2018, 103 (9).

[39] Weiss, H. M., Knight, P. A. The utility of humility: Self-esteem, information search, and problem-solving efficiency [J]. Organizational Behavior and Human Performance, 1980, 25 (2).

[40] Zapata, C. P., Hayes-Jones, L. C. The consequences of humility for leaders: A double-edged sword [J]. Organizational Behavior and Human Decision Processes, 2019, 152.

Too Much of a Good Thing: The Inverted-U Relationship between Leader Humility and Employee Proactivity

Shi Lihua[1]   Yue Lei[2]

(1 School of Management, Guangzhou University, Guangzhou, 510006;

2 School of Credit Management, Guangdong University of Finance, Guangzhou, 510521)

Abstract: Based on implicit leadership theory, this study constructs an inverted-U relationship model between leader humility and employee proactivity. Through a two-stage survey of 211 leader-employee matched samples, the results show that there is an inverted-U relationship between leader humility and employee proactivity. That is, a certain degree of leader humility will promote employees' proactivity, while when leader humility exceeds a certain level, employees' proactivity will gradually decline. Leader competence and task routinization moderates the inverted U relationship between leader humility and employee proactivity. The weaker the level of leader competence, the stronger the inverted-U impact of leader humility on employee proactivity. The lower the degree of task routinization, the stronger the inverted-U impact of leader humility on employee proactivity. The conclusions provide a theoretical basis for how to promote employee proactive behavior by promoting leader humility.

Key words：Leader humility；Proactivity；Leader competence；Task routinization；Inverted U

专业主编：杜旌

珞珈管理评论

2023 年卷第 3 辑（总第 48 辑）

Luojia Management Review

No. 3，2023（Sum. 48）

证监会随机抽查能提高资本市场信息效率吗？[*]

——基于"双随机、一公开"的准自然实验

● 武 龙[1] 周 杨[2] 杨 柳[3]

（1 河南大学工商管理研究所 开封 475004；2，3 河南大学商学院 开封 475004）

【摘 要】通过手工收集证监会随机抽查上市公司的数据，基于"双随机、一公开"监管制度的准自然实验，构建多期 DID 模型实证检验了证监会随机抽查对资本市场信息效率的影响。研究结果表明，证监会随机抽查能够显著降低股价同步性，提高资本市场信息效率。一系列的稳健性检验仍然支持这一结论。揭示作用机理发现，随机抽查能够提高公司在市场中的关注度，并发挥监督效应，直接或间接提高资本市场信息效率。进一步分析发现，证监会随机抽查对股价同步性的降低作用在具有辖区实施方案、不放回抽样、低市场化程度地区、营商环境较差地区以及非国有企业中更显著。结论为政府监管行为能够提高资本市场信息效率提供了新的证据，为证监会随机抽查制度的进一步推行提供了政策启示。

【关键词】资本市场信息效率 证监会随机抽查 私有信息 监督效应

中图分类号：F275 文献标识码：A

1. 引言

资本市场信息效率是指股价反映企业真实信息的能力（黄俊和郭照蕊，2014），它通过股票价格的信号机制引导资源配置和投资决策（Durnev et al.，2003），对资本市场的有效性和服务实体经济的能力起着至关重要的作用。但是目前，中国股票市场一直存在着明显的"同涨同跌""千股涨停""千股跌停"等现象（Morck et al.，2000；朱杰，2019），表明个体公司特质信息未能在股票价格中得到充分反映，资本市场信息效率迫切需要得到提升。因此，如何提高我国资本市场信息效率，是当前理论与实务界需要关注的焦点问题。

---

* 基金项目：国家社会科学基金"银行驱动下的我国企业信贷留存行为及其治理研究"（项目批准号：21BGL099）。

通讯作者：杨柳，E-mail：10090092@ henu. edu. cn。

强有力的政府监管是应对市场中不端行为的重要机制（褚剑和方军雄，2021），但政府监管行为对资本市场有效性的影响并未得到一致结论（陈工孟和高宁，2005；La Porta et al.，2006；顾小龙等，2016）。2016 年，市场监管总局、证监会联合推出了随机抽查制度，是对现有监管方式的有效补充。由于该制度遵循"双随机、一公开"的原则，具有天然的外生性，为本文研究政府监管行为对资本市场信息效率影响的有效性提供了较好的研究便利，因此，本文基于证监会"双随机、一公开"的抽查制度准自然实验，构建了多期 DID 模型检验证监会随机抽查对资本市场信息效率的影响，对深化监管体制改革和优化资本市场信息环境都具有重要意义。

本文的创新点和贡献在于：

第一，从新的视角丰富了资本市场信息效率影响因素的相关研究。已有文献多从信息中介（黄俊和郭照蕊，2014；伊志宏等，2019）、公司治理（周林洁，2014）、投资者保护（袁媛等，2019）等角度对资本市场信息效率展开研究，本文与以往文献不同的是，从证监会随机抽查这一制度入手，探索了提高我国资本市场信息效率的有效途径，为政府监管行为能优化资本市场资源配置提供了新的证据，对促进资本市场的健康发展具有重要的理论与现实意义。

第二，扩宽了证监会随机抽查经济后果的考察。现有研究主要集中讨论以处罚公告为主的处罚性监管（刘星和陈西婵，2018）和以问询函为主的非处罚性监管（陈运森等，2019），而对证监会随机抽查制度的研究较少，仅有文献从行政审计监管（汶海等，2020）、会计信息质量（刘瑶瑶等，2021）、交易所问询函及审计费用（刘金洋和沈彦杰，2021）、上市公司规范运作（滕飞等，2022）等视角进行了研究，尚未有文献探讨证监会随机抽查上市公司对资本市场的影响，本文证实了证监会随机抽查对资本市场产生的监管溢出效应，同时丰富了政府监管的相关研究。

第三，研究结论具有一定的实践意义。研究结果表明证监会随机抽查能够提高资本市场信息效率，这为随机抽查制度的有效性提供了直接证据，为该制度的实施提供了新的实践指导。进一步研究发现，证监会随机抽查对资本市场信息效率的提升作用在有辖区实施方案、不放回抽样、低市场化程度地区、营商环境较差地区和非国有企业中更显著，这对监管部门继续推行和完善"双随机、一公开"制度提供了重要的政策启示。

2. 制度背景、文献回顾与研究假设

2.1 证监会随机抽查制度背景

为创新监管方式，规范市场执法行为，2015 年 8 月，国务院办公厅发布《关于推广随机抽查规范事中事后监管的通知》，要求全面实行"双随机、一公开"的监管制度，证监会积极落实该通知，于同年 10 月制定并发布《中国证监会随机抽查事项清单》（以下简称《清单》），规定了抽查内容、比例及频次等相关事项。证监会随机抽查制度从 2016 年起正式实施，并于 2021 年 1 月对《清单》进行了首次修改，如抽查对象除了以往的上市公司、证券公司、会计师事务所等以外，新增了首发企业和律师事务所；抽查比例由原来的 5% 改成 2% 等。"双随机、一公开"制度是近年来推进政府监

管制度改革、规范事中事后监管的重要举措，引起了社会公众的高度关注与重视。

随机抽查制度遵循"双随机、一公开"的原则，由证监会下属36个证监局通过摇号或机选等方式，随机抽取检查对象，随机抽取检查人员，以查阅资料、谈话询问、实地考察等方式对被抽中对象的信息披露、公司治理等进行全面或专项检查，并及时向社会公开，接受社会监督。具体而言，对于抽查范围，北京、深圳、大连等证监局要求抽取总样本中剔除近3年进行过现场检查的公司，新疆、贵州等证监局分别规定剔除最近2年、上一年接受过现场检查的特定对象，还有部分证监局未明确说明。对于检查内容，涉及信息披露的真实准确性、公司治理的合规性、会计核算、控股股东行使股东权利的规范性等多个方面。检查结果包括信息披露不完整或不准确、未及时披露重大事项、存在关联交易等多种问题，证监局采取一系列措施如责令改正、出具警示函、行政处罚或监管谈话等，并要求公司在规定的期限内向证监局报送书面整改报告，严重者还将立案调查或移交司法机关依法处理。检查结果同时记录在国家企业信用信息公示系统中，通过建立统一的社会监管信息平台和健全企业诚信档案以提高市场监管执法效率。

证监会随机抽查作为事前监管制度，不同于事中事后监管机制，能在上市公司出现违法违规行为前及时发现问题，从源头有效约束上市公司行为，对规范市场主体产生有效震慑力，起到较好的预防作用。2016—2020年，证监会共随机抽查了885家上市公司，具体如表1所示。证监会随机抽查的上市公司涉及制造业、建筑业、批发和零售业等多个行业以及福建、贵州、甘肃等各个省份，抽查覆盖范围十分广泛，抽查数量也在逐年递增，表明每个上市公司都有被随机抽中的可能性以及证监会随机抽查制度的随机性特征。

表1   **证监会随机抽取上市公司的数量分布**

A. 分年度统计

年份	2016年	2017年	2018年	2019年	2020年	合计
随机抽查数	152	164	192	184	193	885

B. 分行业统计

行业	抽查数	行业	抽查数
农、林、牧、渔业	10	房地产业	31
采矿业	17	租赁和商务服务业	16
制造业	549	科学研究和技术服务业	13
电力、热力、燃气及水生产和供应业	22	水利、环境和公共设施管理业	12
建筑业	29	教育	2
批发和零售业	44	卫生和社会工作	2
交通运输、仓储和邮政业	22	文化、体育和娱乐业	11
住宿和餐饮业	1	综合	6
信息传输、软件和信息技术服务业	80	合计	885
金融业	18		

续表

C. 分省份统计

省份	抽查数	省份	抽查数	省份	抽查数
上海市	58	广东省	143	甘肃省	9
云南省	8	广西壮族自治区	10	福建省	35
内蒙古自治区	10	新疆维吾尔自治区	15	西藏自治区	5
北京市	77	江苏省	88	贵州省	6
吉林省	8	江西省	11	辽宁省	25
四川省	29	河北省	12	重庆市	15
天津市	13	河南省	22	陕西省	15
宁夏回族自治区	5	浙江省	96	青海省	5
安徽省	27	海南省	10	黑龙江省	10
山东省	52	湖北省	27	合计	885
山西省	10	湖南省	29		

2.2 资本市场信息效率相关文献回顾

股价同步性通常被用作衡量资本市场信息效率的关键指标，即个股变动与市场平均变动之间的关联性。以 Morck 等（2000）为代表的学者认为股价同步性越低，资本市场信息效率就越高。股价中包含市场信息和企业特质信息，Roll（1988）首次提出股价中特质信息较少可能是股价同步性较高的原因，而 Durnev 等（2003）从股票未来盈利的角度证实了这一观点，发现 R^2 越低，股价中包含越多特质信息，股价会有更高的现时收益和未来回报。公司 R^2 的差异源于公司特质性信息的多寡（胡军和王甄，2015），私有信息引起的股价波动才更能反映公司的基本价值。进一步研究，学者发现信息透明度是股价同步性的关键影响因素。信息透明度的增加会降低投资者获取私有信息的成本，提高股价信息含量（Jin and Myers，2006；Hutton et al.，2009），进而优化资本市场资源配置。

以往文献中，大量学者从信息中介如媒体关注（黄俊和郭照蕊，2014；何贤杰等，2018）、分析师（伊志宏等，2019）、机构投资者（侯宇和叶冬艳，2008）等方面研究了信息传递对资本市场信息效率的影响，部分文献从公司治理（Ferreira and Laux，2007；Gul et al.，2010；周林洁，2014）、制度环境（唐松等，2011）、投资者保护（袁媛等，2019）等角度研究了资本市场信息效率的重要影响因素。近年来，不少学者基于我国特色制度，从政府行为（陈冬华和姚振晔，2018；蔡栋梁等，2021）、"沪港通"实施（钟覃琳和陆正飞，2018；朱杰，2019）等宏观政策对资本市场信息效率进行了实证研究。

基于上述文献回顾，本文发现，尚未有文献研究证监会随机抽查对资本市场信息效率的影响。鉴于中国存在股价同步性较高的市场特征，区别于已有研究，本文从证监会随机抽查这一视角入手，进一步探索能提高我国资本市场信息效率的有效途径。

2.3 研究假设

股价只有在充分反映公司特质信息的基础上，才能更好作为信号机制实现资源的最优配置，而证券监管的主要职能是降低市场的信息不对称（沈红波等，2014），提高公司信息质量。因此，根据以往研究，本文推测证监会随机抽查可能会通过以下两种路径降低公司股价同步性，提高资本市场信息效率。

第一，证监会随机抽查能够提高市场关注直接促进公司私有信息在股票价格中的反映。一方面，证监会随机抽查制度遵循"双随机、一公开"的原则，随机抽取上市公司检查以及检查结果及时向社会公开，接受社会监督，被抽中公司会快速成为公众关注的焦点（刘金洋和沈彦杰，2021），这意味着被抽查公司将面临更大的市场关注度（腾飞等，2022）。基于好奇心和信息需要，他们会主动深入获取更多公司基本面信息以增加了解，从而影响个股交易动机。另一方面，证监会随机抽查将披露更多公司私有信息。证监会作为政府监管机构具有法律赋予的权威性和较强的信息优势，由各地证监局随机选派的检查人员对抽中公司进行现场检查，检查人员有权对公司财务资料、经营业绩、信息披露等进行全面或专项检查，因此检查结果中不仅包括公司公开信息，同时包含外界无法获取的私有信息，这些信息的公开将引起媒体的全面报道和更多投资者的激烈讨论。投资者能够根据更多公司层面的信息做出理性判断和投资决策，公司私有信息也将随着其交易行为被反映到股价中去，从而引起个体股票的波动，减少个股与市场同涨同跌程度。

第二，证监会随机抽查能够通过发挥监督效应间接提高资本市场信息效率。一方面，证监会随机抽查能起到完善信息披露，提高会计信息质量的作用。公司信息披露真实完整性是证监会随机抽查的重点检查内容之一。在检查过程中，若发现公司信息披露存在问题，证监局有权责令整改，限期纠正后进行披露。上市公司对报送公示信息的真实性、合法性等承担法律责任，严重者或逾期未改正者，证监局将采取一系列措施依法处理，并对其实施持续监管。有研究表明，公司受到监管处罚后为避免更多负面影响，盈余质量会明显提升（沈红波等，2014），被处罚后的公司会谨慎对待披露信息，积极主动规范自身行为，披露信息的真实完整性等较抽查前会有所提高。因此，随机抽查能对上市公司信息披露产生震慑效应（刘瑶瑶等，2021），提高会计信息质量，促进特质信息融入股价。另一方面，证监会随机抽查能起到提高公司治理水平的作用。随机抽查上市公司的另一项重点检查内容是公司治理合规性，重点打击治理违法违规行为。在监管执法过程中，检查人员对公司运营合法性、内部控制有效性、控股股东、实际控制人行使股东权利或控制权的规范性、关联交易等内容进行严格检查；对存在不符合规定或不规范的地方，责令要求上市公司改正，并实时跟踪整改落实情况，最终结果将依法公示。证监会对公司治理的严格检查能在问题萌芽阶段及时纠正，提高公司治理水平。已有学者研究发现，较差的公司治理会增加公司基本面信息不确定性（周林洁，2014），降低信息透明度，而良好的公司治理水平能有效促进私有信息纳入股价（钟覃琳和陆正飞，2018）。因此，证监会随机抽查发挥监督效应，提高被检查公司的治理水平，减少股价中噪音成分，从而提高股价信息含量。

基于以上分析，本文提出研究假设：

H1：限定其他条件，证监会随机抽查能降低股价同步性水平，即提高资本市场信息效率。

3. 研究设计

3.1 样本选取与数据来源

证监会自 2016 年开始实施"双随机、一公开"制度，由于本文采用的是多期双重差分模型（DID），且考虑到样本选择的时间偏差问题，所以参考刘瑶瑶等（2021），本文选择 2016—2020 年 A 股上市公司作为初始研究样本，剔除金融类、ST 类、数据有缺失值以及资产负债率大于 1 的公司样本，同时为减少极端值的影响，对所有连续变量在 1% 和 99% 分位进行缩尾处理。本文有关证监会随机抽查名单来自证监会官方网站经手工收集整理获得，其余数据来自 CSMAR 数据库和中国数据研究服务平台（CNRDS）。

3.2 实证模型

由于证监会随机抽查遵循"双随机、一公开"原则，天然的外生性能极大地缓解内生性问题，且考虑到上市公司被随机抽查的时点不同，基于这一准自然实验，本文构建多期双重差分模型（DID），消除不同时期政策的影响，从而检验证监会随机抽查对资本市场信息效率的影响。回归模型如下：

$$\text{Synch}_{it} = \beta_0 + \beta_1 \text{Treat} \times \text{Post} + \beta_4 \text{Control} + \sum \text{Firm} + \sum \text{Year} + \varepsilon_{i, t} \tag{1}$$

其中，被解释变量为股价同步性（Synch），用来衡量资本市场信息效率，解释变量为证监会随机抽查结果（Treat）和上市公司被随机抽中时间（Post）的交互项。Treat×Post 的系数 β_1 是本文主要关注对象，若 β_1 显著为负，则表明证监会随机抽查能提高资本市场信息效率。

3.3 变量定义

3.3.1 股价同步性

参考 Durnev 等（2003）、许年行等（2011）的做法，本文对模型（2）进行回归得到拟合优度 R^2，即个股变动能被市场变动所解释的部分，由于 R^2 取值范围（0，1）不符合最小二乘法回归要求，根据等式（3）进行对数化转换，得到的结果 Synch 即股价同步性的衡量指标。

$$R_{i, t} = \beta_0 + \beta_1 R_{m, t} + \beta_2 R_{I, t} + \varepsilon_{i, t} \tag{2}$$

$R_{i, t}$ 为股票 i 在第 t 周考虑现金红利再投资的收益率，$R_{m, t}$ 为综合市场第 t 周经流通市值加权的平均收益率，$R_{I, t}$ 为公司所在行业 I 第 t 周经流通市值加权的平均收益率，行业分类依据中国证监会行业分类标准。

$$Synch = \ln(R^2/(1 - R^2)) \tag{3}$$

本文采用两种方式衡量股价同步性，其一，如上述计算所得为 Synch1；其二，对式（2）中的 $R_{m,t}$ 采用分市场经流通市值加权的平均收益率，重新根据式（3）对 R^2 做对数化转换，得到结果为 Synch2。Synch 值越小，表明股价同步性越低，资本市场信息效率越高。

3.3.2 证监会随机抽查

分组变量 Treat 表示证监会随机抽查的结果。在样本研究期间，若上市公司被抽中过，则为实验组，赋值为 1；否则为控制组，赋值为 0。时间变量 Post 表示上市公司被随机抽查的时间。参考刘瑶瑶等（2021）的做法，在上市公司首次被抽中的年份及之后年份，Post 赋值为 1；之前年份及控制组的全部年份，Post 赋值为 0。

3.3.3 控制变量

参考钟覃琳和陆正飞（2018）、蔡栋梁等（2021）等已有文献，本文控制了可能影响股价同步性的其他因素，具体变量及定义见表 2，同时还控制了个体（Firm）和年份（Year）固定效应，并在公司层面聚类处理。

表 2   变量定义

变量类型	变量名称	变量符号	变量定义
被解释变量	股价同步性	Synch1	具体见模型（2）、式（3）联合计算的结果
		Synch2	
	拟合优度	R^21	具体见模型（2）计算所得结果
		R^22	
解释变量	分组变量	Treat	在样本研究期间，若上市公司被抽中过，则为实验组，赋值为 1；否则为控制组，赋值为 0。
	时间变量	Post	上市公司首次被证监会抽中年份及之后年份，Post 赋值为 1；之前年份及控制组的全部年份，Post 赋值为 0
控制变量	企业规模	Size	总市值的自然对数
	企业年龄	Age	成立年限的自然对数
	资产负债率	Lev	总负债/总资产
	盈利能力	ROA	净利润/总资产
	成长性	Growth	(本年营业收入−上年营业收入) /上年营业收入
	审计师规模	Big4	被四大会计师事务所审计则为 1，否则为 0
	董事会规模	Boardsize	董事会总人数取自然对数

续表

变量类型	变量名称	变量符号	变量定义
控制变量	股权集中度	Top10	前十大股东持股数量/公司总股数
	管理层薪酬	Pay	董事、监事及高管前三名薪酬总额取自然对数
	董事会持股比例	Share	董事会持股数量/总股本
	产权性质	SOE	国有产权取值为 1，否则为 0

4. 实证结果及分析

4.1 描述性统计

表 3 报告了主要变量的描述性统计结果。股价同步性 Synch1（Synch2）的均值为 -0.422（-0.388），标准差为 0.931（0.924），说明不同公司间股价同步性差异较大。拟合优度 $R^2 1$（$R^2 2$）的均值为 0.415（0.422），中位数为 0.411（0.418），这与 Gul 等（2010）、胡军和王甄（2015）报告的我国股价同步性水平较为一致，远高于 Morck 等（2000）、Jin 和 Myers（2006）报告的其他国家股价同步性。这些均表明，我国股价同步性仍处于较高水平，而股价同步性越高，资本市场信息效率越低。因此，研究这一问题非常具有现实意义。另外，Treat 的均值为 0.240，说明在样本研究期间，被证监会随机抽查的上市公司大约占 24%。其他变量均未见异常，与现有文献基本一致。

表 3
描述性统计

变量	样本量	均值	中位数	标准差	最小值	最大值
Synch1	10843	-0.422	-0.359	0.931	-3.171	1.560
Synch2	10843	-0.388	-0.332	0.924	-3.113	1.577
$R^2 1$	10843	0.415	0.411	0.188	0.040	0.826
$R^2 2$	10843	0.422	0.418	0.188	0.043	0.829
Treat	10843	0.240	0.000	0.427	0.000	1.000
Post	10843	0.162	0.000	0.369	0.000	1.000
Size	10843	22.597	22.398	0.979	21.123	25.644
Age	10843	2.947	2.996	0.291	2.197	3.526
Lev	10843	0.418	0.411	0.194	0.066	0.867
ROA	10843	0.041	0.040	0.067	-0.249	0.220
Growth	10843	0.148	0.099	0.345	-0.544	2.008
Big4	10843	0.059	0.000	0.235	0.000	1.000

续表

变量	样本量	均值	中位数	标准差	最小值	最大值
Boardsize	10843	2.113	2.197	0.195	1.609	2.639
Top10	10843	58.640	59.440	14.696	24.600	90.090
Pay	10843	14.713	14.657	0.663	13.250	16.614
Share	10843	0.144	0.021	0.192	0.000	0.671
SOE	10843	0.311	0.000	0.463	0.000	1.000

4.2 多元回归分析

表4报告了证监会随机抽查对资本市场信息效率影响的检验结果。第（1）、（3）列为仅控制个体和年份固定效应的回归结果，显示随机抽查与股价同步性的回归系数为负，在10%或5%水平上显著，说明证监会随机抽查能降低股价同步性。第（2）、（4）列为加入控制变量后的回归结果，明显看出，回归模型得到优化，R^2增加，交互项（Treat×Post）系数为-0.116（-0.131），高于未加入控制变量的回归结果，在1%水平上显著为负，说明在控制了影响股价同步性的其他因素后，证监会随机抽查上市公司依然能显著降低公司股价同步性，具有提高资本市场信息效率的积极作用，结果支撑本文的假设H1。

表4　　　　　　　　　　　　证监会随机抽查与资本市场信息效率

变量	（1） Synch1	（2） Synch1	（3） Synch2	（4） Synch2
Treat×Post	−0.081* (−1.88)	−0.116*** (−2.66)	−0.096** (−2.17)	−0.131*** (−2.96)
Constant	−0.016 (−0.44)	7.871*** (4.67)	0.010 (0.30)	9.384*** (5.46)
Controls	No	Yes	No	Yes
Firm	Yes	Yes	Yes	Yes
Year	Yes	Yes	Yes	Yes
N	10843	10843	10843	10843
R^2	0.1559	0.1804	0.1572	0.1833

注：括号中为经过异方差稳健调整后得到的 t 值，所有回归标准误差经过公司层面 Cluster 调整，*** 代表 $p<0.01$，** 代表 $p<0.05$，* 代表 $p<0.1$，下同。

5. 稳健性检验

5.1 平行趋势检验

采用双重差分法的前提条件是满足平行趋势假设。参考 Beck 等（2010）对多期 DID 平行趋势检验的做法，本文将公司被抽中前后的年份虚拟变量与 Treat 相乘，生成新的交互项进行回归，结果如表 5 第（1）、（2）列所示。在抽查前 2 年、前 1 年，交互项（Before2、Before1）系数均不显著，而在抽查当年、后 1 年、后 2 年，交互项（Current、After1、After2）系数为负，且显著性水平逐渐增强，表明在随机抽查之前，本文实验组与控制组的股价同步性具有共同趋势，即满足平行趋势假设。

5.2 安慰剂检验

参考许年行和李哲（2016）的做法，本文将证监会随机抽中的公司随机分配给上市公司，生成新的实验组和控制组，然后按照模型（1）重复回归 500 次，结果如图 1 所示。在 500 次的随机处理过程中，t 值主要集中在 0 附近，说明交互项的回归系数几乎都不显著，即本文的实证设计不存在虚假处理效应，增强了前文结论的可靠性。

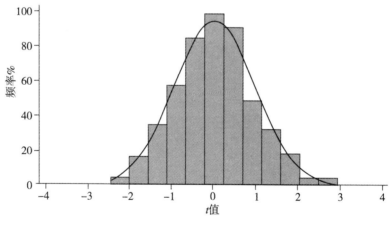

图 1　Placebo 检验结果

5.3 倾向得分匹配（PSM）后的多期 DID 再检验

为控制样本选择偏差导致的内生性问题，本文参考何靖（2016）的做法，以 Treat 为被解释变量，以全部控制变量作为协变量，使用 Logit 模型估计倾向得分，采用核匹配法确定权重对抽中公司匹配筛选，然后重新回归，结果如表 5 第 （3）、（4） 列所示，研究结论仍保持不变。

5.4 更换度量方式

本文重新采用综合市场总市值加权平均法和分市场总市值加权平均法计算股价同步性，结果如表 5 第 （5）、（6） 列所示。交互项 （Treat×Post） 系数在 1% 水平上显著为负，与主回归结果保持一致。

表 5　　　　　　　　稳健性检验：平行趋势检验、**PSM-DID**、更换度量方式

变量	平行趋势检验		PSM-DID		更换度量方式	
	（1）	（2）	（3）	（4）	（5）	（6）
	Synch1	Synch2	Synch1	Synch2	Synch3	Synch4
Treat×Post			−0.344**	−0.449***	−0.124***	−0.138***
			（−2.54）	（−3.27）	（−2.79）	（−3.07）
Before2	−0.104	−0.100				
	（−1.22）	（−1.16）				
Before1	−0.102	−0.086				
	（−1.19）	（−0.99）				
Current	−0.221**	−0.214**				
	（−2.42）	（−2.33）				
After1	−0.178*	−0.206**				
	（−1.79）	（−2.04）				
After2	−0.312***	−0.327***				
	（−2.84）	（−2.95）				
Constant	7.933***	9.440***	9.076***	10.323***	8.032***	9.236***
	（4.71）	（5.50）	（3.65）	（4.13）	（4.70）	（5.33）
Controls	Yes	Yes	Yes	Yes	Yes	Yes
Firm	Yes	Yes	Yes	Yes	Yes	Yes
Year	Yes	Yes	Yes	Yes	Yes	Yes
N	10843	10843	10806	10806	10843	10843
R^2	0.1814	0.1841	0.0775	0.0782	0.1818	0.1877

5.5 控制地区固定效应

在回归模型的基础上，本文进一步控制地区固定效应重新回归，结果如表 6 第 （1）、（2） 列所

示。交互项（Treat×Post）与 Synch1、Synch2 仍在 1%水平上显著为负，本文结论仍然稳健。

5.6 控制事中事后监管的影响

考虑到随机抽查对资本市场信息效率的影响可能会受到事中事后监管的潜在干扰，本文将被证监会行政处罚（Punish）和收到年报问询函（Inquire）的公司作为控制变量重新回归，结果如表 6 第（3）、（4）列所示。交互项（Treat×Post）系数在 5%水平上显著为负，本文结论保持不变。

5.7 控制会计师事务所的影响

由于证监会对会计师事务所的随机抽查可能会影响其客户企业的信息披露，进而影响股价同步性，为排除这一问题的潜在影响，本文将公司是否被抽中会计师事务所的客户（Account）作为控制变量重新回归，结果如表 6 的第（5）、（6）列所示，结论依然不变。

表6　　　稳健性检验：控制地区固定效应、事中事后监管、会计师事务所的影响

变量	控制地区固定效应		控制事中事后监管的影响		控制会计师事务所的影响	
	（1）	（2）	（3）	（4）	（5）	（6）
	Synch1	Synch2	Synch1	Synch2	Synch1	Synch2
Treat×Post	−0.113***	−0.128***	−0.097**	−0.111**	−0.116***	−0.131***
	(−2.58)	(−2.89)	(−2.26)	(−2.54)	(−2.66)	(−2.96)
Punish			−0.043	−0.042		
			(−1.44)	(−1.43)		
Inquire			−0.205***	−0.223***		
			(−9.17)	(−9.85)		
Account					−0.011	−0.012
					(−0.40)	(−0.43)
Constant	7.827***	9.284***	7.476***	8.963***	7.875***	9.389***
	(4.86)	(5.67)	(4.50)	(5.30)	(4.67)	(5.46)
Controls	Yes	Yes	Yes	Yes	Yes	Yes
Firm	Yes	Yes	Yes	Yes	Yes	Yes
Year	Yes	Yes	Yes	Yes	Yes	Yes
Province	Yes	Yes	No	No	No	No
N	10843	10843	10843	10843	10843	10843
R^2	0.1823	0.1851	0.1901	0.1946	0.1804	0.1833

6. 作用机制检验

如前文所述，证监会随机抽查可以提高市场关注直接促进公司私有信息在股价中的反映和发挥监督效应间接提高资本市场信息效率，因此本文检验该影响机理是否成立。

6.1 市场关注机制

已有研究证实，新闻媒体报道较多和投资者关注较高的公司，特质信息融入股价更充分，股价同步性更低（黄俊和郭照蕊，2014；伊志宏等，2019）。媒体作为资本市场重要的信息中介，具备较强的信息收集、处理和传播能力，能向市场传递更多公司特质信息（陈冬华和姚振晔，2018），促进私有信息融入股价，即市场关注度较低的企业面临着更高的股价同步性。因此，本文通过检验在媒体和投资者关注较低的情况下，证监会随机抽查是否可以更大程度地降低股价同步性，为随机抽查通过提高市场关注而促进私有信息纳入公司股价提供证据。

参照陈冬华和姚振晔（2018）的做法，本文选取媒体关注低和投资者关注两种指标进行分组检验，根据上市公司被媒体报道的次数和股吧内帖子总量，分别按照中位数将样本分为媒体关注高（News = 1）和媒体关注低（News = 0）、投资者关注高（Investor = 1）和投资者关注低（Investor = 0）四组，回归结果如表7所示。在媒体关注高和投资者关注高的组，交互项（Treat×Post）系数不显著，而在媒体关注低和投资者关注低的组，回归系数在5%或1%水平上显著为负，表明对于媒体和投资者关注更低的企业，证监会随机抽查对促进私有信息纳入股价发挥了更大的作用，验证了市场关注机制。

表7   作用机制检验——提高市场关注

变量	媒体关注度				投资者关注度			
	（1）News = 1		（2）News = 0		（3）Investor = 1		（4）Investor = 0	
	Synch1	Synch2	Synch1	Synch2	Synch1	Synch2	Synch1	Synch2
Treat×Post	−0.013	−0.037	−0.144**	−0.154**	−0.115	−0.133	−0.195***	−0.183**
	(−0.18)	(−0.52)	(−2.16)	(−2.20)	(−1.34)	(−1.55)	(−2.65)	(−2.44)
Constant	5.875**	6.476**	10.995***	13.000***	−3.975	−3.590	10.971***	12.006***
	(2.27)	(2.46)	(3.88)	(4.56)	(−1.02)	(−0.93)	(3.47)	(3.74)
Controls	Yes	Yes	Yes	Yes	Yes	Yes	Yes	Yes
Firm	Yes	Yes	Yes	Yes	Yes	Yes	Yes	Yes
Year	Yes	Yes	Yes	Yes	Yes	Yes	Yes	Yes

续表

变量	媒体关注度				投资者关注度			
	（1）News＝1		（2）News＝0		（3）Investor＝1		（4）Investor＝0	
	Synch1	Synch2	Synch1	Synch2	Synch1	Synch2	Synch1	Synch2
N	5266	5266	5577	5577	5420	5420	5423	5423
R^2	0.1550	0.1575	0.2424	0.2407	0.0692	0.0740	0.3376	0.3330

6.2 监督效应机制

已有文献表明，信息披露质量较高和公司治理水平较强的公司，股价同步性更低（Jin and Myers，2006；钟覃琳和陆正飞，2018）。准确披露公司特有信息和有效的治理机制能缓解信息不对称（周林洁，2014），降低股价受噪音影响的程度，提高个股特质信息含量，即会计信息质量较低和治理水平较差的企业面临着更高的股价同步性。因此，本文通过检验在会计信息质量较低和公司治理水平较差的情况下，证监会随机抽查是否可以更大程度地降低股价同步性，为证监会随机抽查通过发挥监督作用而提高资本市场信息效率提供证据。

参照柳光强和王迪（2021）、钟覃琳和陆正飞（2018）的做法，本文选取会计信息质量和公司治理水平两种指标进行分组检验，以修正 Jones 模型计算的可操纵性应计利润的绝对值衡量会计信息质量，以第一大股东控制权和现金流量权的两权分离度衡量公司治理水平，分别按照中位数将样本分为会计信息质量较高（DisAcc＝1）和会计信息质量较低（DisAcc＝0）、公司治理水平较强（Gover＝1）和公司治理水平较弱（Gover＝0）四组，回归结果如表 8 所示。在会计信息质量较高和公司治理水平较强组，交互项（Treat×Post）系数不显著，而在会计信息质量较低和公司治理水平较弱组，回归系数在 5% 或 1% 水平上显著为负，表明对于会计信息质量较低和公司治理水平较弱的企业，证监会随机抽查能更显著地提高资本市场信息效率，即监督效应机制得以验证。

表 8   作用机制检验——监督效应

变量	会计信息质量				公司治理水平			
	（1）DisAcc＝1		（2）DisAcc＝0		（3）Gover＝1		（4）Gover＝0	
	Synch1	Synch2	Synch1	Synch2	Synch1	Synch2	Synch1	Synch2
Treat×Post	−0.070	−0.093	−0.140**	−0.147**	−0.044	−0.062	−0.187***	−0.191***
	（−0.95）	（−1.24）	（−1.98）	（−2.03）	（−0.70）	（−0.95）	（−2.97）	（−3.01）
Constant	6.909**	7.642**	9.219***	11.040***	7.745***	9.464***	8.661***	9.671***
	（2.20）	（2.36）	（3.63）	（4.33）	（3.81）	（4.59）	（3.10）	（3.40）
Controls	Yes	Yes	Yes	Yes	Yes	Yes	Yes	Yes
Firm	Yes	Yes	Yes	Yes	Yes	Yes	Yes	Yes

续表

变量	会计信息质量				公司治理水平			
	（1）DisAcc = 1		（2）DisAcc = 0		（3）Gover = 1		（4）Gover = 0	
	Synch1	Synch2	Synch1	Synch2	Synch1	Synch2	Synch1	Synch2
Year	Yes	Yes	Yes	Yes	Yes	Yes	Yes	Yes
N	5426	5426	5417	5417	5502	5502	5341	5341
R^2	0.1846	0.1839	0.1783	0.1839	0.1986	0.2052	0.1723	0.1702

7. 进一步分析

考虑到监管方式的差异、外部环境的好坏以及产权性质的不同会影响资本市场信息效率，为了更好地厘清证监会随机抽查与资本市场信息效率的关系，进一步了解证监会随机抽查制度的具体效果，本文尝试从监管方式、市场化程度、营商环境以及产权性质的角度进行异质性分析。

7.1 基于监管方式的分组检验

7.1.1 是否具有辖区实施方案

随机抽查工作中，北京、河北、广西等证监局分别出台了辖区实施方案，如北京证监局于 2016 年制定了《北京证监局上市公司现场检查随机抽查工作实施方案》，对检查方式、实施时间等提出要求，并于 2018 年、2021 年两次修订。广西证监局在每一年的抽查工作中均制定了实施方案，有部分证监局未制定实施方案。当证监局出台辖区实施方案时，随机抽查工作更加具体完善，对企业可能会产生更强的威慑力。因此，本文根据该地区证监局在随机抽查中是否出台辖区实施方案，将样本分为无辖区实施方案（Regulation = 0）和有辖区实施方案（Regulation = 1）两组，分组回归结果如表 9 第（1）、（2）列所示。在无辖区实施方案组，交互项系数不显著；而在有辖区实施方案组，交互项系数在 1% 水平上显著为负，说明制定了实施方案的随机抽查能更显著降低股价同步性。

7.1.2 是否放回抽样

不同证监局的抽样方式有差异，如前文所述，北京、大连、辽宁等证监局要求剔除最近 3 年进行过现场检查的公司；新疆证监局规定剔除最近 2 年接受过检查的对象；还有部分证监局未说明。为检验不同的抽样方式对资本市场信息效率的差异性影响，本文参考刘红霞等（2022）研究，按照各地区证监局是否明确剔除检查过的公司将样本分为放回抽样（Sampling = 0）和不放回抽样（Sampling = 1）两组，分组回归结果如表 9 第（3）、（4）列所示。在放回抽样组，交互项（Treat×Post）与 Synch1 不显著，与 Synch2 在 10% 水平上显著为负；而在不放回抽样组，交互项与 Synch1、

Synch2 均在 5%水平上显著为负，显著性水平更高，说明在不放回抽样方式下随机抽查能更显著降低股价同步性。

表 9 不同监管方式的回归结果

变量	是否有辖区实施方案				是否放回抽样			
	（1）Regulation＝0		（2）Regulation＝1		（3）Sampling＝0		（4）Sampling＝1	
	Synch1	Synch2	Synch1	Synch2	Synch1	Synch2	Synch1	Synch2
Treat×Post	−0.059	−0.080	−0.169 ***	−0.180 ***	−0.082	−0.099 *	−0.183 **	−0.200 **
	（−0.93）	（−1.24）	（−2.83）	（−2.92）	（−1.57）	（−1.84）	（−2.33）	（−2.47）
Constant	9.125 ***	11.287 ***	6.835 ***	7.686 ***	9.077 ***	11.001 ***	7.923 ***	8.571 ***
	（4.01）	（4.98）	（2.78）	（3.04）	（4.67）	（5.61）	（3.06）	（3.27）
Controls	Yes	Yes	Yes	Yes	Yes	Yes	Yes	Yes
Firm	Yes	Yes	Yes	Yes	Yes	Yes	Yes	Yes
Year	Yes	Yes	Yes	Yes	Yes	Yes	Yes	Yes
N	5773	5773	5070	5070	7828	7828	3015	3015
R^2	0.1782	0.1834	0.1869	0.1873	0.1771	0.1810	0.2069	0.2085

7.2 基于市场化程度的分组检验

市场化程度是影响企业信息传递和公司治理水平的重要外部因素。地区市场化程度越高，越能有效改善市场信息不对称，抑制盈余管理活动，提高会计信息质量（谢德仁和陈运森，2009；彭水军和舒中桥，2021），此时私有信息能充分融入股价，降低股价同步性水平，将弱化随机抽查对股价同步性的降低作用。因此，本文预期证监会随机抽查对股价同步性的降低作用在市场化程度较低的地区较为显著。

参考王小鲁等（2019）、柳光强和王迪（2021）的做法，本文根据企业所在地区的市场化指数将样本按照中位数分为高市场化程度（Market＝1）和低市场化程度（Market＝0）两组，分组回归结果如表 10 所示。在市场化程度较高组，交互项系数为负，但不显著；在市场化程度较低组，回归系数在 5%水平上显著为负，且估计系数大于市场化程度较高组，说明证监会随机抽查能显著降低市场化程度较低组的股价同步性。

表 10 不同市场化程度的回归结果

变量	Market＝1		Market＝0	
	Synch1	Synch2	Synch1	Synch2
Treat×Post	−0.030	−0.051	−0.131 **	−0.145 **
	（−0.41）	（−0.68）	（−2.31）	（−2.46）

续表

变量	Market = 1		Market = 0	
	Synch1	Synch2	Synch1	Synch2
Constant	10.437***	12.201***	7.227***	9.060***
	(4.08)	(4.70)	(2.74)	(3.31)
Controls	Yes	Yes	Yes	Yes
Firm	Yes	Yes	Yes	Yes
Year	Yes	Yes	Yes	Yes
N	5069	5069	5774	5774
R^2	0.1591	0.1595	0.2103	0.2134

7.3 基于营商环境的分组检验

营商环境的好坏对市场的有效性具有重要影响。一方面,营商环境较好的地区,政府监管力度高,市场信息披露环境较好,能有效提高企业信息透明度,促进市场信息效率的提升(陈艳利和蒋琪,2021)。另一方面,营商环境较好的地区,媒体和投资者关注较多,能挖掘出更多企业精准信息,有利于降低信息不对称,提高会计信息质量,进而促进资源的优化配置(陈艳利和蒋琪,2021;杨仁发和魏琴琴,2021)。因此,本文预期证监会随机抽查对股价同步性的降低作用在营商环境较差地区较为显著。

本文参考杨仁发和魏琴琴(2021)的做法,通过构建市场环境等4个一级指标和政府干预等15个二级指标的营商环境评价指标体系,利用熵值法计算出各省份营商环境指数,根据企业所在省份营商环境指数按照中位数将样本分为营商环境较好(Inenvir = 1)和营商环境较差(Inenvir = 0)两组,回归结果如表11所示。在营商环境较好组,交互项系数不显著;在营商环境较差组,交互项系数在5%或1%水平上显著为负,说明证监会随机抽查能显著降低营商环境较差组的股价同步性。

表11 不同营商环境的回归结果

变量	Inenvir = 1		Inenvir = 0	
	Synch1	Synch2	Synch1	Synch2
Treat×Post	−0.070	−0.087	−0.170**	−0.182***
	(−1.24)	(−1.49)	(−2.52)	(−2.65)
Constant	5.796**	7.614***	10.110***	11.291***
	(2.54)	(3.26)	(4.74)	(5.33)
Controls	Yes	Yes	Yes	Yes
Firm	Yes	Yes	Yes	Yes

续表

变量	Inenvir = 1		Inenvir = 0	
	Synch1	Synch2	Synch1	Synch2
Year	Yes	Yes	Yes	Yes
N	5358	5358	5485	5485
R^2	0.1826	0.1864	0.1832	0.1839

7.4 基于产权性质的分组检验

证监会随机抽查对国有企业和非国有企业具有不同的监管效果。一方面，国有企业天然的政治优势会削弱随机抽查的监管作用。国有企业承担着大量关乎民生和经济发展的社会性负担，受惠于政府的"父爱效应"（谢德仁和陈运森，2009），其所受处罚更轻（陈运森等，2019），缺乏完善信息披露的动力（刘瑶瑶等，2021），国有股权会抑制公司特质信息融入股价（Hamdi，2014）。另一方面，非国有企业信息透明度更低，面临较大的融资约束和财务风险（余明桂等，2019），被抽中后具有较大的动机去完善信息披露机制，希望以较好的声誉赢得投资者的关注和青睐，从而缓解融资困境。因此，证监会随机抽查对非国有企业具有更强的震慑作用，本文预期随机抽查对股价同步性的降低作用在非国有企业中更显著。

本文按照企业的产权性质将样本分为国有企业（SOE=1）和非国有企业（SOE=0）两组。回归结果如表 12 所示。在国有企业组，交互项系数不显著；而在非国有企业组，回归系数在 1%水平上显著为负，表明证监会随机抽查对股价同步性的降低作用显著存在于非国有企业中。

表 12　　　　　　　　　　不同产权性质的回归结果

变量	SOE = 1		SOE = 0	
	Synch1	Synch2	Synch1	Synch2
Treat×Post	0.026	0.004	−0.160 ***	−0.168 ***
	(0.35)	(0.06)	(−3.00)	(−3.07)
Constant	5.292 **	6.535 **	8.146 ***	9.099 ***
	(1.96)	(2.39)	(3.87)	(4.24)
Controls	Yes	Yes	Yes	Yes
Firm	Yes	Yes	Yes	Yes
Year	Yes	Yes	Yes	Yes
N	3376	3376	7467	7467
R^2	0.2079	0.2188	0.1768	0.1763

8. 结论、启示与展望

股票市场信息效率关系到投资者能否做出合理的投资决策，对实体经济至关重要（Durnev et al.，2004），而强有力的政府监管是提高资本市场资源配置效率的重要举措。由此，本文基于证监会"双随机、一公开"制度的准自然实验，构建多期 DID 模型实证检验了证监会随机抽查对资本市场信息效率的影响。研究结果表明，证监会随机抽查能显著降低股价同步性，提高资本市场信息效率。一系列的稳健性检验仍然支持这一结论。揭示作用机理发现，随机抽查能提高公司在市场中的关注度，并发挥监督效应，直接或间接提高资本市场信息效率。进一步分析发现，证监会随机抽查对股价同步性的降低作用在具有辖区实施方案、不放回抽样、低市场化程度地区、营商环境较差地区以及非国有企业中更显著。

本文的研究结论具有较强的现实意义。

第一，对优化我国资本市场资源配置具有重要启示。党的十八大以来，习近平总书记对我国资本市场的改革和发展做出了一系列的部署，资本市场的健康发展对我国实体经济的重要性得到前所未有的重视。证监会随机抽查能提高资本市场信息效率，表明政府监管是优化资本市场信息环境的重要因素，这对助力资本市场改革，促进实体经济高质量发展具有重大意义。

第二，对投资者的投资组合选择具有一定的参考价值。投资者对随机抽查过程及结果的持续关注能使其以较低的成本获得更多公司特质信息，减少市场噪音对其决策的干扰。另外，投资者加大对高市场化程度地区、营商环境较好地区和国有企业随机抽查结果的关注有助于提高其投资效率，从而降低投资风险。

第三，对证监会随机抽查的坚持和完善提供了政策启示。证监会随机抽查能够发挥监督作用，规范市场主体行为和提高上市公司质量，而产生的监管溢出效应能有效提高资本市场信息效率，这佐证了实施"双随机、一公开"制度的可行性和必要性。对于监管部门而言，根据企业所处市场化水平的高低和产权性质的差异而采取不同的抽查重点和执法力度，有助于通过差异化方式实现高效率监管，这为随机抽查制度的完善提供了重要的实践指导。

本文的研究主要聚焦于证监会对上市公司的随机抽查能否对资本市场信息效率起到显著的提升作用，而研究结论证实了这一点。进一步，根据各地证监局的实际监管情况，随机抽查工作可能会因证监局查处力度等不同而对股价同步性产生差异性影响。因此，未来可以从这一视角对如何增强随机抽查对资本市场信息效率的提升作用进行深入拓展研究。

◎ **参考文献**

[1] 蔡栋梁，刘敏，邹亚辉，等 . 税收征管与股价同步性——基于制度背景的研究 [J]. 南开管理评论，2022，25（3）.

[2] 陈冬华，姚振晔 . 政府行为必然会提高股价同步性吗？——基于我国产业政策的实证研究 [J].

经济研究，2018，53（12）.

[3] 陈工孟，高宁. 我国证券监管有效性的实证研究 [J]. 管理世界，2005（7）.

[4] 陈艳利，蒋琪. 营商环境、真实盈余管理与信用风险识别 [J]. 山西财经大学学报，2021，43（9）.

[5] 陈运森，邓祎璐，李哲. 证券交易所一线监管的有效性研究：基于财务报告问询函的证据 [J]. 管理世界，2019，35（3）.

[6] 褚剑，方军雄. "惩一"必然"儆百"吗？——监管处罚间接威慑失效研究 [J]. 会计研究，2021，399（1）.

[7] 顾小龙，辛宇，滕飞. 违规监管具有治理效应吗——兼论股价同步性指标的两重性 [J]. 南开管理评论，2016，19（5）.

[8] 何靖. 延付高管薪酬对银行风险承担的政策效应——基于银行盈余管理动机视角的 PSM-DID 分析 [J]. 中国工业经济，2016，344（11）.

[9] 何贤杰，王孝钰，孙淑伟，等. 网络新媒体信息披露的经济后果研究——基于股价同步性的视角 [J]. 管理科学学报，2018，21（6）.

[10] 侯宇，叶冬艳. 机构投资者、知情人交易和市场效率——来自中国资本市场的实证证据 [J]. 金融研究，2008，334（4）.

[11] 胡军，王甄. 微博、特质性信息披露与股价同步性 [J]. 金融研究，2015，425（11）.

[12] 黄俊，郭照蕊. 新闻媒体报道与资本市场定价效率——基于股价同步性的分析 [J]. 管理世界，2014，248（5）.

[13] 刘红霞，李继峰，马云飙. 随机现场检查与审计师谨慎性——基于证监会对上市公司现场检查的准自然实验 [J]. 审计研究，2022，226（2）.

[14] 刘金洋，沈彦杰. 证监会随机抽查的监管效应：溢出还是替代？——基于交易所和审计师的视角 [J]. 审计研究，2021，222（4）.

[15] 刘星，陈西婵. 证监会处罚、分析师跟踪与公司银行债务融资——来自信息披露违规的经验证据 [J]. 会计研究，2018，363（1）.

[16] 刘瑶瑶，路军伟，宁冲. 证监会随机抽查能提高上市公司会计信息质量吗 [J]. 山西财经大学学报，2021，43（12）.

[17] 柳光强，王迪. 政府会计监督如何影响盈余管理——基于财政部会计信息质量随机检查的准自然实验 [J]. 管理世界，2021，37（5）.

[18] 彭水军，舒中桥. 服务贸易开放、市场化改革与中国制造业企业生产率 [J]. 金融研究，2021，497（11）.

[19] 沈红波，杨玉龙，潘飞. 民营上市公司的政治关联、证券违规与盈余质量 [J]. 金融研究，2014，403（1）.

[20] 唐松，胡威，孙铮. 政治关系、制度环境与股票价格的信息含量——来自我国民营上市公司股

价同步性的经验证据 [J]. 金融研究，2011，373 (7).

[21] 滕飞，夏雪，辛宇. 证监会随机抽查制度与上市公司规范运作 [J]. 世界经济，2022，45 (8).

[22] 王小鲁，樊纲，胡李鹏. 中国分省份市场化指数报告 (2018) [M]. 北京：社会科学文献出版社，2019.

[23] 汶海，高皓，陈思岑，等. 行政审计监管与股价崩盘风险——来自证监会随机抽查制度的证据 [J]. 系统工程理论与实践，2020，40 (11).

[24] 谢德仁，陈运森. 金融生态环境、产权性质与负债的治理效应 [J]. 经济研究，2009，44 (5).

[25] 许年行，洪涛，吴世农，等. 信息传递模式、投资者心理偏差与股价 "同涨同跌" 现象 [J]. 经济研究，2011，46 (4).

[26] 许年行，李哲. 高管贫困经历与企业慈善捐赠 [J]. 经济研究，2016，51 (12).

[27] 杨仁发，魏琴琴. 营商环境对城市创新能力的影响研究——基于中介效应的实证检验 [J]. 调研世界，2021，337 (10).

[28] 伊志宏，杨圣之，陈钦源. 分析师能降低股价同步性吗——基于研究报告文本分析的实证研究 [J]. 中国工业经济，2019，370 (1).

[29] 余明桂，钟慧洁，范蕊. 民营化、融资约束与企业创新——来自中国工业企业的证据 [J]. 金融研究，2019，466 (4).

[30] 袁媛，田高良，廖明情. 投资者保护环境、会计信息可比性与股价信息含量 [J]. 管理评论，2019，31 (1).

[31] 钟覃琳，陆正飞. 资本市场开放能提高股价信息含量吗？——基于 "沪港通" 效应的实证检验 [J]. 管理世界，2018，34 (1).

[32] 周林洁. 公司治理、机构持股与股价同步性 [J]. 金融研究，2014，410 (8).

[33] 朱杰. "一带一路" 倡议与资本市场信息效率 [J]. 经济管理，2019，41 (9).

[34] Beck, T., Levine, R., Levkov, A. Big bad banks? The winners and losers from bank deregulation in the United States [J]. Journal of Finance, 2010, 65 (5).

[35] Durnev, A., Morck, R., Yeung, B. Value-enhancing capital budgeting and firm-specific stock return variation [J]. Journal of Finance, 2004, 59 (1).

[36] Durnev, A., Morck, R., Yeung, B., et al. Does greater firm-specific return variation mean more or less informed stock pricing? [J]. Journal of Accounting Research, 2003, 41 (5).

[37] Ferreira, M. A., Laux, P. A. Corporate governance, idiosyncratic risk, and information flow [J]. The Journal of Finance, 2007, 62 (2).

[38] Gul, F. A., Kim, J., Qiu, A. Ownership concentration, foreign shareholding, audit quality, and stock price synchronicity: Evidence from China [J]. Journal of Financial Economics, 2010, 95 (3).

[39] Hamdi, B. N. State ownership, political institutions and stock price informativeness: Evidence from privatization [J]. Journal of Corporate Finance, 2014, 6 (10).

［40］ Hutton, A. P. , Marcus, A. J. , Tehranian, H. Opaque financial report, R2, and crash risk ［J］. Journal of Financial Economics, 2009, 94 （1）.

［41］ Jin, L. , Myers, S. C. R2 around the world: New theory and new tests ［J］. Journal of Financial Economics, 2006, 79 （2）.

［42］ La Porta, R. , Lopez-de-Silanes, F. , Schleifer, A. What works in securities laws? ［J］. The Journal of Finance, 2006, 61 （1）.

［43］ Morck, R. , Yeung, B. , Yu, W. The information content of stock markets: Why do emerging markets have synchronous stock price movements? ［J］. Journal of Financial Economics, 2000, 58 （1/2）.

［44］ Roll, R. R2 ［J］. The Journal of Finance, 1988, 43 （3）.

Can CSRC Random Inspection Improve the Information Efficiency of Capital Market?
—Quasi Natural Experiment Based on "Two Random and One Public"

Wu Long[1]   Zhou Yang[2]   Yang Liu[3]

（1　Institute of Business Administration, Henan University, Kaifeng, 475004;

2, 3　Business School, Henan University, Kaifeng, 475004）

Abstract: Based on the quasi-natural experiment of the "Two Random and One Public" regulatory system, this paper constructs a multi-period DID model to empirically test the impact of the CSRC random inspection on the information efficiency of the capital market by manually collecting the data of the CSRC random inspection of listed companies. The research results show that the CSRC random inspection can significantly reduce the stock price synchronicity and improve the information efficiency of the capital market. A series of robustness tests still support this conclusion. By revealing the mechanism of action, it is found that CSRC random inspection can improve the company's attention in the market, exert a supervisory effect, and directly or indirectly improve the information efficiency of the capital market. Further analysis finds that the effect of CSRC random inspections on stock price synchronicity is more significant in areas with jurisdiction implementation plans, sampling without replacement, low marketization, poor business environment, and non-state-owned enterprises. The conclusion provides new evidence that government regulatory behavior can improve the information efficiency of the capital market, and provides policy inspiration for the further implementation of the random inspection system of the CSRC.

Key words: Information efficiency of the capital market; CSRC random inspection; Private information; Supervision effect

专业主编：潘红波

珞珈管理评论
2023 年卷第 3 辑（总第 48 辑）

Luojia Management Review
No. 3, 2023 (Sum. 48)

社保基金管理人行业共同持股与
上市公司财务报告质量*

● 余玉苗[1]　朱碧玉[2]

（1，2　武汉大学经济与管理学院　武汉　430072）

【摘　要】改善治理大环境，实现社保基金资产的安全增值一直是我国社会保障体系建设的核心。行业共同持股是社保基金作为特殊的机构投资者发挥对上市公司的治理作用的关键因素。本文选取 2008—2019 年中国 A 股上市公司为样本，研究发现，社保基金管理人行业共同持股能显著提升企业财务报告质量，发挥对上市公司的监督治理作用。在缓解了社保基金管理人行业共同持股与财务报告质量间关系的内生性问题后，结论依然成立。此外还发现，社保基金管理人行业共同持股的治理作用在非国有控股、内部治理较差、高管薪酬敏感性较高的企业中更为显著。机制检验表明，社保基金管理人行业共同持股作为市场的"风向标"，能通过吸引更多分析师关注，促进财务报告质量的提高。进一步研究发现，社保基金管理人行业共同持股具有协作效应和规模效应。考虑社保基金管理人其他投资策略的影响，发现社保基金管理人的投资规模和稳定性均与财务报告质量正相关。本文为社保基金管理人行业共同持股的监督治理效应提供了新的证据，也为监管部门实施更符合国情的措施以优化社保基金投资策略提供了参考。

【关键词】社保基金管理人　行业共同持股　财务报告质量　盈余管理　公司治理

中图分类号：F275　　　　　文献标识码：A

1. 引言

全国社会保障基金（简称社保基金，下同）是中央政府通过财政拨款等方式集中的全国社会保障战略储备金，专门用于补充和调剂人口老龄化高峰期的社会保障支出（王尔乘，2019）。社保基金

---

* 基金项目：国家自然科学基金面上项目"审计委员会召集人的治理效应及其作用机制研究"（项目批准号：72072133）。

通讯作者：余玉苗，E-mail：yymiao2006@163.com。

作为社会保障的最后一道防线、老百姓的"养命钱"，如何在确保基金安全的基础上稳健审慎地开展投资运营、实现资产的保值增值，一直是政府和社会关注的焦点。为应对人口老龄化加速，促进社会保障制度的可持续发展，2022 年 4 月，国务院办公厅发布《关于推动个人养老金发展的意见》，标志着我国养老保险体系正式完成了第三支柱的建设，社会保障体系的发展进入新阶段。个人养老金制度的出台，对社保基金的监督管理、风险防范、有序发展提出了更高的要求。然而，社会保障体系的可持续发展不能仅仅依靠个人养老金的"开源"，更需要基金运营的"稳流"，使社保基金当好社会保障的应急"蓄水池"。

随着社保基金市场化、专业化的程度越来越高，其投资与交易行为也在资本市场上发挥着日益重要的作用。要实现社保基金资产的安全增值，不能仅仅依靠规章条例，还需要社保基金作为政府导向性的机构投资者，积极主动地发挥监督作用，改善治理环境（张蕴萍等，2019），从根本上实现基金资产的可持续安全增值。社保基金作为独立的机构投资者能够发挥对上市公司的监督治理作用。已有研究表明，社保基金作为长期独立的机构投资者，可以提升公司治理水平，降低财务重述的可能性，遏制企业财务欺诈等不当行为（Harford et al. ，2018；李春涛等，2018），在公司中扮演着"监督者"的角色。然而这些文献普遍将社保基金持股作为一个整体，并未考虑社保基金管理人内部投资策略之间的差异。

社保基金在二级市场上采用的是委托投资的管理模式，由社保基金会作为委托人将社保基金的投资管理权委托给外部机构，这些受托的基金管理公司即社保基金管理人。社保基金聘请外部管理人来管理基金运营，形成了委托代理关系。为了加强对基金安全的保护，社保基金管理人的投资管理能力和规范化运作水平受到严格的监控。社保基金管理人在社保基金会的监督下进行投资，承担着社保基金保值增值的公共受托责任，同时需要定期报送报表，肩负着业绩评价考核的压力（王尔乘，2019）。因此，社保基金管理人有动力去监督公司，参与并改善公司治理，这些管理人是社保基金作为机构投资者发挥监督治理作用的关键一环。

行业共同持股（Common Ownership）是指一家机构投资者同时持有同一行业内多家公司的股份，是资本市场上的普遍现象。Park 等（2019）指出，行业共同持股为了实现投资组合收益最大化，可以降低组合中同行公司之间的恶性竞争，激励公司主动披露从而提高信息披露质量。同时作为行业枢纽，行业共同持股对公司有治理作用（Kang et al. ，2018）。He 等（2019）从投票反对高管提案的角度，验证了行业共同持股具有积极参与监督治理的动机和能力。行业共同持股还能通过同时获取多家同行公司的内部信息提高监督效率，将公司盈余管理对同行公司的负外部性内部化，改善公司盈余质量（杜勇等，2021）。

社保基金管理人作为机构投资者同样存在着行业共同持股现象。那么社保基金管理人行业共同持股对公司是否具有治理效应？本文选取 2008—2019 年中国 A 股上市公司为研究样本，使用应计盈余管理程度度量财务报告质量，从行业共同持股角度，实证检验了社保基金管理人持股与财务报告质量之间的关系。研究发现，社保基金管理人行业共同持股能显著降低企业盈余管理程度，提升财务报告质量，对上市公司具有治理效应。在使用一系列方式缓解社保基金管理人行业共同持股与财务报告质量间关系的内生性问题后，结论依然成立。此外，社保基金管理人行业共同持股的监督治理作用在非国有控股、内部治理较差、高管薪酬敏感性较高的企业中更为显著。机制检验表明，社保基金管理人行业共同持股作为"风向标"，可以通过吸引更多分析师关注，促进财务报告质量的提高。进一步研究发现，社保基金管理人行业共同持股具有协作效应和规模效应。社保基金管理人投资策略的其他差异，如投资规模越大、稳定性越高，其监督治理作用也会越强。

本文从社保基金的角度切入，探讨其作为一个独特的机构投资者，能否通过行业共同持股发挥对公司的治理作用。研究社保基金管理人的行业共同持股对财务报告质量的影响，有助于社保基金管理人优化投资策略，同时也有利于社保基金会选聘勤勉尽责的高质量管理人团队，对上市公司治理产生正向的引导作用。

本文的边际贡献如下：

其一，本文考察了社保基金行业共同持股对财务报告质量的影响，拓展了社保基金领域的研究。现有文献大多将社保基金持股视为同质，较少分析社保基金持股结构的差异，本文以社保基金管理人行业共同持股为新的切入点，探索社保基金持股内部结构的异质性，实证检验了社保基金具体通过管理人的行业共同持股发挥监督治理作用，提升财务报告质量。

其二，本文进一步检验了社保基金管理人行业共同持股可以通过推动分析师关注发挥监督的积极作用，探明其发挥作用的渠道，有助于更准确地识别社保基金管理人行业共同持股在我国发挥作用的机制。

其三，本文还考察了社保基金投资规模、稳定性等其他投资策略对公司治理的不同影响，为监管部门针对具体情况，实施更符合国情的措施以优化社保基金投资提供了参考。

2. 文献综述与假设提出

2.1 社保基金行业共同持股与财务报告质量

关于机构投资者的研究由来已久，机构投资者与财务报告质量也一直是公司治理研究的重要问题。不同的机构投资者对上市公司财务报告质量发挥着不同的作用。学者们普遍认为，只有特定的机构投资者存在对公司的治理效应。当机构投资者持股比例较高时，管理层不会对会计盈余进行操控，企业财务报告质量也较高（Bushee，1998；程书强，2006）。长期独立的机构投资者不会频繁交易，可以抑制盈余管理，而短期机构投资者则不具备这一监督治理效应（Koh，2007）。机构投资者中的监督型基金与上市公司盈余质量正相关，监督型基金相对于传统型基金，更有能力和意愿对公司进行监督，从而提高企业财务报告质量（Fich et al.，2015；李青原等，2018）。社保基金作为独特的机构投资者，与公司没有除投资关系外的其他关联关系，具有自己的投资理念，着眼于长期的投资回报，被普遍认为是具有监督作用的机构投资者。

具体而言，社保基金具有以下特性：

（1）独立性，社保基金由政府领导，社保基金管理人作为独立第三方，持有上市公司的股份，对企业长周期的情况较为了解，具有发挥监督作用的动机和能力（杨海燕等，2012；Boone et al.，2015）。

（2）专业性，社保基金管理人为基金管理公司的专业团队，其专业性可以降低其与企业之间的信息不对称，在有效监督管理层方面具有比较优势（Xia et al.，2007）。

（3）外部性，社保基金不同于一般机构投资者，其具有鲜明的调控属性（王尔乘，2019），市场对社保基金持股的社会导向和高回报的认可会溢出到其所投资的公司上。这种正向的外在声誉促使公司提升自身治理状况，来应对"退出威胁"（Edmans，2009；Dou et al.，2018）。同时，社保基金管理人肩负公共受托责任，为了维护自身声誉也会积极监督公司。

由于社保基金具有这些特性，社保基金持股有能力和意愿发挥对公司的监督治理作用，提升企业财务报告质量。已有研究发现，社保基金持股有助于提高信息披露透明度（杨海燕等，2012），增加自愿性信息披露（牛建波等，2013），降低财务重述的可能性（李春涛等，2018），社保基金持股在上市公司中扮演治理角色，可以提升企业财务报告质量。社保基金持股进一步还可以影响企业的股利政策（靳庆鲁等，2016），促进企业科技创新（王凌等，2021）等，带来监督治理的溢出效应。然而，这些文献普遍将社保基金持股作为一个整体，并未考虑社保基金管理人投资策略之间的差异。

社保基金管理人投资策略的差异会影响社保基金持股发挥监督治理作用。常见的投资策略，如投资规模（王立民等，2012）、稳定性（Hartzell et al.，2003）等，都会影响社保基金监督作用的发挥。在投资规模方面，投资规模更大的社保基金管理人实力雄厚，专业能力更强，对公司的退出威胁更大，同时是社保基金会关注的重点（王尔乘，2019）。投资规模较大的社保基金管理人会更加注重维护自身的声誉，积极监督公司，提升企业财务报告质量。在投资稳定性方面，较为稳定的机构投资者有更好的治理作用，而以交易为目的的机构投资者往往倾向于和管理层合谋（牛建波等，2013）。投资稳定性较高的社保基金管理人，会更注重公司的成长性和长期发展，积极地对公司进行监督，改善公司治理，提升财务报告质量。

本文的研究主要关注，在社保基金中行业共同持股这一独特的投资策略对上市公司财务报告质量的影响。行业共同持股即指一家机构投资者同时持有同一行业内多家公司的股份，是学术界的新兴焦点问题。行业共同持股可以从多方面影响社保基金管理人发挥监督治理作用。

（1）协作效应，共同机构投资者为了实现投资组合价值最大化，能促进产品市场的协作，减少同行企业间因为竞争而互相施加的负外部性（Azar et al.，2018），例如促进行业内企业之间合资、战略联盟以及收购的达成（He et al.，2017），提高公司的专利数（Gao et al.，2019），提升企业社会责任（Dai et al.，2021）等。社保基金管理人行业共同持股可以缓解行业内的激烈竞争，降低同行企业相互施加盈余管理这种负外部性的可能，进而提高企业财务报告质量。

（2）规模效应，同行企业的共通之处降低了搜集理解信息的成本，行业共同持股可以获得更多行业层面的信息（He et al.，2017）。被行业共同持股的公司也不再担心所披露信息被竞争对手利用，或被信息使用者错误解读，会主动提高信息披露水平（Park et al.，2019）。社保基金管理人的专业性加上行业共同持股获取信息的规模优势，降低了投资者与企业之间的信息不对称，进一步提高了社保基金管理人行业共同持股对公司的监督能力，从而提升企业财务报告质量。

（3）治理效应，行业共同持股持有多家同行企业股份，参与公司治理的动机和能力更强。行业共同持股可以通过利用自身话语权和退出威胁加强对公司的治理作用（Edmans et al.，2019），提高公司信息披露质量（Brooks et al.，2018），降低企业盈余管理程度（Ramalingegowda et al.，2021；

杜勇等，2021）。行业共同持股的协作效应和规模效应也进一步强化了其治理效应。社保基金不同于一般机构投资者，其具有鲜明的调控属性，也受到更多的公众关注。社保基金管理人通过行业共同持股提升了话语权和对企业的退出威胁，加强对公司的治理作用，从而提高上市公司财务报告质量。

综上所述，社保基金管理人行业共同持股发挥监督治理作用的逻辑如图 1 所示。社保基金管理人行业共同持股可以提升企业财务报告质量。故提出假设 H1：

H1：社保基金管理人行业共同持股能提高上市公司的财务报告质量。

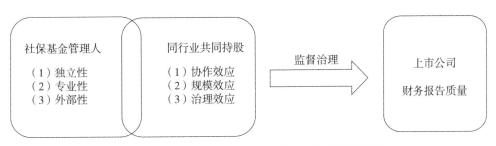

图 1　社保基金管理人行业共同持股发挥作用的逻辑

2.2　分析师关注的机制作用

在信息不对称的环境下，其他中小投资者会密切关注机构投资者进入和退出公司的消息，并试图追随机构投资者的投资行为（许年行等，2013）。社保基金由政府领导，不同于一般机构投资者，其鲜明的调控属性带来了外部性，市场会对社保基金持股的公司有更高的认可度（刘永泽等，2011）。同时，行业共同持股具有行业枢纽特质，在同行业中有更多信息传递的渠道（Ramalingegowda et al.，2021）。在被认为更了解行业信息的情况下，行业共同持股会吸引包括分析师在内的其他投资者对上市公司进行广泛关注与监督。因此，存在社保基金管理人行业共同持股的公司会受到更多关注。更高的关注度提升了社保基金管理人行业共同持股在上市公司中的话语权和退出威胁，促使企业提升自身治理状况，从而最终提高上市公司财务报告质量。

分析师作为专业人员存在"光环效应"，市场普遍认为分析师的关注能够挖掘更多有价值的信息，降低企业和外部投资者之间的信息不对称程度（Frankel et al.，2004；胡金焱等，2022），起到对上市公司的监管作用（王砾等，2017）。而除分析师以外的投资者获取信息渠道有限，往往会追随分析师的判断，因此外部投资者中主要是分析师关注发挥引导作用。具体而言，社保基金管理人行业共同持股作为市场的"风向标"，可以通过吸引更多的分析师关注公司，促使公司自觉约束行为，提升财务报告质量。据此，本文提出假设 H2：

H2：社保基金管理人行业共同持股可以通过吸引更多的分析师关注，提升上市公司财务报告质量。

3. 研究设计

3.1 样本选择与数据来源

文中选取 2008—2019 年 A 股上市公司为研究样本，并按照惯例对原始数据做如下具体处理：（1）排除金融保险类、ST 和 * ST 公司样本；（2）排除主要解释变量缺失的公司样本；（3）对全部连续变量进行 1% 和 99% 水平上的缩尾处理。社保基金持股和社保基金管理人相关数据来源于 Wind 数据库，其中不包含社保基金会直接持有的国有股份划转的部分，国有资本划转与本文研究的公共受托责任有着本质区别。其他财务数据均来自 CSMAR 数据库，行业分类参照证监会 2012 版行业分类标准。

3.2 变量定义

3.2.1 被解释变量

本文使用应计盈余管理程度来度量财务报告质量（FRQ）。具体而言，使用 Jones（1991）提出的基本 Jones 模型（DACC）和 Dechow 等（1995）在基本 Jones 模型的基础上加入了应收账款变动的修正 Jones 模型（DACC_mod），测算公司的盈余管理程度。参照已有文献，对应计盈余管理指标取绝对值来衡量财务报告质量。为了方便列报与理解，文中应计盈余管理指标均乘以 100。

3.2.2 解释变量

参照已有文献（Ramalingegowda et al. , 2021），设置虚拟变量社保基金管理人行业共同持股（CO），如果当年有社保基金共同机构投资者持股该上市公司，则 CO 为 1，否则为 0。其中，社保基金共同机构投资者是指当年在同行业两家及两家以上公司中持股的社保基金管理人。

3.2.3 控制变量

参照已有文献，本文选取以下控制变量：社保基金持股比例（SSF）；除社保基金以外的其他机构投资者持股比例（Institution）；资产负债率（Lev）；总资产收益率（ROA）；公司规模（Size），即年末总资产的自然对数；成长性（Growth），即公司总资产增长率；账面市值比（BMV），即股东权益与公司市值之比；股权集中度（Top1），即年末第一大股东持股比例；审计质量（Big4），若聘请国际四大会计师事务所为其年报审计则取 1，否则为 0；上市年限（Lnage），当年年份减去公司上市年份，加 1 取对数；国有企业（SOE），国企取 1，非国企取 0。另外添加治理层面的控制变量：两职合一（Dual），若公司 CEO 和总经理为同一人则取值为 1，否则取 0；董事会规模（BD_Size），公司董事会人数的自然对数；董事会独立性（BD_ind），即独立董事比例。

3.3 模型设定

为了实证检验社保基金管理人行业共同持股（CO）与上市公司财务报告质量（FRQ）之间的关系，首先构造以下 OLS 回归模型（1）：

$$\text{FRQ}_{i,t} = \beta_0 + \beta_1 \times \text{CO}_{i,t} + \text{Controls}_{i,t} + \text{Industry FE} + \text{Year FE} + \varepsilon_{i,t} \tag{1}$$

其中 FRQ 为财务报告质量，用 DACC 和 DACC_mod 来度量，该值越大，代表公司盈余管理程度越严重，财务报告质量越差。CO 为是否存在社保基金管理人行业共同持股，Controls 为控制变量，ε 为残差。模型还控制了行业和年度固定效应，并在公司层面对标准误聚类（Cluster）。

4. 实证结果与分析

4.1 描述性统计

由于部分变量缺失，最终得到来自 3466 家公司的 26478 个公司—年度样本进行回归。变量的描述性统计详见表 1。在样本期内，DACC 与 DACC_mod 的均值（经过乘以 100 的处理）分别为 5.815 和 5.935；CO 的均值为 0.196，表明样本中有 19.6% 的公司存在社保基金管理人行业共同持股。在样本期内，有 18 家社保基金管理人在二级市场进行股权投资，社保基金持股的公司—年度样本共有 5818 个，由于篇幅原因未作详细展示。

表 1   **变量的描述性统计**

变量类别	变量名	观测值	均值	标准差	最小值	中位数	最大值
被解释变量	DACC	26478	5.815	5.696	9.420e−05	4.044	27.077
（FRQ）	DACC_mod	26478	5.935	5.831	6.670e−05	4.124	28.057
解释变量	CO	26478	0.196	0.397	0	0	1
控制变量	SSF	26478	0.382	0.953	0	0	12.316
	Institution	26478	6.345	7.474	0	3.826	75.052
	Lev	26478	0.440	0.207	0.055	0.437	0.905
	ROA	26478	0.038	0.059	−0.261	0.036	0.193
	Size	26478	9.885	0.491	8.978	9.825	11.358
	Growth	26478	0.428	1.245	−0.748	0.132	9.235
	BMV	26478	0.615	0.245	0.119	0.615	1.138
	Top1	26478	35.166	15.016	8.770	33.290	74.890
	Big4	26478	0.061	0.240	0	0	1

续表

变量类别	变量名	观测值	均值	标准差	最小值	中位数	最大值
控制变量	Lnage	26478	2.178	0.742	0.693	2.303	3.401
	SOE	26478	0.419	0.493	0	0	1
	Dual	26478	0.248	0.432	0	0	1
	BD_Size	26478	2.258	0.180	1.386	2.303	3.045
	BD_ind	26478	0.373	0.055	0.091	0.333	0.800

4.2 基本回归结果

表 2 汇报了社保基金管理人行业共同持股对财务报告质量影响的基本回归结果。加入控制变量后，财务报告质量（FRQ）与社保基金管理人行业共同持股（CO）在 5% 的显著性水平上负相关，表明社保基金管理人行业共同持股能提升上市公司财务报告质量。在表 2 第（1）、（3）列中社保基金持股比例（SSF）的系数为正，达到了 10% 的显著性水平，印证了仅有社保基金持股对公司的治理效应是有限的（杨海燕等，2012）。本文选取存在社保基金持股（SSF>0）的子样本进行研究，进一步考察在社保基金中行业共同持股起到的独特作用。表 2 列（5）与列（6）CO 的系数为负，且达到了 5% 的显著性水平，说明社保基金具体通过行业共同持股发挥了监督治理效应，提升了财务报告质量。基本回归结果验证了假设 H1，社保基金管理人行业共同持股提升了上市公司的财务报告质量。

表 2   **基本回归结果**

变量	(1) DACC 全样本	(2) DACC 全样本	(3) DACC_mod 全样本	(4) DACC_mod 全样本	(5) DACC SSF>0	(6) DACC_mod SSF>0
CO		-0.3303^{**} (-2.35)		-0.3628^{**} (-2.48)	-0.5919^{**} (-2.06)	-0.6055^{**} (-2.03)
SSF	0.0812^{*} (1.71)	0.1749^{***} (2.81)	0.0950^{*} (1.91)	0.1978^{***} (3.01)	0.1825^{***} (2.69)	0.1860^{***} (2.61)
Institution	0.0029 (0.38)	0.0032 (0.42)	0.0045 (0.59)	0.0048 (0.63)	-0.0460^{***} (-3.24)	-0.0438^{***} (-2.98)
Lev	2.7196^{***} (8.55)	2.7100^{***} (8.51)	2.8909^{***} (8.86)	2.8803^{***} (8.82)	5.0060^{***} (6.84)	5.3700^{***} (7.13)
ROA	-10.7641^{***} (-8.54)	-10.6716^{***} (-8.44)	-11.2238^{***} (-8.76)	-11.1222^{***} (-8.66)	8.4688^{***} (2.80)	9.1180^{***} (2.89)

续表

变量	（1） DACC 全样本	（2） DACC 全样本	（3） DACC_mod 全样本	（4） DACC_mod 全样本	（5） DACC SSF>0	（6） DACC_mod SSF>0
Size	0.1039 (0.68)	0.1485 (0.96)	0.0727 (0.46)	0.1217 (0.76)	−0.4826 (−1.50)	−0.5681 * (−1.71)
Growth	0.4578 *** (8.92)	0.4568 *** (8.91)	0.4686 *** (8.88)	0.4675 *** (8.88)	0.3630 *** (2.83)	0.3805 *** (2.90)
BMV	−2.9100 *** (−12.17)	−2.9249 *** (−12.24)	−3.1809 *** (−12.95)	−3.1973 *** (−13.02)	−1.4567 ** (−2.55)	−1.7577 *** (−2.97)
Top1	0.0073 ** (2.04)	0.0075 ** (2.10)	0.0067 * (1.82)	0.0069 * (1.88)	−0.0137 * (−1.74)	−0.0158 * (−1.95)
Big4	−0.5825 *** (−2.67)	−0.5891 *** (−2.69)	−0.6345 *** (−2.88)	−0.6417 *** (−2.90)	−0.3720 (−1.14)	−0.3600 (−1.07)
Lnage	0.0935 (1.14)	0.0996 (1.21)	0.0140 (0.17)	0.0208 (0.25)	0.2024 (1.10)	0.0755 (0.39)
SOE	−0.9144 *** (−7.25)	−0.9112 *** (−7.23)	−0.9468 *** (−7.34)	−0.9433 *** (−7.31)	−0.7023 *** (−2.74)	−0.7736 *** (−2.92)
Dual	0.0162 (0.15)	0.0185 (0.17)	0.0160 (0.15)	0.0185 (0.17)	−0.0257 (−0.11)	−0.0197 (−0.08)
BD_Size	−1.2029 *** (−3.70)	−1.2063 *** (−3.72)	−1.2180 *** (−3.68)	−1.2218 *** (−3.70)	−1.0032 (−1.40)	−0.8594 (−1.19)
BD_ind	−0.8404 (−0.87)	−0.8708 (−0.90)	−0.4158 (−0.42)	−0.4492 (−0.46)	1.2774 (0.59)	1.5056 (0.69)
Constant	9.9085 *** (6.29)	9.4882 *** (5.99)	10.3762 *** (6.46)	9.9145 *** (6.13)	12.8605 *** (3.82)	13.5144 *** (3.94)
Year	Yes	Yes	Yes	Yes	Yes	Yes
Industry	Yes	Yes	Yes	Yes	Yes	Yes
Observations	26478	26478	26478	26478	5818	5818
R-squared	0.089	0.089	0.090	0.090	0.079	0.083

注：在公司层面进行了聚类，括号内为 t 值。*** 、** 、* 分别表示1%、5%、10%的显著性水平，下同。

4.3 稳健性检验

4.3.1 倾向得分匹配（PSM）

本文将存在 CO 的公司设置为实验组，用全部控制变量作为匹配变量，在没有社保基金管理人行业共同持股的公司中为其寻找对照组。如表 3 所示，匹配后大部分控制变量之间的均值差都不显著，且偏差率均已降低到低水平。本文选取 PSM 之后得到的实验组和对照组样本重新进行回归，回归结果见表 4 列（1），CO 的系数在 1% 的水平上显著为负，验证了本文结论的稳健性。

表 3 实验组与对照组分组 t 检验与偏差率

变量	对照组	均值	实验组	均值	均值差	偏差率（%）
Institution	3240	8.994	4297	9.570	−0.576***	2.9
Lev	3240	0.441	4297	0.441	−0.001	−1.9
ROA	3240	0.053	4297	0.056	−0.003**	2.7
Size	3240	10.10	4297	10.10	−0.001	−7.1
Growth	3240	0.420	4297	0.401	0.018	−2.9
BMV	3240	0.600	4297	0.590	0.010*	−5.8
Top1	3240	36.47	4297	36.35	0.124	−0.9
Big4	3240	0.088	4297	0.087	0.002	−4.6
Lnage	3240	2.208	4297	2.223	−0.015	−0.2
SOE	3240	0.441	4297	0.435	0.006	−1.7
Dual	3240	0.240	4297	0.251	−0.011	3.6
BD_Size	3240	2.268	4297	2.267	0.002	−0.7
BD_ind	3240	0.373	4297	0.373	0.000	−1.4

4.3.2 双重差分（PSM-DID）

本文参考李春涛等（2018）、杜勇等（2021）的做法，缓解 CO 与 FRQ 之间可能存在的内生性问题。使用 PSM 后 CO 进入前一年和进入后一年的公司—年度样本，采用双重差分（DID）的方法，估计 CO 变化前后上市公司财务报告质量的差异，以此识别因果关系。本文建立的双重差分模型如模型（2）所示：

$$\text{FRQ}_{i,t} = \beta_0 + \beta_1 \times \text{Treat} + \beta_2 \times \text{After} + \beta_3 \times \text{Treat} \times \text{After} + \text{Controls}_{i,t} + \varepsilon_{i,t} \qquad (2)$$

在模型（2）中，Treat 实验组中取 1，对照组中取 0。After 为进入时点，社保基金行业共同持股（CO）进入前一年（$t-1$）取 0，进入后一年（$t+1$）取 1。双重差分估计量 Treat×After 的系数 β_3 表示社保基金管理人行业共同持股对财务报告质量的处理效应。

检验结果如表 4 列（2）所示，Treat×After 的系数为负且在 10% 的水平上显著，表明 CO 进入后，相对于无 CO 的公司，公司财务报告质量显著提升。表 4 第（3）列保留了进入当年的公司—年度样本进行稳健性检验，令进入当年和进入后一年 After 取 1，Treat×After 的系数为负且在 5% 的水平上显著。PSM 后的实验组和对照组缓解了样本的选择性偏差，DID 可以有效地缓解 CO 与财务报告质量间关系的内生性，为本文结论的稳健性提供了证据。

4.3.3　安慰剂检验（placebo test）

本文还通过调整 CO 进入时点设计了一组安慰剂检验，选取 PSM 后得到的对照组与实验组，保留 CO 进入前一年、进入当年与进入后一年的公司—年度样本。除了以社保基金管理人行业共同持股进入当年的实际数据按照模型（1）进行回归，本文人为地推迟和提前 CO 进入的时点进行安慰剂检验。

安慰剂检验结果如表4第（4）至（6）列所示，CO 为社保基金管理人行业共同持股实际进入的当年，After 是将进入时点人为推迟一年，Before 是将进入时点人为提前一年。进入当年与推迟一年的系数在10%的水平上显著为负，提前一年的系数不显著，验证了本文结果的稳健性，且 CO 具有长期的治理作用。

表4　　　　　　　　　　　　　**PSM 后的稳健性检验回归结果**

变量	（1）	（2）	（3）	（4）	（5）	（6）
	PSM	PSM-DID	PSM-DID	当年	推迟一年	提前一年
CO	−0.4971***			−0.1998*		
	（−2.79）			（−1.89）		
Treat		0.0471	−0.0776			
		（0.35）	（−0.57）			
After		1.1247	1.2879*		−0.2002*	
		（1.55）	（1.81）		（−1.86）	
Treat×After		−1.3995*	−1.4411**			
		（−1.91）	（−1.99）			
Before						−0.0468
						（−0.46）
Constant	14.9070***	10.7202***	12.4225***	12.4893***	12.3821***	12.4756***
	（5.31）	（4.48）	（5.49）	（5.52）	（5.46）	（5.51）
Controls	Yes	Yes	Yes	Yes	Yes	Yes
Year	Yes	Yes	Yes	Yes	Yes	Yes
Industry	Yes	Yes	Yes	Yes	Yes	Yes
Obs.	7537	12218	17304	17304	17304	17304
R-squared	0.084	0.069	0.069	0.069	0.069	0.069

注：被解释变量为 DACC 的回归结果由于篇幅原因省略，结果稳健，下同。

4.3.4　工具变量法（Ⅳ）

借鉴 Gao 等（2019）和 Fich 等（2015）的方法，选取是否属于中证100成分股（CSI100）作为工具变量。属于中证 100 成分股取 1，否则取 0。上市公司是否属于中证 100 成分股会影响社保基金管理人是否持股，但中证 100 成分股的选择并不依据公司的财务报告质量，而是根据上市公司的规模选取市值最大的 100 只股票，是否选入也不会对上市公司财务报告质量产生直接影响。同时，借鉴王凌等（2021）的研究，2016 年 3 月，《全国社会保障基金条例》修订版（以下简称《条例》）颁布实施，规范了社保基金的管理运营、监督等重要内容，对社保基金管理人的投资策略产生直接影响，但并不会直接影响上市公司的财务报告质量。因此，本文同时以《条例》是否执行（Law）作为工具变量。《条例》执行后取 1，执行前取 0。Heckman 二阶段回归结果如表 5 所示。

表5 工具变量回归结果

变量	（1）全样本 第一阶段	（2）全样本 第二阶段	（3）SSF>0 第一阶段	（4）SSF>0 第二阶段
CSI100	-0.0944*** (-8.67)		-0.0520*** (-2.60)	
Law	-0.0128*** (-3.58)		-0.0053 (-0.67)	
CO		-6.0725** (-2.51)		-17.7944* (-1.79)
Constant	-1.5370*** (-29.14)	5.7310 (1.63)	0.1197 (0.94)	19.7774*** (5.11)
Controls	Yes	Yes	Yes	Yes
Industry	Yes	Yes	Yes	Yes
Observations	26478	26478	5818	5818
Hausman test	5.77**		5.12**	
Wald F statistic	40.75***		3.42**	

在第一阶段回归中，CSI100 的系数显著为负，社保基金管理人作为机构投资者为了实现资产保值增值，倾向于选择投资成长性更高的公司（Fich et al.，2015）；Law 的系数为负，这是由于《条例》中社保基金理事会强调要采取分散化投资以降低风险（王尔乘，2019），社保基金管理人改变了投资策略，减少同一行业的共同持股投资。在第二阶段回归中，全样本 CO 系数在 5% 的水平上显著为负，有社保基金持股的子样本 CO 系数在 10% 水平上显著为负，为本文结论的稳健性提供了证据。

4.3.5 更换解释变量度量方式（CO_num）

将虚拟变量 CO 替换为本年度该公司行业共同社保基金管理人数量，加 1 取自然对数（CO_

num)，按照模型（1）进行回归。回归结果由于篇幅原因未作展示，CO_num 系数为负且在 5% 水平上显著。社保基金管理人数量越多，管理层会受到越多社保基金管理人的监管，操纵财务报告的成本越大，从而抑制盈余管理，提升财务报告质量。

4.4 异质性分析

4.4.1 产权性质

国有企业与民营企业通常被认为存在较大差异，社保基金管理人行业共同持股起到的监督治理效应也有所不同。国有产权的隐性担保作用，降低了国有企业通过盈余管理粉饰报表的动机，社保基金管理人行业共同持股对国有企业的作用有限；而民营企业的财务报告质量相比国有企业更差，社保基金管理人行业共同持股会有更明显的边际治理效应。表 6 第（1）、（2）列根据产权性质（SOE），将样本分为国有企业组和民营企业组，在民营企业组中，社保基金管理人行业共同持股的系数在 5% 的水平上显著为负；而在国有企业组中，CO 的系数为负但不显著。表明在民营企业中，社保基金管理人行业共同持股更能发挥监督作用，提升财务报告质量。

4.4.2 内部治理

企业产权性质并不能全面反映公司的治理情况，企业的内部治理环境也会对财务报告质量产生影响。在内部治理环境较差的情况下，管理层有更多的机会和动机去操纵财务报告。而较好的内部治理环境能够对管理层的行为进行有效约束，由 CO 带来的监督治理效应可能会被削弱。借鉴已有文献，表 6 第（3）、（4）列根据公司董事会中独立董事比例（BD_ind）的中位数，将样本分为内部治理好、差两组，进行分组回归。在治理环境较差组中，CO 的系数在 1% 的水平上显著为负；而在治理环境较好组中，CO 的系数为负但不显著。说明在内部治理环境较差的公司中，社保基金管理人行业共同持股有着更为显著的监督治理作用。社保基金管理人行业共同持股的监督治理效应与公司内部治理之间有着替代关系。

4.4.3 高管激励

社保基金共同机构投资者可以通过自身话语权和"退出威胁"加强对公司的治理作用，原因在于机构投资者的进入与退出会造成股市波动，传递出的消息也会带来"羊群效应"。退出会导致更多的散户和其他机构投资者"用脚投票"相继抛售股票，严重时甚至造成股价崩盘（许行年等，2013）。当高管持有企业股票，或者高管的薪酬和股票价格挂钩时，社保基金退出带来的负面效应便会传导到管理层身上。管理层受这种"退出威胁"的影响，为了保护自身的利益不受损害，会自觉约束行为，提升财务报告质量。

借鉴 Edmans 等（2008）提出的薪酬市值敏感性（pay-performance sensitivity，P_P），用 CEO 的年薪除以公司价值来度量公司对高管的激励。表 6 第（5）、（6）列根据 P_P 的中位数，把样本分为高、低激励两组，进行分组回归。在高激励组中，CO 的系数在 5% 的水平上显著为负；而在低激励组中，CO 系数为负但不显著。结果表明当 CEO 的薪酬和市值关联度更高时，社保基金管理人行业共同持股能更好地发挥治理作用，提升财务报告质量。

表 6 分组回归结果

变量	（1）	（2）	（3）	（4）	（5）	（6）
	民营企业	国有企业	治理差	治理好	低激励	高激励
CO	-1.0121**	-0.1885	-0.9573***	-0.2915	-0.3624	-0.9363**
	(-2.55)	(-0.55)	(-2.64)	(-0.77)	(-0.88)	(-2.17)
Constant	9.1287**	14.4532***	19.3515***	9.7413***	20.3075***	14.0886***
	(2.29)	(4.38)	(3.31)	(2.82)	(4.99)	(3.10)
Controls	Yes	Yes	Yes	Yes	Yes	Yes
Year	Yes	Yes	Yes	Yes	Yes	Yes
Industry	Yes	Yes	Yes	Yes	Yes	Yes
Obs.	3220	2598	2971	2847	2344	2345
R-squared	0.103	0.080	0.098	0.093	0.125	0.126
Chow test	2.32***		1.82***		4.25***	

注：CEO 年薪数据存在部分缺失值。

4.5 机制检验

社保基金不同于一般机构投资者，其鲜明的调控属性带来了外部性，市场对社保基金持股的社会导向和高回报的认可会溢出到其所投资的公司上。这种正向的外在声誉也同样会吸引包括分析师在内的其他投资者对上市公司进行广泛关注。社保基金管理人行业共同持股通过吸引更高的关注度促使企业提升自身治理状况，最终提高公司财务报告质量。机制检验模型如式（3）和式（4）所示：

$$\text{Ana\_att}_{i,t}(\text{Rep\_att}_{i,t}) = \beta_0 + \beta_1 \text{CO}_{i,t} + \text{Controls}_{i,t} + \text{Industry FE} + \text{Year FE} + \varepsilon_{i,t} \quad (3)$$

$$\text{FRQ}_{i,t} = \beta_0 + \beta_1 \text{CO}_{i,t} + \beta_2 \text{Ana\_att}_{i,t}(\text{Rep\_att}_{i,t}) + \text{Controls}_{i,t} + \text{Industry FE} + \text{Year FE} + \varepsilon_{i,t} \quad (4)$$

分析师关注度（Ana_att）与研报关注度（Rep_att）分别为本年内对该公司进行跟踪分析的分析师（团队）数量和研究报告数量，加 1 取自然对数。如表 7 所示，分析师关注度与 CO 在 1% 的水平上显著正相关，CO 会吸引更多的分析师关注；CO 和分析师关注度均可以显著提升财务报告质量。社保基金管理人行业共同持股对公司财务报告质量的监督治理效应，可以通过吸引更多的分析师关注这一机制部分解释，假设 H2 得以验证。

表7 机制检验回归结果

变量	（1）	（2）	（3）	（4）
	Ana_att	DACC_mod	Rep_att	DACC_mod
CO	0.3921***	−0.3239***	0.5037***	−0.3311***
	（21.63）	（−3.64）	（22.51）	（−3.71）
Ana_att		−0.0783**		
		（−2.10）		
Rep_att				−0.0505*
				（−1.67）
Constant	−10.6606***	10.5215***	−13.0650***	10.5450***
	（−69.11）	（13.50）	（−68.61）	（13.54）
Controls	Yes	Yes	Yes	Yes
Year	Yes	Yes	Yes	Yes
Industry	Yes	Yes	Yes	Yes
Observations	26478	26478	26478	26478
R-squared	0.568	0.081	0.570	0.081
Sobel test	−2.095**		−1.671*	

5. 进一步讨论

5.1 协作效应

共同机构投资者为了实现投资组合价值最大化，会促进产品市场的协作。共同机构投资者可以获得更多行业层面的信息，降低同行业竞争对手利用盈余管理误导的可能性，缓解行业内恶性竞争。由此，社保基金管理人行业共同持股（CO）在行业竞争激烈的情况下，协作效应更为明显，可以更好地提升企业财务报告质量。

本文参照杜勇等（2021）的做法，使用体现公司市场势力的超额价格—成本边际指标（EPCM）来衡量行业内竞争态势。具体而言，EPCM即公司的折旧及息税前利润/销售额减去行业等权的折旧及息税前利润/销售额均值，EPCM的值越大，说明行业内竞争程度越低。设置行业内竞争程度的虚拟变量DEPCM，当其小于中位数时取1，否则取0。分组回归结果如表8所示，在DEPCM=1的组中，CO的系数在5%的水平上显著为负；在DEPCM=0的组中，CO的系数为负但不显著，这说明行业竞争更激烈的情况下，社保基金管理人行业共同持股对财务报告质量的提升更为明显，证实了社保基金管理人行业共同持股存在协作效应。

表 8 协作效应与规模效应

变量	（1）	（2）	（3）
	DEPCM = 1	DEPCM = 0	CO_Size
CO	−0.7953**	−0.2915	
	（−2.22）	（−0.78）	
CO_Size			−0.2452*
			（−1.89）
Constant	15.1375***	11.0429***	12.9170***
	（4.55）	（3.05）	（3.72）
Controls	Yes	Yes	Yes
Year	Yes	Yes	Yes
Industry	Yes	Yes	Yes
Observations	2909	2909	5818
R-squared	0.101	0.122	0.083
Chow test	4.54***		—

5.2 规模效应

行业共同持股关联的同行业企业规模越大，获得的行业共通层面信息越丰富，有利于行业共同持股更好地发挥监督治理作用。由此，社保基金管理人行业共同持股（CO）关联的同行业企业数量越多，社保基金管理人搜集理解信息的成本越低，越能发挥其治理效应，提升财务报告质量。

本文构建 CO_Size 来验证规模效应，即当年该上市公司通过 CO 关联的同行业企业数量，加 1 取自然对数。使用 CO_Size 替换模型（1）中的 CO，回归结果如表 8 列（3）所示，CO_Size 系数在 10% 水平上显著为负，这说明 CO 关联的企业数量越多，社保基金管理人搜集理解信息的成本越低，效率提高，由此提升了财务报告质量，验证了社保基金管理人行业共同持股存在规模效应。

5.3 投资策略

除了行业共同持股，社保基金管理人投资策略的其他差异，如投资规模、稳定性等，都会影响社保基金监督作用的发挥。因此，本文进一步讨论社保基金管理人的投资规模和稳定性对财务报告质量会产生怎样的影响。

5.3.1 投资规模

社保基金管理人的投资规模会影响财务报告质量。首先，投资规模更大的社保基金管理人具有更强的外部性，同时是社保基金会关注的重点，会更加注重维护自身声誉，有更强的监督动机。其次，投资规模更大的社保基金管理人往往自身实力雄厚，专业性更强，能及时从高管的行为中发现损害财务报告质量的机会主义行为，监督的能力更强。最后，机构投资者的资金规模会影响股市波动，当市场存在较大规模的基金时，会造成市场更大的波动。因此，投资规模更大的社保基金管理人对公司的退出威胁更大，公司为了维持股价稳定，会提升财务报告质量。

由此，本文提出模型（5）进行实证检验：

$$\text{FRQ}_{i,t} = \beta_0 + \beta_1 \times \text{Lnvalue\_year}_{i,t} + \text{Controls}_{i,t} + \text{Industry FE} + \text{Year FE} + \varepsilon_{i,t} \tag{5}$$

管理人—年市值（Lnvalue_year）为某社保基金管理人该年持股市值的自然对数，以此来度量社保基金管理人的投资规模。按照模型（5）进行回归，如表9所示，Lnvalue_year 的系数均为负，且在1%的水平上显著，说明社保基金管理人的投资规模越大，对上市公司的监督治理作用越强，提升了企业财务报告质量。

表9　　　　　　　　　　　　　　　进一步分析

变量	（1）	（2）	（3）	（4）
	DACC	DACC_mod	DACC	DACC_mod
Lnvalue_year	−0.2886 ***	−0.2896 ***		
	（−3.19）	（−3.07）		
Stable			−0.0030 **	−0.0032 **
			（−2.37）	（−2.43）
Constant	14.9025 ***	15.5584 ***	19.2929 ***	19.0833 ***
	（4.44）	（4.56）	（3.23）	（3.13）
Controls	Yes	Yes	Yes	Yes
Year	Yes	Yes	Yes	Yes
Industry	Yes	Yes	Yes	Yes
Observations	5818	5818	1665	1665
R-squared	0.080	0.084	0.106	0.104

注：Stable 的计算需要连续4年的数据，存在缺失值。

5.3.2　稳定性

稳定型机构投资者有更好的治理作用，而交易型机构投资者往往倾向于和管理层合谋。稳定型机构投资者倾向于进行价值投资，长期关注并监督所投资公司的经营和治理，注重公司信息透明度，期望通过分红和公司价值的提升来获利，而交易型机构投资者持有期限较短，往往期望通过股票市场价格波动来获利（牛建波等，2013）。对于社保基金来说，投资稳定性较高的管理人，会更注重公司的成长性和长期发展，进而积极地对公司进行监督，改善公司治理，提升财务报告质量。

由此，本文提出模型（6）进行实证检验：

$$\text{FRQ}_{i,t} = \beta_0 + \beta_1 \times \text{Stable}_{j,i,t} + \text{Controls}_{i,t} + \text{Industry FE} + \text{Year FE} + \varepsilon_{i,t} \tag{6}$$

其中，社保基金管理人稳定性（Stable）借鉴李争光等（2016）的做法，计算公式为：

$$\text{Stable}_{j,i,t} = \text{SSF}_{j,i,t}/\text{STD}(\text{SSF}_{j,i,t-3}, \text{SSF}_{j,i,t-2}, \text{SSF}_{j,i,t-1}) \tag{7}$$

在模型（7）中，$\text{SSF}_{j,i,t}$ 是社保基金管理人在公司第 t 年的持股比例，STD（$\text{SSF}_{j,i,t-3}$，$\text{SSF}_{j,i,t-2}$，$\text{SSF}_{j,i,t-1}$）是社保基金管理人在公司第 $t-1$、$t-2$ 和 $t-3$ 年的持股比例的标准差，Stable 为两者比值。Stable 值越大，表示社保基金管理人持股越稳定。按照模型（6）回归，结果如表 9 所示，Stable 的系数均在 5% 的水平上显著为负，说明社保基金管理人的投资策略越稳定，对上市公司的监督治理效应越强，进而提升了上市公司的财务报告质量。

6. 结论与启示

随着我国人口老龄化加速，社保基金作为老百姓的"养命钱"，如何在确保基金安全的基础上稳健审慎地开展投资运营、实现资产的保值增值，成为政府和全社会关注的焦点。与此同时，社保基金专业化、市场化的程度越来越高，社保基金管理人肩负着公共受托责任，越来越多地在二级市场上直接进行投资。要实现社保基金资产的安全增值，不能仅仅依靠规章条例，更需要社保基金管理人作为导向性的机构投资者发挥监督作用，改善上市公司治理环境，从根本上实现基金资产可持续保值增值。探索社保基金管理人能否以及如何发挥监督和治理效应，是实现基金资产长期保值增值目标的关键，更是评价其入市绩效的重要依据。

本文选取 2008—2019 年中国 A 股上市公司为研究样本，实证检验了社保基金管理人行业共同持股（CO）与上市公司财务报告质量（FRQ）之间的关系。研究发现，社保基金管理人行业共同持股对上市公司具有监督治理效应，能显著提升上市公司财务报告质量。通过一系列方式进行了稳健性检验，缓解了社保基金管理人行业共同持股与财务报告质量间关系的内生性问题之后，结论仍然成立。此外还发现，社保基金管理人的治理作用在非国有控股企业、内部治理较差的企业以及高管薪酬敏感性较高的企业中更为显著。机制检验表明，社保基金管理人行业共同持股可以通过吸引更多分析师关注，促进企业财务报告质量提高。进一步讨论发现，社保基金管理人行业共同持股还具有协作效应和规模效应。考虑社保基金管理人投资策略差异的影响，发现社保基金管理人的投资规模越大、稳定性越高，其监督治理作用越强。

本文的研究结论具有重要的现实意义，为社保基金如何发挥对上市公司的治理作用提供了新视角，肯定了社保基金可以通过管理人行业共同持股发挥监督治理作用。对社保基金管理人优化投资策略、社保基金会选聘勤勉尽责的高质量管理人团队，切实发挥社保基金持股对上市公司的监督治理作用提供了新的理论依据。在政策上，既然社保基金管理人行业共同持股对上市公司具有监督治理效应，那么社保基金组合在整体尽量采取分散化投资降低风险的同时，应该提倡单个社保基金管理人进行更多的行业共同投资，在同一行业内深耕。另外，社保基金管理人行业共同持股的治理作用与其他公司治理方式之间存在一定程度的替代，应利用行业共同持股的协作效应和规模效应进一步提升社保基金管理人的监督效应，建立并维持良好的治理大环境，保障并维护广大投资者的利益。

◎ 参考文献

[1] 程书强．机构投资者持股与上市公司会计盈余信息关系实证研究 [J]．管理世界，2006（9）．

[2] 杜勇，孙帆，邓旭．共同机构所有权与企业盈余管理 [J]．中国工业经济，2021（6）．

[3] 胡金焱，张晓帆．高管金融背景、外部监督与非金融企业影子银行化 [J]．济南大学学报（社会科学版），2022，32（1）．

[4] 靳庆鲁，宣扬，李刚等．社保基金持股与公司股利政策 [J]．会计研究，2016（5）．

[5] 李春涛，薛原，惠丽丽．社保基金持股与企业盈余质量：A 股上市公司的证据 [J]．金融研究，2018（7）．

[6] 李青原，时梦雪．监督型基金与盈余质量——来自我国 A 股上市公司的经验证据 [J]．南开管理评论，2018，21（1）．

[7] 李争光，曹丰，赵西卜等．机构投资者异质性、会计稳健性与股权融资成本——来自中国上市公司的经验证据 [J]．管理评论，2016，28（7）．

[8] 刘永泽，唐大鹏．社保基金持股信息的市场反应——基于中国资本市场数据 [J]．审计与经济研究，2011，26（5）．

[9] 牛建波，吴超，李胜楠．机构投资者类型、股权特征和自愿性信息披露 [J]．管理评论，2013，25（3）．

[10] 王尔乘．努力推动社保基金事业高质量发展 [J]．人民论坛，2019（13）．

[11] 王砾，代昀昊，孔东民．分析师关注与企业真实盈余管理：监督抑或压力 [J]．珞珈管理评论，2017（1）．

[12] 王立民，曹诗男，黄文超．基金规模与市场波动的模拟实验研究 [J]．管理评论，2012，24（2）．

[13] 王凌，常丽，唐大鹏．多个社保基金管理人代理持股与企业创新：基于公共受托责任的监督效应 [J]．财务研究，2021（4）．

[14] 许年行，于上尧，伊志宏．机构投资者羊群行为与股价崩盘风险 [J]．管理世界，2013（7）．

[15] 杨海燕，韦德洪，孙健．机构投资者持股能提高上市公司会计信息质量吗？——兼论不同类型机构投资者的差异 [J]．会计研究，2012（9）．

[16] 张蕴萍，赵建，叶丹．新中国 70 年收入分配制度改革的基本经验与趋向研判 [J]．改革，2019（12）．

[17] Azar, J., Schmalz, M., Tecu, I. Anti-competitive effects of common ownership [J]. Journal of Finance, 2018, 73（4）.

[18] Boone, A. L., White, J. T. The effect of institutional ownership on firm transparency and information production [J]. Journal of Financial Economics, 2015, 117（3）.

[19] Brooks, C., Chen, Z., Zeng, Y. Institutional cross-ownership and corporate strategy: The case of mergers and acquisitions [J]. Journal of Corporate Finance, 2018, 48（1）.

［20］ Bushee, B. J. The influence of institutional investor on myopic R&D investment behavior ［J］. The Accounting Review, 1998, 73（3）.

［21］ Dai, X. , Qiu, Y. Common ownership and corporate social responsibility ［J］. Review of Corporate Finance Studies, 2021, 10（3）.

［22］ Dechow, P. M. , Sloan, R. G. , Hutton, A. P. Detecting earnings management ［J］. The Accounting Review, 1995, 70（2）.

［23］ Dechow, P. , Ge, R. , Schrand, R. Understanding earnings quality: A review of the proxies, their determinants and their consequences ［J］. Journal of Accounting and Economics, 2010, 50（2-3）.

［24］ Dou, Y. , Hope, O. K. , Wayne, B. , et al. Blockholder exit threats and financial reporting quality ［J］. Contemporary Accounting Research, 2018, 35（2）.

［25］ Edmans, A. , Gabaix, X. , Landier, A. Multiplicative model of optimal CEO incentives in market equilibrium ［J］. The Review of Financial Studies, 2008, 22（12）.

［26］ Edmans, A. , Levit, D. , Reilly, D. Governance under common ownership ［J］. Review of Financial Studies, 2019, 32（7）.

［27］ Edmans, A. Blockholder trading, market efficiency, and managerial myopia ［J］. The Journal of Finance, 2009, 64（6）.

［28］ Fich, E. M. , Harford, J. , Tran, A. L. Motivated monitors: The importance of institutional investors portfolio weights ［J］. Journal of Financial Economics, 2015, 118（1）.

［29］ Frankel, R. , X, Li. Characteristics of a firm's information environment and the information asymmetry between insiders and outsiders ［J］. Journal of Accounting and Economics, 2004（2）.

［30］ Gao, K. , Shen, H. , Gao, X. , et al. The power of sharing: Evidence from institutional investor cross-ownership and corporate innovation ［J］. International Review of Economics & Finance, 2019, 63.

［31］ Garel, A. , Martin-Flores, J. M. , Petit-Romec, A. , et al. Institutional investor distraction and earnings management ［J］. Journal of Corporate Finance, 2021, 66（5）.

［32］ Harford, J. , Kecskes, A. , Mansi, S. Do long-term investors improve corporate decision making? ［J］. Journal of Corporate Finance, 2018, 50（3）.

［33］ Hartzell, J. C. , Starks, L. T. Institutional investors and executive compensation ［J］. The Journal of Finance, 2003, 58（6）.

［34］ He, J. , Huang, J. , Zhao, S. Internalizing governance externalities: The role of institutional cross-ownership ［J］. Journal of Financial Economics, 2019, 134（2）.

［35］ He, J. , Huang, J. Product market competition in a world of cross-ownership: Evidence from institutional blockholdings ［J］. The Review of Financial Studies, 2017, 30（8）.

［36］ Jones, J. J. Earnings management during import relief investigations ［J］. Journal of Accounting Research, 1991, 29（2）.

［37］ Kang, J. K. , Luo, J. , Na, H. S. Are institutional investors with multiple blockholdings effective monitors ［J］. Journal of Financial Economics, 2018, 128 （3）.

［38］ Koh, P. S. Institutional investor type, earnings management and benchmark beaters ［J］. Journal of Accounting and Public Policy, 2007, 26 （3）.

［39］ Park, J., Sani, J., Shroff, N., et al. Disclosure incentives when competing firms have common ownership ［J］. Journal of Accounting and Economics, 2019, 67 （2-3）.

［40］ Ramalingegowda, S., Utke, S., Yu, Y. Common institutional ownership and earnings management ［J］. Contemporary Accounting Research, 2021, 38 （1）.

［41］ Xia, C., Harford, J., Li, K. Monitoring: Which institutions matter ? ［J］. Journal of Financial Economics, 2007, 86 （2）.

Social Security Fund Manager's Common Ownership and Listed Companies' Financial Report Quality

Yu Yumiao[1]   Zhu Biyu[2]

（1, 2 Economics and Management School, Wuhan University, Wuhan, 430072）

Abstract：Improving the governance environment and realizing the safe appreciation of Social Security Fund （SSF） assets is always the core of the construction of social security system in China. Common ownership is the key factor for SSF to play its governance role in listed companies as a special institutional investor. Using the data set of listed companies from 2008 to 2019 in China, this research examines that SSF manager's common ownership can significantly improve the quality of listed companies' financial reports quality. After relieving the endogenous problem of the relationship between the SSF manager's common ownership and the financial report quality, the result is still robust. We further find that the governance effect of the SSF managers' common ownership is more significant in companies that are not state-owned, have poor internal governance, and have high CEO pay-performance sensitivity. Further study on the implication mechanism shows that, as the "weathervane" of the market, SSF managers' common ownership can promote the financial reports quality by attracting more analysts' attention. Moreover, the SSF manager's common ownership has synergy effect and economy of scale. The larger investment scale and the higher stability of SSF managers' ownership, the stronger supervisory role of the SSF manager. This research gives new evidence for the supervision and governance effect of SSF managers' common ownership, and also provides a reference for the regulatory authorities to implement policy to optimize the investment strategy of SSF.

Key words：Social security fund manager；Common ownership；Financial reports quality；Earnings management；Corporate governance

专业主编：潘红波

珞珈管理评论
2023 年卷第 3 辑（总第 48 辑）

Luojia Management Review
No. 3，2023（Sum. 48）

混合融资模式下的中小零售企业订货决策研究[*]

● 吴勇民[1,2]　陈凯月[3]

（1　吉林大学数量经济研究中心　长春　130012；2　吉林大学商学与管理学院　长春　130015；
3　运球国际物流（上海）有限公司　上海　200082）

【摘　要】供应链金融为缓解中小零售企业的融资难问题开辟了新的途径。本研究基于 Stackelberg 博弈的报童模型，将供应链金融的商业信用与存货质押两种融资模式相结合，建立起一个混合融资模式下的中小零售企业的订货决策模型，考察了在市场随机需求条件下中小零售企业的订货决策问题。通过具体的算例分析和参数敏感性分析可知：在混合融资模式下，零售企业采购价格、信用期限、存货质押融资利率、自有资金保有量、商品残值、销售周期和商品售价等因素显著影响中小零售企业的最优订货决策。

【关键词】混合融资模式　中小零售企业　订货决策
中图分类号：F272；F253. 4　　　文献标识码：A

1. 引言

实体经济领域的广大中小微经济体是我国经济中最具活力的部分，其重要性不言而喻。然而，长期以来，融资难、融资贵却是制约中小企业发展的难点和痛点问题。对于分布在供应链下游的中小零售企业而言，订货决策直接影响其运营决策，但订货资金的约束往往使得它们无法实现最优的订货量，影响其健康发展。中国连锁经营协会与德勤中国联合发布的《新冠肺炎疫情对中国零售行业财务及运营影响调研报告及行业趋势展望》报告显示，约 26% 的调研对象企业已经或将于 3 个月内出现资金短缺情况，另外约 26% 调研对象企业预计在 12 个月内会出现资金短缺，行业总体融资需求增加①。在新冠肺炎疫情冲击的影响下，很多中小微经济体更是因为陷入融资困境而破产。以

---

* 基金项目：国家社会科学基金项目"金融错配的演化生成机理与服务于实体经济的路径优化研究"（项目批准号：18BJL074）。
通讯作者：吴勇民，E-mail：wuym@ jlu. edu. cn。
① 中国连锁经营协会. 新冠肺炎疫情对中国零售行业财务及运营影响调研报告及行业趋势展望［EB/OL］. http：//www. ccfa. org. cn/portal/cn/index. jsp.

2020 年零售业为例，上蔬永辉、易果生鲜、觅蔬生鲜等企业由于无法获得足够的资金而破产，因失去了资本的注入，英国最大零售商 TESCO 出售了在华的全部股份，退出了中国市场①。

为解决中小零售企业的融资难题，国内外学术界和实业界都展开了富有成效的探索，其中，供应链金融模式的创新被广泛认为是解决这一难题极具潜力的途径之一。供应链金融是从供应链的整体视角，审视供应链系统中广大中小企业的融资问题，在评价中小企业的信用时，将供应链整体的物流、资金流、信息流及其相应资产考虑在内，通过把供应链企业交易过程中出现的存货、应收账款等贸易凭证作为"抵押物"，将传统企业间的商业信用转化为供应链信用，能有效降低第三方金融机构对中小企业的融资门槛。因此，在传统融资模式下面临融资困境的中小企业，在供应链金融模式中，不仅融资的成功率会大幅提升，而且融资成本也会明显降低。学术界的研究表明，通过延期付款条件下供应链商业信用融资可以实现中小零售企业的订货决策优化，通过存货质押的方式也可以在很大程度上缓解中小零售企业的融资约束。鉴于供应链金融模式能有效缓解中小企业融资约束问题，国家先后出台了一系列支持供应链金融发展的政策和文件，特别是《2021 年政府工作报告》在提出解决小微企业融资难题的具体举措时，特别提及"创新供应链金融服务模式"，将大力发展供应链金融上升为国家战略。

在实践中，目前中小零售企业缓解订货资金约束问题通常采用两种方法：一种是通过供应链内部进行融资。供应商在销售产品时，为零售商让渡一定的延迟付款期限，实质是通过零售企业的商业信用而获得卖方给予的短期内部融资。供应链内部融资能够简化融资流程，省略固定资产抵押的步骤，这是因为供应链内部成员掌握着更全面的生产、市场信息，对融资企业的商业信用有更精准的评价，并且由于债权人与债务人同属一条供应链，即便在债务人破产后，对于滞销的产品，债权人也有更强的变现能力。在我国，有 90% 的企业为客户提供过赊销信用服务②。另一种方法是通过供应链外部融资。供应链外部融资是中小零售企业与第三方金融机构合作，通过金融机构提供的供应链金融服务缓解其资金周转难题。目前，存货质押融资是实践中应用最广泛的模式，并进一步衍生出融通仓、保兑仓等模式，这些模式在解决中小零售企业的融资难题上发挥了重要作用。

然而，在中小零售企业面临资金短缺时，采用供应链内部融资通常会产生一系列不良后果，因为供应商通过商业信用给予零售商赊销服务时，虽然一定程度上缓解了零售商的资金压力，但挤占了供应商的流动资金，给供应商带来资金压力，有可能导致供应商因为资金短缺无法进行正常的生产活动，无法保证正常的交货时间，影响供应链运营的效率，增加供应链运营的风险。而采用供应链外部融资却由于零售企业往往缺乏足够的抵质押资产无法获得足够的银行授信，在实际办理存货质押业务时，需要供应商承担一定的担保责任。因此，如何通过融资模式的创新，缓解中小零售企业的融资约束问题，实现其订货决策的优化，对于提升中小零售企业的竞争力，促进其健康发展无疑具有重要的理论意义和现实意义。基于这样的认识，本文将供应链金融的商业信用与存货质押两种融资模式相结合，建立起一个混合融资模式下的中小零售企业的订货决策模型，考察在市场随机

---

① 腾讯网. 国内零售企业破产倒闭，外资零售巨头退出中国市场？［EB/OL］. https：//new. qq. com/omn/20220623/20220623A08KBZ00. html.

② 科法斯. 2014 科法斯中国企业信用风险报告［EB/OL］. https：//www. coface. com. cn/News-Publications-Events/Publications/Reality-Check-Corporate-Payment-Trend-and-Sectorial-Risk-in-China.

需求条件下中小零售企业的订货决策问题。通过具体的算例分析可以得出如下结论：在混合融资模式下，零售企业采购价格、信用期限、存货质押融资利率、自有资金保有量、商品残值、销售周期和商品售价等因素显著影响中小零售企业的最优订货决策。这些研究结论对于中小零售企业的订货决策具有重要的参考价值。

2. 文献回顾

目前，国内外学术界对零售企业的订货决策研究主要集中于三个方面，一是延期付款条件下订货决策研究，二是存货质押条件下订货决策研究，三是混合融资模式的订货决策研究。

2.1 延期付款条件下订货决策研究

供应链企业间的商业信用融资主要是通过延期付款的方式实现的，因此，学术界对商业信用融资的研究多集中于延期付款条件下的订货决策方面。Goyal（1985）、Aggarwal 和 Jaggi（1995）、Chung（1998）研究了在一定的延期付款条件下，单个的企业的生产、订货、库存等问题，但他们的研究多侧重于研究延期付款对订货决策的影响，较少研究零售商的最佳订货策略。Jamal 等（2000）、Song 和 Cai（2006）的研究更进一步，他们在延期付款与可变质商品条件下，建立了一个面向销售系统的模型，实现了确定零售商的最佳信用期长度以达到成本最小化，并给出最优解。国内学者夏海洋、黄培清（2008）在供应商提供延期付款的前提下，从下游零售商的角度建立了模型，研究了如何通过改变订货决策与营销投入，以实现利润最大化。张义刚、唐小我（2009）在经济订货批量（EOQ）模型基础上，从零售商视角，建立了贸易信用与现金折扣条件下的年费用总函数，通过分析得出在不同条件下确定最佳订货策略的方法。刘涛等（2010）基于一条只包含单个供应商和零售商的供应链，在协调供应链的研究中加入延期付款融资，通过对不同的模型进行比较，证实了延期付款融资能够帮助供应链实现帕累托改善。占济舟、卢锐（2016）从零售商和供应商的共同利益出发，讨论了零售商融资策略选择的条件。沈建男、邵晓峰（2021）基于两个制造商与单一零售商组成的供应链结构，构建了不同付款方式组合下的供应链动态博弈模型，重点探讨了资金约束制造商的最优付款选择条件以及各参数的影响。杨睿琳等（2022）则从零售商竞争角度研究了订单转保理融资模式下供应链融资和库存决策问题，分析了零售端竞争和保理费用如何影响供应链库存与融资决策。

2.2 存货质押条件下订货决策研究

在存货质押融资模式下的企业订货研究方面，Buzacott 和 Zhang（2004）首创性地将融资纳入经营决策，建立了一个没有已知的、外生决定的预算约束的模型，该文证明了进行生产运营决策时需要将资金约束考虑在内，这对企业有重要作用。在此基础上，张媛媛、李建斌（2008）将研究条件由存货质押延伸到当前热门的仓单质押模式，以两阶段的决策过程，探讨了企业的库存决策问题。

陈祥锋、朱道立（2008）在外部融资的条件下，基于一条只包含单个供应商和零售商的供应链，研究了在零售商资金约束的情况下融资对订货策略的影响。张钦红、赵泉午（2010）研究了季节性存货融资质押率的决策问题和需求随机变化时的存货融资质押率的决策问题。徐鹏、王勇（2011）在经济订货批量（EOQ）模型基础上，建立起一个存货质押模式下的订货决策模型，研究了零售商的最佳订货批量与订购周期，最后通过算例进行分析验证。李毅学等（2011）在物流金融的存货质押融资模式中，进行了 Stackelberg 动态博弈分析，博弈双方为融资企业和物流企业，研究了物流企业的最佳质押率决策。该文选择从物流企业的视角研究融资企业的订货决策，通过对融资企业的物流控制，控制融资企业的质押存货优先卖出，并且在确认融资企业还款无望时，控制融资企业的再订货业务。江玮璠（2013）在随机需求的情况下，构建了一个库存管理模型，在此基础上，研究了零售商在进行存货质押融资业务时，能够获得最大销售利润的最佳业务办理次数。

2.3 混合融资模式的订货决策研究

国内学者对多种混合融资模式也进行了探索。朱文贵等（2007）研究了在供应商提供延期支付服务的条件下，结合零售商物流运营策略，分析了第三方物流企业在为零售商提供存货质押服务时的定价方法，但研究的重点在于零售商的存货质押订价，忽视了零售企业的订货决策。徐贤浩等（2011）通过建立一个将存货质押与商业信用相结合条件下的库存决策模型，研究了资金短缺条件下的零售商的库存策略，但仍然没有对零售企业的订货决策问题进行系统研究。孔伟、马中华（2014）基于供应链协调的视角，研究了贸易信用和存货质押混合融资模式下的中小企业交易决策问题，没有对零售企业的订货决策进行系统研究。除此之外，国内学者也探讨了中小企业其它类型的混合融资模式。比如，束依睿（2019）基于一个资金约束的制造商和一个零售商的两级供应链，研究了两种不同的混合融资方式，即股权融资与银行信贷混合融资、股权融资与零售商提前支付。杨宏林等（2022）基于一个资金约束的零售商和制造商组成的双渠道供应链系统，研究了零售商可以利用银行借贷和外部股权投资的混合融资模式实现订购决策的优化。但二者的研究都没有将延期付款和库存融资相结合。

通过上述文献的梳理，不难发现，由于研究的侧重点不同，现有的文献研究仍存在一些局限性。比如，在实践中，存货问题是导致中小零售企业资金紧张的重要原因之一，因此，如何通过优化库存管理缓解中小企业的资金约束是中小零售企业关注的核心问题之一。同时，中小零售企业在缓解资金约束问题时，采用的融资方式是多样的，并且多数中小零售企业在具有一定的自有资金的条件下，往往采用商业信用融资和存货质押融资的混合融资模式，这样可以有效控制融资带来的风险。更重要的是，在研究存货融资时，初始资金的可得性也是一个常常被忽略的问题。忽视中小企业运营的现实特征会导致研究结论与中小企业的实际运营状况不符，政策结论容易出现误导。

鉴于目前国内外学者研究的局限性，与现有文献相比，本文的研究具有以下三点贡献：

第一，充分考虑了目前中小零售企业的实际运营状况，特别是中小零售企业在面临资金约束状况时，往往采用商业信用与存货质押两种融资模式相结合的方式来缓解资金约束，因此，本文基于供应链金融对中小企业融资约束的缓解视角，创新性地考虑了中小零售企业在实际运营过程中经常采用的信用融资和存货质押融资的混合融资模式。通过建立起一个商业信用和存货融资相结合的混合融资模式下的中小零售企业的订货决策模型，考察市场在连续随机需求条件下中小零售企业的订货决策问题。因此，本文的研究成果能够丰富供应链金融的相关理论研究。

第二，创新性地考虑了中小零售企业自有资金对其订货决策的影响。众所周知，在中小零售企业的订货决策中，中小零售企业通常拥有一部分自有资金，资金的来源结构中除了外部融资之外，还有自有资金，因此，本文充分考虑了中小零售企业实际资金情况，把中小零售企业的自有资金作为一个重要变量置于模型中。

第三，影响中小企业订货决策的因素具有明显的复杂性特征，本文将影响中小零售企业订货决策的因素置于混合融资的模型中，并通过一个算例对影响中小零售企业的因素进行参数敏感性分析，系统考察影响其订货行为的因素，研究结论对于中小零售企业的订货决策具有重要的实际参考价值。

3. 混合融资模式下的中小零售商订货决策模型

3.1　问题描述

中小零售企业的资金缺口主要出现在发生应付账款后到发生应收账款期间，在还未出售产品前的存货期资金缺口达到最大（见图 1）。结合单周期供应链运营特点，为弥补零售企业在存货时期出现的资金缺口，本文采用如下混合融资策略：在支付应付账款期间，考虑单周期需求下的供应链成员内部融资，即采用供应链内部融资延期支付货款模式减轻资金压力，零售企业可以得到由供应链上游的供应商提供的延期付款（商业信用的一种）融资，在商品信用期结束后到销售期结束前的一段时间，采取存货质押融资缓解资金缺口。

为更贴合企业的实际，本文考虑零售企业的初始资金不为零，在信用期结束后，零售企业用自有资金和销售所得来支付延期货款，如果以上款项不足以支付延期货款，零售商在信用期结束后，可以将未销售的货物通过自身的第三方物流服务提供商进行存货质押融资，以自有现金、贷款和信用期销售收入支付延期货款。在货物销售期结束后，如果零售商有足够的销售所得，则以销售所得支付存货质押的本金和利息。如果零售商销售所得不足以支付存货质押融资的本金和利息，则将滞销货物按照残值处理，零售商破产，残值所得归银行和第三方物流企业所有。

3.2　模型假设

（1）本文考虑的供应链，是由一个供应商和一个零售商构成的单周期供应链系统。

（2）供应链采取 Push 合同，即在市场需求未确定的情况下，零售商确定订货量 q，供应商按照订货量生产后交给零售商，零售商承担库存风险。

（3）假设供应链企业之间具有完全的信息，供应链上的供应商与零售商采用 Stackelberg 博弈，供应商是主导厂商，零售商为从属厂商。

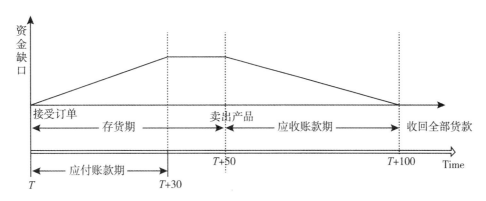

图 1　中小企业资金缺口示意图

（4）假定供应商、零售商和银行都是风险中性的，都以收益最大化为目标。

（5）市场需求是连续且随机的，商品的市场需求量与产品销售时间的长度成正比。

（6）供应商给予零售商的支付货款的方式是在信用期内支付货款，即延期付款，并且商业信用期短于商品销售期。

（7）供应商货物不允许缺货，即生产是稳定的，并且在零售商确定订货批量后，供应商的库存能够满足需求。

（8）融资资金本金与利息必须在一次供应期末返还第三方物流企业与银行。

（9）本文将资金收益率定义为资金机会收益率（i）。零售商从商业信用中获得的资金收益是零售商在资金使用期间所获得的价值增加额。而供应商提供给零售商的延期付款，相当于供应商丧失了资金的机会收益，因此，零售商从商业信用获得资金收益与供应商的资金机会收益是相同的，进一步，资金收益率在数值上等于资金机会收益率。

根据以上假设，本文模型参数与含义设定如表 1 所示：

表 1　　　　　　　　　　　　　　　　模型参数及含义

参　数	含　义
q	零售商订货量
B	零售商自有资金保有量
c	供应商单位生产成本
w	零售商采购价格
p	零售商销售单价，并且 $c < w < p$
R	零售商利润
v	周期末未出售单位产品残值
M	供应商给予零售商的信用期
r	存货质押融资贷款利率

续表

参　　数	含　　义
i	资金收益率/资金机会收益率
T	销售周期
S	供应商利润
x	销售周期的市场需求量
$F(x)$	市场需求的概率分布
$f(\cdot)$	市场需求的密度函数

3.3　考虑自有资金条件下的零售企业订货决策模型

3.3.1　模型建立

在 Stackelberg 博弈中，供应链上游的供应商占据着主导地位，供应商首先制定商品的价格、商业信用的时间。在完全信息条件下，下游的零售商在收到领导者的决策信息后，可以确定自身最优订货批量。在期初零售商采购 q 单位的货物，供应商给予零售商 M 时长的信用期，待期末产品卖出后再返还供应商货款，其中销售周期为 T，这里假设 $M<T$，销售量和销售时间的长度成正比。由于市场需求是随机的，需求的波动会对中小零售企业的订货决策产生直接影响，进而影响它的利润。当市场的需求波动较小时，零售企业的销售收入较为稳定，因此，在信用期内，零售企业在支付延期货款和偿还质押贷款时会减少很多的不确定性，其订货量和利润就会处于一个较为稳定的区间。当市场的需求波动较大时，零售企业的销售收入就会出现较大的波动，由于资金回笼不稳定，在信用期内，零售企业在支付延期货款和偿还质押贷款时会带来更多的不确定性，其订货量和利润就会有较大的波动。因此，在分析零售企业的订货决策时，需要考虑市场需求的波动。市场需求可能出现如下三种情况：

其一，市场需求大，信用期内的销售收入加上自有资金可以支付延期货款，零售企业可在信用期内支付延期货款。

其二，市场需求较小，信用期内的销售收入加上全部自有资金不足以支付延期货款；零售企业不可在信用期内通过销售货物和自有资金支付延期货款。零售企业在信用期后，将未销售的货物通过自身的第三方物流供应商进行存货质押融资，以自有现金、贷款和信用期销售收入支付延期货款。销售期末，零售企业可以支付贷款本金和利息，最后将滞销的货物按照残值记入零售商的收入。

其三，市场需求非常小，在信用期末，零售企业不能通过销售货物和自有资金支付延期货款。零售企业在信用期末，可以将未销售的货物通过自身的第三方物流供应商进行存货质押融资，以自有现金、贷款和信用期销售收入支付延期货款。销售期末，零售企业的销售收入较低，不足以支付贷款本金和利息，中小零售企业破产，剩余货物按残值处理，所得归第三方物流企业与银行所有。

综上，市场的需求存在着以下两个临界值：

（1）在信用期内，零售商的销售收入和全部自有资金刚好可以支付供应商的延期货款，即：

$$p \frac{M}{T} x_1 = wq - B \tag{1}$$

设 $\beta_1 = \dfrac{Tw}{Mp}$，$K = \dfrac{TB}{Mp}$，简化后得：

$$x_1 = \frac{T(wq - B)}{Mp} = \beta_1 q - K \tag{2}$$

（2）在信用期内到销售期末，零售商的销售收入和全部自有资金刚好可以支付贷款本金利息，即：

$$p\left(1 - \frac{M}{T}\right) x_2 = \left(wq - p \frac{M}{T} x_2 - B\right)\left[1 + r(T - M)\right] \tag{3}$$

设 $\beta_2 = \dfrac{Tw[1 + r(T - M)]}{p[T + Mr(T - M)]}$，$U = \dfrac{TB[1 + r(T - M)]}{P[T + Mr(T - M)]}$，简化后得：

$$x_2 = \frac{T(wq - B)[1 + r(T - M)]}{p[T + Mr(T - M)]} = \beta_2 q - U \tag{4}$$

根据以上两个临界值，对可能出现的以下三种情况进行讨论：

第一种情况，当 $\beta_2 q - U < x < \beta_1 q - K$ 时：

零售商的销售收入和残值收入为：

$$p \int_{\beta_2 q - U}^{\beta_1 q - K} x f(x)\,\mathrm{d}x + v \int_{\beta_2 q - U}^{\beta_1 q - K} (q_1 - x) f(x)\,\mathrm{d}x$$

支付的延期货款、存货质押贷款本金和利息为：

$$\int_{\beta_2 q - U}^{\beta_1 q - K} f(x) \left\{ [r(M - T) + 1]\left(qw - B - \frac{Mpx}{T}\right) + \frac{Mpx}{T} + B \right\} \mathrm{d}x$$

第二种情况，当 $\beta_1 q - K < x < q$ 时：

零售商的销售收入和残值收入为：

$$p \int_{\beta_1 q - K}^{q} x f(x)\,\mathrm{d}x + v \int_{\beta_1 q - K}^{q} (q - x) f(x)\,\mathrm{d}x$$

支付的延期货款为：

$$\int_{\beta_1 q - K}^{q} wq f(x)\,\mathrm{d}x$$

第三种情况，当 $x > q$ 时：

零售商的销售收入为：

$$pq \int_{q}^{\infty} f(x)\,\mathrm{d}x$$

支付的延期货款为：

$$\int_{q_1}^{\infty} wq f(x)\,\mathrm{d}x$$

由于供应商给予零售商信用期，则零售商得到的收益等同于供应商需要承担的资金成本，即：

$$Mi(qw - B)$$

因此，零售商的期望利润为：

$$R = -\int_{\beta_2 q - U}^{\beta_1 q - K} f(x) \left\{ [r(M-T)+1](qw - B - \frac{Mpx}{T}) + \frac{Mpx}{T} + B \right\} dx + p \int_{\beta_1 q - K}^{q} xf(x) dx$$

$$+ p \int_{\beta_2 q - U}^{\beta_1 q - K} xf(x) dx - \int_{\beta_1 q - K}^{q} (qw) f(x) dx - \int_{q}^{\infty} (qw) f(x) dx + pq \int_{q}^{\infty} f(x) dx \qquad (5)$$

$$+ v \int_{\beta_1 q - K}^{q} (q-x) f(x) dx + v \int_{\beta_2 q - U}^{\beta_1 q - K} (q-x) f(x) dx + Mi(qw - B)$$

设 $a = r(M-T)$，$b = \dfrac{M}{T}$，简化 R 得：

$$R = -\int_{\beta_2 q - U}^{\beta_1 q - K} f(x) [(a+1)(qw - B - bpx) + bpx + B] dx - \int_{\beta_1 q - K}^{q} (qw) f(x) dx - \int_{q}^{\infty} (qw) f(x) dx +$$

$$p \int_{\beta_2 q - U}^{\beta_1 q - K} xf(x) dx + p \int_{\beta_1 q - K}^{q} xf(x) dx + pq_1 \int_{q}^{\infty} f(x) dx + v \int_{\beta_1 q - K}^{q} (q-x) f(x) dx + Mi(qw - B)$$

$$+ v \int_{\beta_2 q - U}^{\beta_1 q - K} (q-x) f(x) dx \qquad (6)$$

因此，供应商的期望利润为 S，即：

$$S = (w-c)q - Mi(qw - B) \qquad (7)$$

3.3.2　模型求解

下面根据 Stackelberg 博弈的先后顺序对模型求解。由于供应商是领导厂商，首先根据供应商期望利润函数最大化的一阶条件（公式（8））算出一个关于资金收益率 i 的函数。然后将其代入关于零售商期望利润最大化的一阶条件（公式（9）），可以得出零售商的最佳订货量。

$$\frac{\partial S}{\partial i} = (w - c - iwM) \frac{\partial q}{\partial i} - wqM + MB = 0 \qquad (8)$$

$$\frac{\partial R}{\partial q} = 0 \qquad (9)$$

其次，将零售商最佳订货量代入通过上面计算得到的关于 i 的函数，可以算出最佳资金收益率。

再次，将零售商最佳订货量和最佳资金收益率代入公式（1）和（4），可以算出供应商和零售

商最大期望利润的条件，即当 $i = \dfrac{w - c - q\alpha + \dfrac{B\alpha}{w}}{wM}$ 时，供应商与零售商可以达到最大期望利润。详细

求解过程和结果见文末附录。

4. 算例与参数敏感性分析

本节将通过一个算例来验证模型的有效性，通过参数敏感性分析，对中小零售企业的订货策略进行探讨。

4.1 算例分析

由于本文的研究基础为报童模型，在选择算例借鉴物时，本文选择了生命周期短的某品牌酵母面包。作为一种典型的生活必需品，酵母面包的单位价值低、生命周期短（保质期65天）、需求波动较小，并不像某些季节性产品的需求呈季节性变化，因此，本文在进行算例分析时，假设该品牌酵母面包需求包数服从［90，100］上的均匀分布。该面包在60天销售期结束时，若保质期未过（近保质期），可以采取低价打折促销的方式利用残值，如果保质期已过，则拆解再利用面包，如再加工为饲料等，所以在模型中将酵母面包的残值设置为2元/包。

其余的相关参数设置如下：酵母面包零售商的自有资金保有量为100元，酵母面包售价为 $p=12$ 元/包，根据模型假定，该酵母面包残值 $v=2$ 元/包，零售商的采购价格 $w=8$ 元/包，该酵母面包的生产成本为 $c=4$ 元/包，该面包的销售周期为 $T=60$ 天，其信用期为 $M=30$ 天，存货质押融资的利率为 $r=0.002$ 元/天。本文借助 matlab（2016）进行计算，计算结果如下：零售商的最优订货量是 $q=81$ 包；零售商的最大期望利润为 $R-158.3921$ 元；零售商的最优机会收益率为 $i=0.0046$；供应商的最大期望利润 $S=318.0188$ 元。把参数输入相应的公式之后，可以对影响零售企业订货决策参数进行敏感性分析。

4.2 参数敏感性分析

本文将对影响零售企业订货决策的主要参数进行敏感性分析，即：零售企业采购价格、商业信用期限、存货质押融资利率、自有资金保有量、商品残值、销售周期和商品售价。根据酵母面包及其零售商的实际经营情况，为参数设置变动范围，汇总如表2所示：

表2 　　　　　　　　　　　　　　　　**参数敏感性分析赋值表**

参　数	赋　值　范　围
B	零售企业自有资金保有量为 0~400 元
w	零售企业采购价格为 4~9 元/包
p	零售企业销售单价为 11~15 元/包
v	周期末未出售单位产品残值为 1~4 元/包
M	供应商给予零售商的信用期限为 20~40 天
r	存货质押融资利率为 0.001~0.005 元/天
T	销售周期为 50~90 天

4.2.1 零售企业采购价格敏感性分析

零售企业采购价格因素发生变化时，将对4个关键指标产生影响，分别为最优订货量、供应商

的最大期望利润、零售商的最大期望利润和最优机会收益率。本文将零售企业采购价格的变化范围
设置为 4~9 元，敏感性分析结果如图 2 所示。

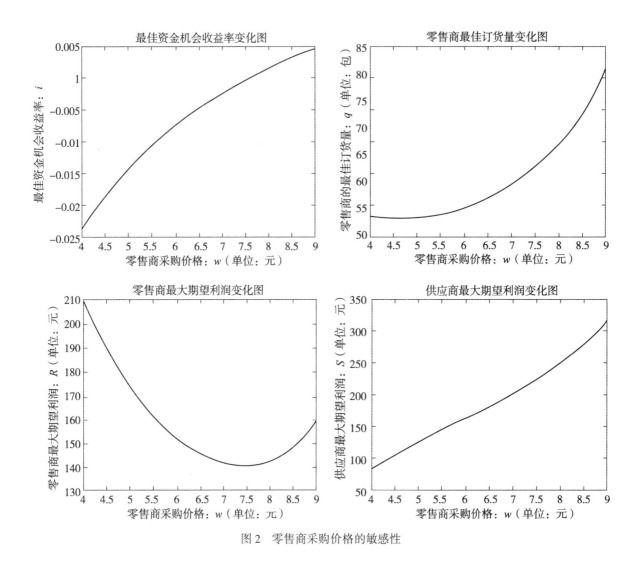

图 2　零售商采购价格的敏感性

由图 2 可知，随着零售企业采购价格的改变，四项关键指标均有大幅的变动，可见零售企业的
采购价格是一个敏感性因素。

（1）在其他变量固定的情况下，随着零售企业的采购价格的上升，其最佳订货批量呈现上升的
趋势，表明随着零售商采购价格的提升，零售商逐渐倾向于增加订货批量。这是由于最佳资金收益
率不断的提升，即随着零售商采购价格的不断增加，供应商为零售商分担的风险逐渐增加，零售商
自身承担的风险降低，于是最佳订货批量由此提升。

（2）随着零售商采购价格的上升，最佳资金机会收益率不断上升，并且由负值变为正值；这代
表在零售商采购价格较低时，供应商给予零售商的延期付款模式并非免息的，而是需要支付一定的
利息。但随零售商采购价格的提升，机会收益率变为正值，表明零售商可从延期付款模式中获利。

（3）随着零售商采购价格的提升，零售商最佳期望利润呈现出先降后升的特征。这是因为，伴随零售商采购价格和订货量的增加，资金机会收益率经历了由负向正的变化。前期零售商采购价格和数量的增加，增加了成本，同时，资金收益率为负，零售商的期望利润降低了。后期尽管价格和数量也在增加，但资金机会收益率却由负转正，零售商的期望利润增加了。这表明，零售商的期望利润对资金的机会收益率的变动较为敏感，由此导致了零售商的期望利润先降后升。

4.2.2 信用期限敏感性分析

把供应商给予零售商的信用期限变化范围设置为 20~40 天进行敏感性分析，结果如图 3 所示。由图 3 信用期的敏感性分析可知，随着信用期限的改变，四项关键指标均有大幅的变动，可见信用期长度是一个敏感性因素。

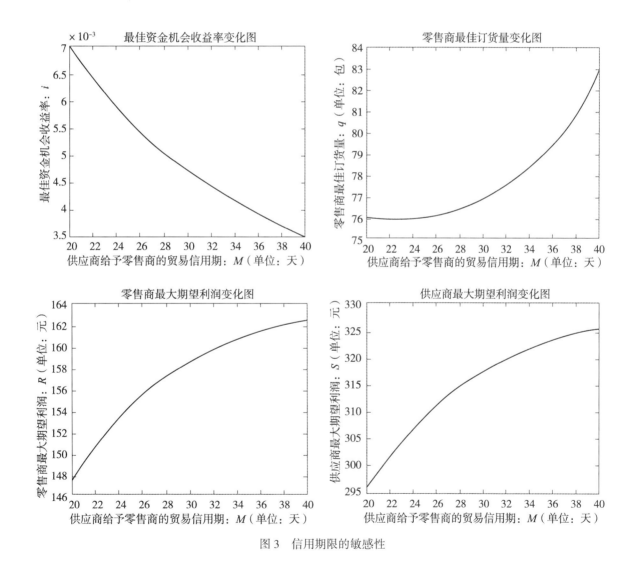

图 3　信用期限的敏感性

①随着供应商给予零售商的信用期限延长，零售商的最佳订货批量有所上升。联系实际，在没

有供应商提供给零售商延期付款的情况下，即在非商业信用条件下，在零售商自有资金不足以支付货款时，零售商订货批量将受制于自有资金量，倾向于只订购较小的订货批量。在延期付款的信用条件下，在供应商给予的信用期由短变长时，供应商为零售商分担的风险逐渐提升，零售商承担的风险逐渐降低，零售商倾向于提升订货批量以博取更大的利润。

（2）随着供应商给予零售商的商业信用期延长，整体来看，供应商与零售商的最大期望利润逐渐提升，但增速逐渐放缓。可见其符合边际收益递减规律。结合实际，在确定信用期限、签订采购合同时要考虑到该影响，一方面要通过延长信用期来提升供应商与零售商的最大期望利润，另一方面也要考虑到过长商业信用期将资金风险转嫁给供应商，进而影响整条供应链的资金安全。

（3）随着供应商给予零售商的信用期的增长，最佳资金机会收益率不断降低。结合实际，由于信用期将零售商的部分资金风险转移到供应商处，随着信用期的增长，该资金风险也会随之增加，为了将该风险控制在可控范围内，供应商会采取一些策略（如收取部分利息、缩短信用期等），故而最佳资金收益率会呈现下降趋势。由此可知在供应商与零售商签订订货协议时，需要考虑到商业信用期长度对最佳资金收益率的影响。

4.2.3　存货质押融资利率敏感性分析

把存货质押贷款利率的变化范围设为 0.001~0.005 进行敏感性分析，图 4 显示了存货质押贷款利率对四个关键指标的影响。

由图 4 可以看出，随着存货质押贷款利率的改变，四项关键指标均有大幅的变动，可见存货质押贷款利率是一个敏感性因素。

（1）随着存货质押融资利率的提高，最佳资金收益率、供应商最大期望利润、零售商最大期望利润、最佳订货批量均会有所降低。结合实际，在实际业务中，随着存货质押融资利率的提升，为了避免大订货批量带来的资金压力，零售商会倾向于减小订货的批量，这直接影响到零售商与供应商的期望利润，供应商最大期望利润、零售商最大期望利润都会随之有所下降。

（2）随着存货质押融资利率的提高，最佳资金机会收益率也会有所下降，但是下降的幅度非常小，对业务的影响较小，这是由于存货质押融资利率的提升会导致预期的资金风险提升，相应的最佳资金机会收益率也会有所降低。

4.2.4　自有资金保有量敏感性分析

把零售商自有资金的变化范围设置为 0~400 元进行敏感性分析，自有资金保有量与四大关键指标的敏感性关系如图 5 所示。由图 5 可知，随着零售商自有资金的改变，四项关键指标均有大幅的变动，可见零售商自有资金是一个敏感性因素。

（1）随着零售商自有资金保有量的提升，零售商最佳订货批量不断提升。结合实际业务，随着零售商自有资金不断提升，零售商可调用的资金不断增加，可用于订货的资金不断增加，故而最佳订货批量会有所上浮。

（2）随着零售商自有资金保有量的提升，最佳资金机会收益率会有所提升。但零售商最大期望利润呈现降低趋势，可见随着零售商自有资金的增加，供应商提供的贸易信用期对于零售商的吸引

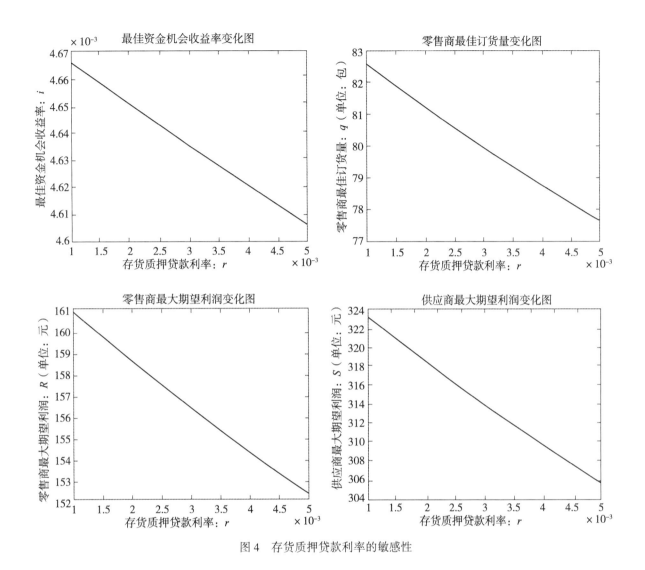

图 4 存货质押贷款利率的敏感性

力会有所降低，并且零售商的预期收益会有所降低。结合现实，在实际业务中，拥有大量自有资金的零售商，由于大订货批量带来资金风险过高，反而会倾向于减少订货批量以控制风险，实际订货批量会低于最佳订货批量。

（3）不同于零售商最大期望利润呈现下降趋势，随着零售商自有资金的提升，供应商最大期望利润会有所上升，这是由于随着零售商自有资金的增加，在资金支持下，供应商会倾向于认为零售商会增大订货批量，进而供应商会获取更大的利润。

可以看出，零售商自有资金在资金约束条件下的零售商订货决策中扮演着很重要的角色，对零售商订货决策会产生很大的影响，并且这一因素也会影响供应商的销售策略。而在现有的研究文献中，零售商的自有资金这一因素往往会被忽视，考虑这一因素对于供应商与零售商的影响，更加贴近真实的交易环境。

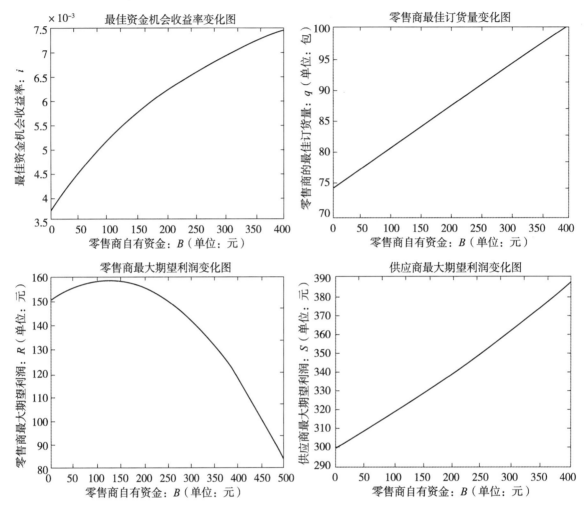

图 5　零售商自有资金保有量的敏感性

4.2.5　商品残值的敏感性分析

把商品残值的变化范围设为 1~4 元进行敏感性分析，结果如图 6 所示。随着商品残值的改变，四项关键指标均有大幅的变动，可见商品残值是一个敏感性因素。

（1）随着商品残值的提升，零售商与供应商的最大期望利润及最佳订货批量将会有所提升，且幅度较大。可见，商品残值对于零售商与供应商的最大期望利润及最佳订货批量会有一定的影响。结合实际，在实际业务中，商品残值的提升意味着零售商的订货资金风险将会有所降低，即使商品无法售出，也能将货物残值变现，减少由于市场波动风险造成的资金损失。但是这对于残值收入占采购价格比例较小商品的影响较小。

（2）随着商品残值的提升，资金的最佳收益率有所降低，但幅度很小。可见，商品残值对于资金最佳收益率有一定影响，但作用不大。结合实际业务，商品残值的提升降低了零售商的订货资金

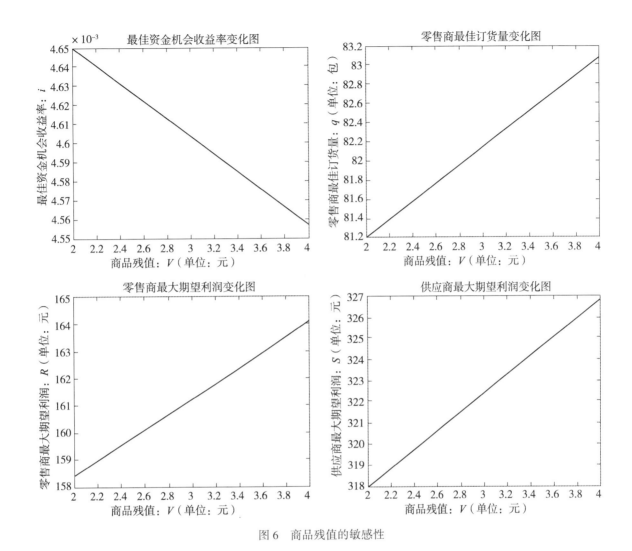

图 6　商品残值的敏感性

风险，供应商为零售商分担的贷款资金风险有所降低。

4.2.6　销售周期敏感性分析

把商品销售周期的变化范围设为 50~90 天进行敏感性分析，结果如图 7 所示。随着商品销售周期的改变，四项关键指标均有变动，可见商品销售周期是一个敏感性因素。在实际制定订货决策时，中小零售商需要考虑产品销售周期变化的影响，如受到天气或人为活动影响，销售期缩短或货款回收时间延长等。

随着商品销售周期的增长，零售商最大期望利润、供应商最大期望利润、最佳订货批量及最佳资金机会收益率均有所降低。这表明，在销售时间充裕时，商品积压的风险会有所降低，供应商为零售商分摊的资金风险有所降低，商业信用期所带来的最佳资金机会收益率随之降低，进而零售商最大期望利润会有所降低。考虑到最大期望利润有所降低，零售商在订货时会倾向于降低最佳订货

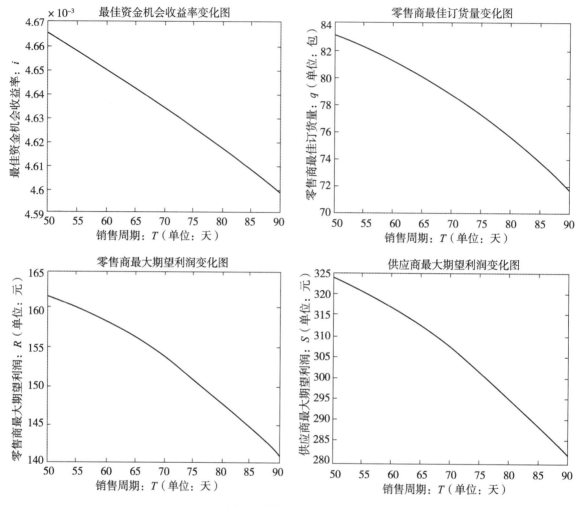

图 7　销售周期的敏感性

批量，进而影响供应商的期望利润。

4.2.7　商品售价的敏感性分析

假设商品售价的变化范围为 11~15 元，商品售价发生变化时，对四个关键指标的影响如图 8 所示。

（1）随着商品售价的提高，最佳资金机会收益率会不断降低，这表明在零售商单件商品利润较高时，供应商可能在提供商业信用期时收取一定的费用，在这种影响下，零售商自身承担的资金风险有所提升，故而为了控制风险，最佳订货批量也会减少。

（2）随着商品售价的提升，零售商与供应商的最大期望利润呈现出一致的趋势，即先下降后上升。在商品售价提升前期，最佳机会收益率的降低，会导致零售商最大期望利润降低，但当售价提升到一定程度时，将会抵消最佳机会收益率降低的影响，致使零售商最大期望利润不断增加。受到零售商最大期望利润波动的影响，供应商的最大期望利润也会有所波动。

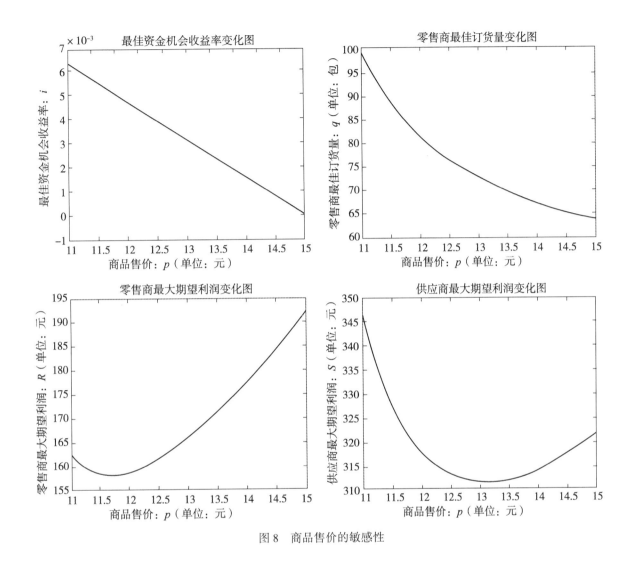

图 8　商品售价的敏感性

由图 8 可知，随着商品售价的改变，四项关键指标均有大幅的变动，可见商品售价是一个敏感性因素。在实际业务中，中小零售商在进行订货决策时，需要考虑商品售价变动带来的影响。

5. 结论与展望

在现有研究文献基础上，本文将单一融资模式拓展为混合融资模式，探讨了存货质押融资与信用延期支付混合融资模式下的中小零售企业的订货决策问题，具有一定理论创新性和现实指导意义。中小零售企业为实现最优的订货决策，在与供应商签订购货合同时，可重点考虑如下几个因素：

（1）在确定采购价格时，一方面需要考虑采购价格给最佳订货批量带来的影响，另一方面又需要平衡采购价格对供应商最大期望利润的影响。为了使买卖双方在采购价格上达成一致，可由商业信用服务所需的利率作为调节点，例如在采购价格定得过低时，供应商在提供商业信用时可以收取一定费用，这样可以保障供应商最大期望利润不至过低，并且零售商最大期望利润也可以保持在高位。

（2）在确定信用期限时，一方面要考虑到延长信用期可以提升供应商与零售商的最大期望利润，另一方面也要考虑到信用期的存在，会将零售商的资金风险转移到供应商身上，信用期限过长会影响整条供应链的资金安全。因此，可以采取在信用期过长时收取零售商一定费用的方式，平衡零售商与供应商在商业信用条件下的资金风险。

（3）在商定存货质押融资利率时，零售商需要向第三方物流企业与银行争取较低的利率。利率的降低，可以提升零售商最大期望利润、提升订货批量，进而提升供应商的最大期望利润。

（4）在处理滞销商品时，要提升商品的残值变现能力与价格。这直接影响零售商与供应商最大期望利润的提升，并且对增加零售商最佳订货量有一定的影响。

（5）结合本文对零售商自有资金的敏感性分析，在零售商自有资金提升时，零售商与供应商对订货批量会呈现两种截然相反的预期。故而在订货合同签订时，为了能够获取供应商商业信用期带来的更大资金机会收益率，零售商会倾向于隐瞒真实的自有资金保有量，这会带来零售商与供应商之间道德风险。为了避免隐瞒行为导致双方合作关系的破裂，供应商需要采取一定的措施，不仅要积极鼓励零售商提升订货批量（例如增加订货折扣），也要把握零售商可靠的自有资金状况。

本文的研究存在一定的局限性。本文基于单周期报童模型，缺乏对多周期的探索，在今后的研究中需要对多周期订货模型进行研究。同时，为了简化分析，本文假定信息是完全的，但在企业的实际运作中，供应链中的信息通常是不对称的，对不完全信息条件下模型需要进一步探索。另外，本文主要考虑了供应商与零售商之间的博弈，从供应链内部视角观察影响零售企业订货决策的因素，但在存货质押融资时引入了供应链外的第三方物流企业及银行，因此，从供应链集中决策视角探索影响零售企业订货决策的因素是需要进一步研究的问题。

◎ **参考文献**

[1] 陈祥锋，朱道立 . 资金约束供应链中物流提供商的系统价值研究 [J]. 系统工程学报，2008，23（6）.

[2] 江玮璠 . 基于存货质押的库存管理研究 [J]. 数学的实践与认识，2013，43（2）.

[3] 孔伟，马中华 . 贸易信用及存货质押融资下供应链的协调策略 [J]. 工业工程与管理，2014，19（1）.

[4] 李毅学，汪寿阳，冯耕中 . 物流金融中季节性存货质押融资质押率决策 [J]. 管理科学学报，2011，14（11）.

[5] 刘涛，李帮义，公彦德 . 商务信用下的供应链协调策略及其测度 [J]. 系统工程理论与实践，2010，30（8）.

[6] 沈建男，邵晓峰. 考虑产品竞争下资金约束制造商的运营策略与付款选择研究 [J]. 管理工程学报，2021 (5).

[7] 束依睿. 资金约束制造商二级供应链混合融资订购决策 [J]. 经济数学，2019, 36 (4).

[8] 夏海洋，黄培清. 允许延期支付条件下考虑营销投入水平的退化性商品库存模型 [J]. 中国管理科学，2008 (4).

[9] 徐鹏，王勇. 存货质押融资业务下的经济订货批量模型 [J]. 系统工程理论与实践，2011, 31 (11).

[10] 徐贤浩，邓晨，彭红霞. 基于供应链金融的随机需求条件下的订货策略 [J]. 中国管理科学，2011, 19 (2).

[11] 杨宏林，彭诗雨，袁际军. 零售商混合融资模式下的双渠道供应链订购决策 [J]. 计算机集成制造系统，2022, 28 (3).

[12] 杨睿琳，曾小燕，钟远光，周永务. 订单转保理融资模式下考虑零售商竞争的融资和库存决策研究 [J]. 管理工程学报，2022, 36 (4).

[13] 占济舟，卢锐. 零售商采购资金约束下供应链融资方式的选择策略研究 [J]. 管理工程学报，2016, 30 (3).

[14] 张钦红，赵泉午. 需求随机时的存货质押贷款质押率决策研究 [J]. 中国管理科学，2010, 18 (5).

[15] 张义刚，唐小我. 现金折扣和资金约束下的零售商延迟支付订货策略 [J]. 系统工程，2009, 27 (1).

[16] 张媛媛，李建斌. 库存商品融资下的库存优化管理 [J]. 系统工程理论与实践，2008 (9).

[17] 朱文贵，朱道立，徐最. 延迟支付方式下的存货质押融资服务定价模型 [J]. 系统工程理论与实践，2007 (12).

[18] Aggarwal, S. P., Jaggi C. K. Ordering policies of deteriorating items under permissible delay in payments [J]. Journal of the Operational Research Society, 1995, 46 (5).

[19] Buzacott, J. A., Zhang, R. Q. Inventory management with asset-based financing [J]. Management Science, 2004 (9).

[20] Chung, K.-J. A theorem on the determination of economic order quantity under conditions of permissible delay in payments [J]. Computers & Operations Research, 1998, 25 (1).

[21] Goyal, S. K. Economic order quantity under conditions of permissible delay in payments [J]. Journal of the Operational Research Society, 1985, 36 (4).

[22] Jamal, A. M. M., Sarker, B. R., Wang, S. Optimal payment time for a retailer under permitted delay of payment by the wholesaler [J]. International Journal of Production Economics, 2000, 66 (1).

[23] Song, X. P. S. X., Cai, X. Q. C. X. On optimal payment time for a retailer under permitted delay of payment by the wholesaler [J]. International Journal of Production Economics, 2006 (1).

Research on Ordering Decisions of Small and Medium-sized Retail Enterprises under Mixed Financing Mode

Wu Yongmin[1,2]   Chen Kaiyue[3]

（1   Center for Quantitative Economics, Jilin University, 130015;

2   School of Business and Management, Jilin University, 130015;

3   CEVA Freight International Logistics Co., Ltd. 200082）

Abstract：Supply finance has opened up a new way to alleviate the financing difficulties of small and medium-sized retail enterprises. Based on the Newsboy Model of Stackelberg Game, this paper combines the commercial credit of supply finance with inventory pledge, establishes an order decision model of small and medium-sized retail enterprises under the mixed financing mode, and examines the order decision problem of small and medium-sized retail enterprises under the condition of random market demand. Through specific case analysis and parameter sensitivity analysis, it can be seen that under the mixed financing mode, retail enterprises' purchase price, credit period, inventory pledge financing interest rate, self owned capital retention, commodity residual value, sales cycle and commodity price significantly affect the optimal ordering decision of small and medium-sized retail enterprises.

Key words：Small and medium-sized retail enterprises; Mixed financing mode; Ordering decision

专业主编：许明辉

附录：模型求解过程与结果

令供应商和零售商的期望利润函数的一阶导数等于零，可得到模型的最优解，即：

$$\frac{\partial S}{\partial i} = (w - c - iwM)\frac{\partial q}{\partial i} - wqM + MB = 0$$

$$\frac{\partial R}{\partial q} = v\left[\int_{\beta_1 q - K}^{q} f(x)\,dx - \beta_1 f(\beta_1 q - K)(K + q - \beta_1 q)\right] - \int_{\beta_1 q - K}^{\beta_2 q - U} w f(x)(a + 1)\,dx - \int_{\beta_1 q - K}^{q} w f(x)\,dx +$$

$$v\left[\int_{\beta_2 q - U}^{\beta_1 q - K} f(x)\,dx + \beta_1 f(\beta_1 q - K)(K + q - \beta_1 q) - \beta_2 f(\beta_2 q - U)(U + q - \beta_2 q)\right] + p\int_{q}^{\infty} f(x)\,dx +$$

$$\beta_1 f(\beta_1 q - K)\{B + (a + 1)[qw - B + bp(K - \beta_1 q)] - bp(K - \beta_1 q)\} + \beta_1 qw f(\beta_1 q - K) -$$

$$p[\beta_1 f(\beta_1 q - K)(K - \beta_1 q) - \beta_2 f(\beta_2 q - U)(U - \beta_2 q)] - pq f(q) - \int_{q}^{\infty} w f(x)\,dx -$$

$$\beta_2 f(\beta_2 q - U)[B + (a + 1)(qw - B + bp(U - \beta_2 q)) - bp(U - \beta_2 q)] + Miw +$$

$$p[q f(q) + \beta_1 f(\beta_1 q - K)(K - \beta_1 q)]$$

令 $\frac{\partial R}{\partial q} = 0$，则设 θ 可表示下式，即：

$$\theta = v\left[\int_{\beta_1 q - K}^{q} f(x)\,dx - \beta_1 f(\beta_1 q - K)(K + q - \beta_1 q)\right] - \int_{\beta_1 q - K}^{\beta_2 q - U} w f(x)(a + 1)\,dx - \int_{\beta_1 q - K}^{q} w f(x)\,dx +$$

$$v\left[\int_{\beta_2 q-U}^{\beta_1 q-K} f(x)\,\mathrm{d}x + \beta_1 f(\beta_1 q - K)(K + q - \beta_1 q) - \beta_2 f(\beta_2 q - U)(U + q - \beta_2 q)\right] + p\int_q^\infty f(x)\,\mathrm{d}x +$$

$$\beta_1 f(\beta_1 q - K)\{B + (a+1)[qw - B + bp(K - \beta_1 q)] - bp(K - \beta_1 q)\} + \beta_1 q w f(\beta_1 q - K) -$$

$$p[\beta_1 f(\beta_1 q - K)(K - \beta_1 q) - \beta_2 f(\beta_2 q - U)(U - \beta_2 q)] - pq f(q) - \int_q^\infty w f(x)\,\mathrm{d}x -$$

$$\beta_2 f(\beta_2 q - U)[B + (a+1)(qw - B + bp(U - \beta_2 q)) - bp(U - \beta_2 q)] + Miw +$$

$$p[q f(q) + \beta_1 f(\beta_1 q - K)(K - \beta_1 q)]$$

i 可以表示为：

$$i = \frac{-\theta}{wM}$$

$$\frac{\partial i}{\partial q} = \frac{-v(\beta_1 f(\beta_1 q - K) - \beta_2 f(\beta_2 q - U)) - w[f(q) - \beta_1 f(\beta_1 q - K)] + ab\beta_2^2 p f(\beta_2 q - U) + w f(q) - p f(q) -}{wM}$$

$$\frac{\beta_2^2 p f(\beta_2 q - U) + \beta_2^2 v f(\beta_2 q - U) + 2\beta_1 w f(\beta_1 q - K) - \beta_2 v f(\beta_2 q - U) + w[\beta_1 f(\beta_1 q - K) + a\beta_1 w f(\beta_1 q - K) +}{wM}$$

$$\frac{v[f(q) - \beta_1 f(\beta_1 q - K)] - a\beta_2 w f(\beta_2 q - U) + Ba\beta_2^2 f'(\beta_2 q - U) - \beta_2 w f(\beta_2 q - U) - Ba\beta_1^2 f'(\beta_1 q - K) +}{wM}$$

$$\frac{ab\beta_2^3 pq f'(\beta_2 q - U) + 2\beta_1^2 q w f'(\beta_1 q - K) - U\beta_2^2 v f'(\beta_2 q - U) - \beta_2^3 pq f'(\beta_2 q - U) - \beta_2^2 qv f'(\beta_2 q - U) +}{wM}$$

$$\frac{\beta_2^3 qv f'(\beta_2 q - U) - qw f'(\beta_2 q - U) - \beta_2 f(\beta_2 q - U)](a+1) + a\beta_1^2 q w f'(\beta_1 q - K) + Kab\beta_1^2 p f'(\beta_1 q - K) -}{wM}$$

$$\frac{a\beta_2^2 q w f'(\beta_2 q - U) - ab\beta_1^2 p f(\beta_1 q - K) - ab\beta_1^3 pq f'(\beta_1 q - K) + U\beta_2^2 p f'(\beta_2 q - U) - Uab\beta_2^2 p f'(\beta_2 q - U)}{wM}$$

因此有：

$$\frac{\partial q}{\partial i} = \frac{1}{\dfrac{\partial i}{\partial q}}$$

令：

$$\alpha = -v(\beta_1 f(\beta_1 q - K) - \beta_2 f(\beta_2 q - U)) - w[f(q) - \beta_1 f(\beta_1 q - K)] + ab\beta_2^2 p f(\beta_2 q - U) + w f(q) -$$

$$p f(q) - \beta_2^2 p f(\beta_2 q - U) + \beta_2^2 v f(\beta_2 q - U) + 2\beta_1 w f(\beta_1 q - K) - \beta_2 v f(\beta_2 q - U) + w[\beta_1 f(\beta_1 q - K) +$$

$$a\beta_1 w f(\beta_1 q - K) + v[f(q) - \beta_1 f(\beta_1 q - K)] - a\beta_2 w f(\beta_2 q - U) + Ba\beta_2^2 f'(\beta_2 q - U) - \beta_2 w f(\beta_2 q - U) -$$

$$Ba\beta_1^2 f'(\beta_1 q - K) + ab\beta_2^3 pq f'(\beta_2 q - U) + 2\beta_1^2 q w f'(\beta_1 q - K) - U\beta_2^2 v f'(\beta_2 q - U) -$$

$$\beta_2^3 pq f'(\beta_2 q - U) - \beta_2^2 qv f'(\beta_2 q - U) + \beta_2^3 qv f'(\beta_2 q - U) - qw f'(\beta_2 q - U) - \beta_2 f(\beta_2 q - U)](a+1) +$$

$$a\beta_1^2 q w f'(\beta_1 q - K) + Kab\beta_1^2 p f'(\beta_1 q - K) - a\beta_2^2 q w f'(\beta_2 q - U) - ab\beta_1^2 p f(\beta_1 q - K) -$$

$$ab\beta_1^3 pq f'(\beta_1 q - K) + U\beta_2^2 p f'(\beta_2 q - U) - Uab\beta_2^2 p f'(\beta_2 q - U)$$

即：

$$i = \frac{w - c - q\alpha + \dfrac{B\alpha}{w}}{wM}$$

此时，供应商与零售商可以达到最大期望利润。

珞珈管理评论
2023 年卷第 3 辑（总第 48 辑）

Luojia Management Review
No. 3, 2023（Sum. 48）

区域品牌推广的国际化策略与路径*

——基于实用合理性视角

● 赵卫宏[1]　刘梦君[2]　谢升成[3]

（1，2　江西师范大学商学院　南昌　330022；

3　江西师范大学管理科学与工程研究中心　南昌　330022；暨南大学管理学院　广州　510632）

【摘　要】 区域品牌的国际化进程往往因为文化隔阂和贸易壁垒而存在不确定性。本文基于实用合理性视角，提出并检验了区域品牌推广策略驱动东道国消费者信任和购买意愿的路径及其边界条件。来自购买过或想购买外国区域品牌产品的 1039 个有效样本的实证检验结果显示，国际化的区域品牌可以通过实施开放协同、声誉溢出和品质扩散等区域特色推广策略经由区域品牌信任来激发东道国消费者的购买意愿。品牌产品类型与区域经济形态的匹配性、区域经济发展水平则对区域品牌推广的国际化路径具有不同程度的调节效应。这些研究结论对于区域品牌基于特色推广促进国际化绩效具有策略启示。

【关键词】 区域品牌　品牌推广　国际化策略与路径　实用合理性

中图分类号：F273. 2　　　　文献标识码：A

1. 引言

在逆全球化背景下统筹推进国际市场循环过程中，区域经济体之间的贸易壁垒和文化距离导致区域品牌的国际化进程存在不确定性。然而，有效的区域品牌推广可以为构建"地区名片"、推动区域品牌国际化提供助力①。例如，"中国瓷都"景德镇通过"瓷博会"传播陶瓷特色文化，带动了以

---

* 项目基金：国家自然科学基金项目"如何'走进去'？区域品牌国际化的进入策略、作用机理与管理启示"（项目批准号：71762019）。

通讯作者：赵卫宏，E-mail: zwh4005@ sina. com。

① 搜狐新闻. 成都龙潭水乡古镇失败案例解析［EB/OL］.（2018-08-07）. https://www.sohu.com/a/245662934_447655.

陶瓷文化为主题的国际旅游业①。"世界影视名城"好莱坞通过"电影节"等活动推广其独有的影视文化，吸引了世界游客②。被誉为"完美荷兰小镇"的日本豪斯登堡以其独有的异域风情打造亚洲最大休闲度假主题乐园，提升了该地区的国际知名度③。诸如此类的区域品牌，通过文化或产业特色的推广，在东道国市场塑造了强势品牌联想。然而，也有不少地区因缺乏恰当的特色培育推广而难以获得国际市场的竞争优势。例如，以"清明上河图"为特色的中国龙潭水下古镇由于缺乏有效的国际化推广而未能获得国外游客的青睐④。"马来西亚森林城市"也因夸大的广告宣传备受争议⑤。因此，在国际商务中，实施有效的国际化推广策略是区域品牌获得东道国消费者资产所面临的现实挑战。

现有关于区域品牌推广的研究主要从资源和环境的视角考察了数字化载体和新媒体等推广渠道（Vlasova & Kulikova，2017；Boisen et al.，2018）、口碑传播、事件营销和战略匹配等具体措施（Vlasova & Kulikova，2017；Boisen et al.，2018；Pishdar et al.，2019）及其对受众关注、认同和接受等行为意愿的影响（Zimmerbauer，2011；Zenker & Erfgen，2014；Vlasova & Kulikova，2017；Pishdar et al.，2019），也有学者对品牌推广战略的维度及其对品牌国际化绩效的影响进行了探讨（Schilke et al.，2009；Katharina，2015），但鲜有从受众本体的视角探讨什么样的推广策略才能让区域品牌"走进"消费者心智获得认可和接受。显然，锚定消费者的接受心智开发品牌推广策略对于区域品牌资产的提升至关重要。区域品牌是由一系列复杂的社会空间属性（如地域特征、产业特色和文化习俗等）构成的，其推广的效果受到消费者所处的制度环境影响（Kavaratzis & Ashworth，2006；Kim，2010），尤其是在贸易壁垒和文化差异影响下的国际商务中。制度理论认为，对制度环境差异下组织行为的合理性感知是受众认可与接受的关键（Kates，2004）。忽略消费者的合理性感知往往是品牌不被认可和接受的重要原因（Palazzo & Scherer，2006）。Suchman（1995）将这种合理性划分为实用的、道德的和文化认知的维度。其中，实用合理性强调自身福祉的权衡，是受众依循市场交换机制对组织的行为结果是否满足其功利需求的判断。相对于道德的和文化认知的合理性，实用合理性被认为是受众产生接受意愿最直接的影响因素（Scott，1995；Suchman，1995），而基于功利需求层面的区域推广尤其能够促使目标受众选择、购买和使用当地的产品（Boisen et al.，2018）。因此，援用实用合理性理论视角可以为深入探究区域品牌推广国际化策略提供新的洞察。

此外，区域的经济形态和发展水平也是东道国消费者认识品牌的重要外部线索（Sharma，2011；Dagger & Raciti，2011）。消费者对与国家（或地区）经济形态相匹配的品牌产品往往更可能形成匹

---

① 搜狐新闻. 景德镇："陶瓷文化+"引发的蝶变［EB/OL］.（2020-03-31）. https：//www.sohu.com/a/384458035_120207612.

② 搜狐新闻. 穷游网：发挥国际化及内容营销优势，助力"东亚文化之都"城市旅游推广［EB/OL］.（2021-04-01）. https：//travel.sohu.com/a/458491057_129191.

③ 搜狐新闻. 三大经典案例，剖析旅游地产如何成功借势发展！［EB/OL］.（2018-08-31）. https：//www.sohu.com/a/251216038_99908543.

④ 搜狐新闻. 又出事了，碧桂园森林城市被马哈蒂尔判了死刑！［EB/OL］.（2018-08-29）. https：//www.sohu.com/a/250767422_793673.

⑤ 搜狐新闻. 这座好莱坞电影取景最多的城市，如今爆火，成为网红打卡点！［EB/OL］.（2018-12-10）. https：// www.sohu.com/a/280763550_204909.

配合理性的感知，进而更容易产生信赖感和购买意愿（Dagger & Raciti，2011）。例如，相对于工业国家，消费者往往对农业国家（或地区）生产的农业品（如奶粉）更具高品质的合理性预期，因而更愿意相信和购买。经济发展水平也一定程度地代表了国家（或地区）生产高品质产品的能力（Sharma，2011）。来自发达国家（或地区）的品牌产品往往被认为更具品质保证和实用性，因而更容易获得消费者的信任和购买意愿。因此，探究区域品牌推广的国际化策略与路径还需要关注区域的经济形态和发展水平等情境因素。

基于以上认识，本文提出了区域品牌通过推广策略促进国际化绩效的解决方案，具体探讨以下研究问题：（1）基于实用合理性理论，区域品牌推广可以开发哪些国际化策略？（2）这些策略如何驱动东道国消费者对区域品牌的信任和购买意愿？（3）品牌产品类型与区域经济形态的匹配性、区域经济发展水平等，对区域品牌推广的国际化路径具有怎样的影响？首先，本文基于实用合理性理论将区域品牌推广策略概念化为开放协同、声誉溢出和品质扩散。其次，本文提出了这些策略影响东道国消费者区域品牌信任与购买意愿的研究模型和假设，并考察了品牌产品类型与区域经济形态匹配性和区域经济发展水平的调节作用。最后，本文描述了研究方法，并通过来自目标消费者的样本数据对研究模型和假设进行了实证检验。本文的理论贡献在于从实用合理性视角对区域品牌推广的国际化策略进行了概念化（开放协同、声誉溢出和品质扩散），并确认了这些策略的路径机制和边界条件。这些基于实用合理性的区域品牌推广策略可以为促进区域品牌国际化绩效提供管理启示。

2. 文献综述与研究假设

2.1 区域品牌推广

品牌推广是企业通过塑造自身产品或服务形象，获得受众差异化识别和广泛认同的过程，旨在获得品牌的知名度、美誉度和联想度（Bolzani et al.，2020；Scolere et al.，2018）。随着城市形象、地方形象和区域形象的兴起，区域品牌推广日益成为区域开放发展的重要战略。由于语义的抽象性和视角的多样性，现有文献对区域品牌推广的概念界定主要有"供给驱动"和"需求驱动"两种观点。其中，"供给驱动"观点认为区域品牌推广是把区域作为品牌有意识地利用宣传或推销等手段，有选择性地将特定的地理位置、相关图像等信息传达给目标受众的过程，其目的是获得受众的关注度（Kavaratzis，2004；Zimmerbauer，2011）。"需求驱动"观点则认为区域品牌推广是以客户为导向，区域与利益相关者合作，并协调使用营销工具对受众和整个区域有价值的产品进行交流、创造和传播的过程，其目的是满足目标受众需求（Braun，2008；Vlasova & Kulikova，2017）。无论"供给驱动"观点还是"需求驱动"观点，都体现了特定区域与其消费者之间建立信息传播的行为（Boisen et al.，2018）。因此，在区域品牌国际化情境中，本文将区域品牌推广定义为一个地区有意识地协调使用营销策略与东道国消费者建立信息传播机制，以获得东道国消费者关注的过程，其本质是传播区域特色（如产业特色、功能价值和区域声誉等）。这里的区域是指具有共同特点的地理区域或功能区划，如一个城市、地区或国家（Kotler et al.，1993）。

2.2 基于实用合理性的区域品牌推广策略

制度理论认为，实用合理性取决于最直接受众的自我利益计算。这种直接性包括组织和受众之间的直接交换以及更广泛的、能够影响受众福祉的政治、经济或社会相关性（Suchman，1995）。根据 Suchman（1995）的观点，实用合理性可以从交换、影响和品质三个维度加以操纵获得。其中，交换合理性源于组织对受众的预期价值做出的政策支持，它是最基本的层面，具有个人功利属性（Dowling & Pfeffer，1975）。组织通过开放渠道、对话交流和价值承诺等途径对受众直接利益的关注和商业承诺的履行，可以使受众获得交换的实用合理性感知（Schilke et al.，2009；Braun et al.，2018）。影响合理性源于组织将受众福祉纳入决策结构或作为自身的绩效标准，愿意为受影响的公众放弃一定的权力。它是一种更具社会化的实用合法性，通常比产生即时结果更重要且更容易（Meyer & Rowan，1977）。组织通过非正式的或亲社会方式积极引导受众积极的口碑传播，形成声誉溢出效应，可以赢得受众影响的实用合理性感知（Pishdar et al.，2019）。品质合理性则是基于受众将组织人格化，视其为拥有目标、品位、风格和个性的人而产生的合理性判断（Pfeffer，1981；Tuzzolino & Armandi，1981）。它源于社会对组织关心受众最大利益、分享受众价值观等行为或对组织人格化特质（如诚实、信赖、体面和明智）的积极评价。这些对组织良好品质的广泛信念可以减弱因偶然的失败、失误或挫折带来的非合理性影响（Wartick & Cochran，1985）。通过对文化符号和潮流突破的操纵所产生的组织人格化特征进行分享和扩散，可以实现受众对组织诚实、值得信赖等品质的认同，从而获得品质的实用合理性感知（Scott，2008；Katharina，2015）。

因此，本文结合区域品牌推广的本质内涵，从实用合理性视角将区域品牌推广国际化策略概念化为开放协同、声誉溢出和品质扩散。这些基于实用合理性的推广策略将有助于区域品牌激发东道国消费者的实用合理性感知，从而突破贸易壁垒和文化隔阂，在东道国市场获得消费者资产。

2.3 区域品牌推广策略与东道国消费者的区域品牌信任

区域品牌体现了一个区域（城市、地区或国家）的功能、情感、关系和战略要素共同作用于消费者而形成的独特联想（Kavaratzis & Hatch，2013），该地区名称即品牌名称（Kotler & Gertner，2002）。区域品牌信任则是消费者对特定区域（城市、地区或国家）的品牌信心和认可，它来源于消费者对区域品牌的合理性感知（赵卫宏等，2017；赵卫宏和肖若愚，2019）。因此，基于实用合理性的区域品牌推广策略能够驱动东道国消费者的区域品牌信任。

（1）开放协同与东道国消费者的区域品牌信任。在区域品牌国际化推广中，开放协同策略是指一个区域通过开放渠道、对话交流和价值承诺等途径对东道国消费者预期的实际利益给予关注和履行商业承诺，以实现区域特色和受众预期的福祉利益协同一致，向积极的方向共同发展的过程，旨在使东道国消费者产生交换的实用合理性感知。它针对受众的功能利益，强调区域在东道国市场促进功利需求交换共享，达到互利共赢的努力。制度理论认为，组织通过开放渠道进行双向沟通可以洞察受众最直接的利益需求并给予关注和回应，最终与受众的期望达成协同，实现受众的预期利益

（Ramachandran & Pant，2010；赵卫宏和肖若愚，2019）。例如，"中国瓷都"景德镇通过开展国际陶瓷博览会、国际陶瓷节巡礼和国际研讨会等开放互动的方式，向世界展示中国陶瓷的艺术性和实用性，促进了全球消费者对中国景德镇陶瓷产生可以满足自身利益的合理性感知。开放沟通渠道、进行对话交流和价值承诺，可以凸显区域对受众利益点的关注，塑造并传播能够满足受众利益期待和履行商业承诺的积极形象（Zenker & Erfgen，2014；Braun et al.，2018）。这种积极的形象塑造可以实现企业或品牌与东道国消费者内心利益点的趋同，使东道国消费者对企业或品牌产生适用性和交换合理性的感知，进而产生安全感和信赖感的心理联系（Ramachandran & Pant，2010）。因此，在区域品牌国际化进程中，开放协同策略能够通过形象塑造和利益趋同，使东道国消费者形成基于实用合理性的区域品牌信任。由此，本文提出以下假设：

H1a：在区域品牌国际化中，开放协同对东道国消费者的区域品牌信任具有积极影响。

（2）声誉溢出与东道国消费者的区域品牌信任。在区域品牌国际化推广中，声誉溢出策略是指一个区域通过非正式的或亲社会活动等方式塑造自身关切受众福祉的社会影响，对区域自身特色切合受众期望的福祉进行正面的口传引导、口碑维护和宣传内化，以实现区域影响社会化的过程，旨在使东道国消费者获得影响的实用合理性感知。它针对东道国消费者的社会面，强调区域在东道国市场塑造社会影响的努力。制度理论认为，通过以亲社会的方式（如慈善活动等）进行口碑传播、维护和内化所获得的社会声誉，有助于受众对组织产生影响的合理性感知（Braun et al.，2018）。例如，中国在对非援助"南南合作"方面展现的大国担当形象，使东道国消费者对中国在满足其发展利益、维护公民权益等方面产生信心。通过非正式的或亲社会活动方式对品牌信息进行正面引导、维护和内化，可以激发受众对品牌正面形象的感知，有助于提高品牌声誉（Klijn et al.，2012；Pishdar et al.，2019）。这种正面的形象和声誉将促使东道国消费者对品牌产品的实用性产生合理性感知，进而产生认同感和信任感（Pishdar et al.，2019）。因此，在区域品牌国际化进程中，声誉溢出策略能够通过激发正面形象感知和口碑传播，使东道国消费者形成基于实用合理性的区域品牌信任。由此，本文提出以下假设：

H1b：在区域品牌国际化中，声誉溢出对东道国消费者的区域品牌信任具有积极影响。

（3）品质扩散与东道国消费者的区域品牌信任。在区域品牌国际化推广中，品质扩散策略是指一个区域通过关切受众利益、分享受众价值观和突破潮流等方式树立自身的人格化特质，以实现东道国消费者对区域产生诸如诚实、信赖、魅力等品质认同的过程，旨在使东道国消费者产生品质的实用合理性感知。它针对区域自身的人格塑造，强调区域在东道国市场促进自身人格品质扩散的努力。制度理论认为，通过符号管理和潮流突破操纵等方式分享共同的价值观、传播品质或引领使受众获益的潮流，可以突破目标受众内心的负面认知，获得品质合理性感知（Scott，2008；Vlasova & Kulikova，2017；赵卫宏和肖若愚，2019）。例如，德国工业技术人员展现的严谨认真、务实细致等品质，使国际市场对"德国制造"的精工性、实用性和耐用性产生了普遍认同。组织通过驱动其成员参与分享价值观、传播品质标准或引领品质潮流，能够获得受众的品质认同，并在受众心中形成诚实、可靠等积极的品质感知（Scott，2008；Vlasova & Kulikova，2017；赵卫宏和肖若愚，2019）。这种品质感知有助于降低消费者在信息不对称情况下购买产品的感知风险（Braun et al.，2018），进而对品牌产品形成认同感和信赖感。因此，在区域品牌国际化进程中，品质扩散策略可以通过品质传播和品质认同，使东道国消费者形成基于实用合理性的区域品牌信任。由此，本文提出以下假设：

H1c：在区域品牌国际化中，品质扩散对东道国消费者的区域品牌信任具有积极影响。

2.4 区域品牌信任与东道国消费者购买意愿

购买意愿是消费者对品牌产品或服务进行购买的主观可能性，它是消费者行为的关键预测指标（Park & Lee，2009）。对合理性感知的获取可以增强东道国消费者对品牌的信任和依赖，进而影响消费者的行为意愿（Uzunca et al.，2018；赵卫宏和肖若愚，2019）。信任有助于降低消费者对品牌产品的不确定性感知，对消费者行为具有决定性影响（谢毅和彭泗清，2014）。对于跨国经营的品牌，信任是其获得国际市场竞争优势的重要条件（Rajavi et al.，2019）。当东道国消费者从实用合理性上感受到品牌值得信任时，便会对该品牌产生积极的评价和购买意愿（Chae et al.，2020）。由此，本文提出以下假设：

H2：在区域品牌国际化中，东道国消费者的区域品牌信任对其购买意愿具有积极影响。

2.5 品牌产品类型与区域经济形态匹配性的调节

不同国家（或地区）间生产要素禀赋的不同，导致国家（或地区）间经济形态和发展水平存在差异（Magnusson et al.，2011），进而使消费者对不同国家（或地区）的品牌产品产生不同的感知和评价（Magnusson et al.，2011；Dagger & Raciti，2011）。消费者一般会认为农业化国家（或地区）更具生产高品质农产品（如牛奶）的优势，工业化国家（或地区）更具生产高品质工业品（如汽车）的能力。这些产品和国家（或地区）集群产业具有更高的匹配性（赵卫宏和谢升成，2021）。因此，当东道国消费者认为区域品牌产品类型与该区域经济形态匹配性程度高时，便会对该区域品牌的产品品质产生优质而卓越的感知和联想（Dagger & Raciti，2011），从而增强东道国消费者对该区域生产优质产品和该产品能够满足自我利益的信心，减少东道国消费者对外来品牌的感知不确定性，强化区域品牌推广策略驱动东道国消费者区域品牌信任的影响。由此，本文提出以下假设：

H3：在区域品牌国际化中，品牌产品类型与区域经济形态匹配性对（a）开放协同、（b）声誉溢出和（c）品质扩散影响东道国消费者区域品牌信任具有调节作用。

2.6 区域经济发展水平的调节

经济发展水平可以反映一个国家（或地区）文化的发展方向和生产优质产品的能力，对消费者评价和偏好具有影响（Sharma，2011）。经济发展水平高的国家（或地区）有着更先进的技术，其所生产的产品也更具卓越的品质（Sharma，2011）。因此，当区域品牌来自经济发展水平较高的国家（或地区）时，东道国消费者往往会对该国家（或地区）品牌产品产生更优质和更可靠的联想（赵卫宏和肖若愚，2019），进而产生更高的实用合理性感知。这些合理性感知将促使东道国消费者产生更高的品质感知并降低其不确定性感知（Uzunca et al.，2018），从而强化区域品牌推广策略对东道国消费者区域品牌信任的影响。由此，本文提出以下假设：

H4：在区域品牌国际化中，区域经济发展水平对（a）开放协同、（b）声誉溢出和（c）品质扩散影响东道国消费者区域品牌信任具有调节作用。

基于以上理论演绎，本文提出如下研究模型（见图 1）：

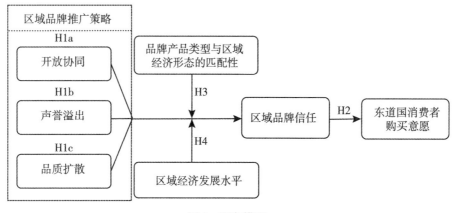

图 1　研究模型

3. 研究方法

3.1　构念测量

本研究通过随机调查的方式收集样本数据来检验研究模型和假设。相关构念的测量参考了已有研究中的成熟量表，并通过深度访谈对测项进行了改编以增强研究情境的适用性。借鉴 Marchand 等（2020）的操作化逻辑，本文将开放协同操作化为由东道国消费者的开放渠道、对话交流和价值承诺等三个构念构成的反映性二阶结构。其中，"开放渠道"通过东道国消费者对所购产品原产地信息渠道的多样性、快捷性和方便性的感知加以测量（Braun et al.，2018）。"对话交流"通过东道国消费者对所购产品原产地具有双向沟通意识、积极互动意愿和关注消费者需求的感知进行测量（Kent & Lane，2021）。"价值承诺"通过东道国消费者对所购产品原产地具有协同意识和愿意采纳消费者建议的感知加以测量（Payan & McFarland，2005）。

声誉溢出被操作化为由东道国消费者的口传引导、口碑维护和宣传内化等三个构念构成的反映性二阶结构。其中，"口传引导"通过东道国消费者对所购产品原产地特色通过非正式渠道（如举办慈善活动）传播正面信息的感知加以测量（Alexandrov et al.，2013）。"口碑维护"通过东道国消费者对所购产品原产地特色被成功宣传和避免负面信息的感知进行测量（Fournier，1998）。"宣传内化"通过东道国消费者对所购产品原产地特色具有正面性、积极性和权威性的感知进行测量（Carson et al.，2006）。

品质扩散被操作化为由东道国消费者的价值分享、品质传播和潮流突破等三个构念构成的反映性二阶结构。其中，"价值分享"通过东道国消费者对所购产品原产地的实用性、诚实性和可靠性等价值观感知加以测量（Thomas & Lamm，2012）。"品质传播"通过东道国消费者对所购产品原产地的高品质、生产优势和能力的感知进行测量（Ganesan & Hess，1997）。"潮流突破"通过东道国消费者对所购产品的品质吸引力、创新性和趋势性感知加以测量（Zimmerman & Zeitz，2002）。

此外，"区域品牌信任"借鉴赵卫宏等（2017）的测项，通过东道国消费者对所购产品原产地文化、产品和企业等的好感和信任程度加以测量。"东道国消费者购买意愿"借鉴 Park 和 Lee（2009）的测项，通过东道国消费者对特定区域品牌产品的购买意愿和推荐意愿加以测量。"品牌产品类型与区域经济形态的匹配性"主要体现为消费者的主观感知，通过消费者的主观评价加以测量。"区域经济发展水平"源于被试所购产品来源国与被试母国之间经济发展水平的客观比较（Wang & Lamb，1983），根据被试所购产品来源国相对于被试母国在国际货币基金组织（IMF）2020 年公布的各国人均国民生产总值大小位次划分。

3.2　数据收集与样本特征

本研究以购买过或想购买外国区域品牌产品的消费者为普适对象，通过线上（如微信、电子邮件、问卷星等平台）发放电子问卷、线下（如商场、高等院校、飞机场等场所）发放纸质问卷两种方式进行随机问卷调查。本研究在调查前对问卷实施人员进行了相关培训。为提高信息源的有效性，问卷在导语部分列举实例界定了构念的操作化定义，在正文部分设置了甄选性测项要求被试针对想购买或已购买的外国产品或服务及其原产地区域特色等列举最为熟悉的例证，判别所购产品与原产国经济形态的匹配性，并提示被试聚焦该产品或服务的自我心理体验完成相关测项，以甄别被试提供有效信息的能力，减少被试主观失焦导致的应答偏差。问卷采用 5 分李克特量表从"完全不同意"到"完全同意"来收集被试对所购产品原产地区域特色的感知评价。问卷共发放 1500 份，回收 1262 份。其中，223 份问卷因被试无相关体验、填写不完整、无差别勾选等原因被删除，最终有 1039 份被采用，有效回收率为 69.23%。其中，女性 55.73%，男性 44.27%，样本性别均衡。25~35 岁的样本占 79.98%，符合现实消费群体的分布特征。可支配平均月收入 3000 元以上的样本占 82.87%，具有一定的购买力。具有三次以上购买外国区域品牌产品经历的样本占 64.97%，具有较充分的体验信息。来自中国的样本占比 38.21%，来自美国的样本占比 14.82%，来自韩国的样本占比 15.21%，来自英国的样本占比 17.81%，来自孟加拉国的样本占比 6.54%，来自津巴布韦的样本占比 4.33%，来自其他国家的样本占比 3.08%，具有一定的外在效度。

4. 结果分析

4.1　测量评价

本研究首先采用 Harman 单因素检验法对数据样本进行了检验，以确定是否具有共同方法偏差问题。结果显示第一因子解释率为 35.27%，小于临界值 40%，可以进行后续的测量评价。

本研究对数据样本进行了探索性因子分析和验证性因子分析，以检验测项的信度和效度。使用 SPSS24.0 进行探索性因子分析的结果显示，KMO 值为 0.92（大于 0.5）；Bartlett 球形检验结果为 $p = 0.00$（$p<0.05$），各指标间的相关关系矩阵具有统计学意义；总方差解释量为 73.65%。其中，"开放渠道" 1 项、"品质传播" 1 项在主成分提取过程中出现交叉载荷被删除，其余测项载荷范围为 0.70~0.85，显示良好的单一维度性。在验证性因子分析中，删除修正指数 10 以上出现交叉载荷的 "对话交流" 1 项、"宣传内化" 1 项后，整体测量模型迭代修正达到拟合优度要求（见图 2）。各构念的 Cronbach α 系数均大于 0.7，组合信度（C. R.）均大于 0.7，平均萃取方差（AVE）均大于 0.5，显示各测项具有内在一致性（见表 1）。各构念的 AVE 平方根（对角线数字）均大于任意两个构念的相关系数（非对角线数字），显示各构念具有良好的区分效度（见表 2）。

表 1　　　　　　　　　　　测项信度与收敛效度检验结果

构念/测项	标准载荷	构念/测项	标准载荷
开放协同 AVE = 0.62；C. R. = 0.94；Cronbach α = 0.89		2. 所购产品原产地的产业组织是诚实的	0.73
1. 所购产品原产地具有多样化的沟通渠道	0.79	3. 所购产品原产地的产业组织是可靠的	0.82
2. 所购产品相关原产地特色信息可以很容易被查到	0.82	4. 所购产品在原产地具有广为称道的好品质	0.79
3. 所购产品相关原产地特色信息可以快捷地通过沟通渠道了解到	0.84	5. 所购产品原产地具有生产该类产品的优势，广为人知	0.81
4. 所购产品相关原产地特色信息可以方便地通过沟通渠道被查到	0.80	6. 所购产品原产地具有高品质生产该类产品的能力，广为认同	0.81
5. 所购产品原产地相关组织具有双向沟通意识	0.82	7. 相比其他地区，该产地的所购产品品质更吸引人	0.73
6. 所购产品原产地相关组织会关注我的需求	0.72	8. 相比其他地区，该产地能够不断提高产品品质	0.84
7. 所购产品原产地相关组织会积极地和消费者互动	0.76	9. 相比其他地区，该产地的产品引领市场品质潮流	0.82
8. 所购产品原产地相关组织具有与公众协同的意识	0.75	区域品牌信任 AVE = 0.62；C. R. = 0.91；Cronbach α = 0.84	
9. 所购产品原产地相关组织会倾听公众的意见	0.78	1. 相比其他地区，该地区的所购产品具有更强的产业实力	0.83
10. 所购产品原产地相关组织会采纳公众提出的建议	0.76	2. 相比其他地区，该地区的所购产品更具文化底蕴	0.72

续表

构念/测项	标准载荷	构念/测项	标准载荷
声誉溢出 AVE = 0.60；C.R. = 0.93；Cronbach α = 0.87		3. 相比其他地区，该地区的所购产品更能满足需求	0.85
1. 所购产品原产地通过非正式渠道传播当地特色加深了我的好感	0.74	4. 相比其他地区，该地区的所购产品更能为消费者着想	0.83
2. 所购产品原产地组织参加的慈善活动加深了我的好感	0.84	5. 相比其他地区，该地区的所购产品不会为了私利而欺骗顾客	0.72
3. 有关所购产品原产地组织的口碑传播增加了我的好感	0.71	6. 如果我想要的产品不是产自该地区的话，我会沮丧	0.78
4. 所购产品原产地的特色产业没有出现负面信息	0.78	**消费者购买意愿** AVE = 0.60；C.R. = 0.88；Cronbach α = 0.88	
5. 与所购产品原产地特色产业相关的新闻都是积极正面的	0.80	1. 我愿意分享我所购产品产地的有关情况	0.70
6. 所购产品原产地的特色产业对外宣传总体上是成功的	0.80	2. 我愿意推荐该产地的产品给周围寻求建议的人	0.85
7. 所购产品原产地对特色产业有持续的宣传	0.80	3. 我计划下次再购买该产地的同类产品	0.82
8. 所购产品原产地对特色产业有积极的宣传	0.70	4. 相比其他地区，我更愿意购买该产地的产品	0.72
9. 所购产品原产地的特色产业在权威媒体中可以被看见	0.78	5. 相比其他地区，我宁愿花更多的钱购买该产地的产品	0.77
品质扩散 AVE = 0.64；C.R. = 0.94；Cronbach α = 0.91		**品牌产品类型与区域经济形态的匹配性**	
1. 所购产品原产地的产业组织重视产品的实用性开发	0.84	1. 我购买的产品类型与该产地的经济形态是一致的	NA

表2　　　　　　　　构念的区分效度检验结果

测量尺度	均值	标准差	1	2	3	4	5
1. 开放协同	4.85	0.04	0.79				
2. 声誉溢出	4.92	0.03	0.25**	0.77			
3. 品质扩散	4.73	0.04	0.24**	0.25**	0.80		

续表

测量尺度	均值	标准差	1	2	3	4	5
4. 区域品牌信任	4.59	0.05	0.25***	0.26**	0.25***	0.79	
5. 东道国消费者购买意愿	4.76	0.04	0.32***	0.31**	0.34***	0.29**	0.77

注：** 表示 $p<0.05$，*** 表示 $p<0.01$；对角线的数字为 AVE 的平方根。

4.2 研究模型与假设检验

4.2.1 主效应检验

本文采用 AMOS 20.0 对研究模型的主效应进行检验，结果如图 2 所示，模型拟合优度均高于基准值，显示研究模型的整体拟合度良好。开放协同、声誉溢出和品质扩散影响东道国消费者区域品牌信任的路径系数分别为 0.39（$t=6.78$，$p<0.01$）、0.27（$t=5.01$，$p<0.01$）和 0.26（$t=4.49$，$p<0.01$）。其中，开放协同对东道国消费者区域品牌信任的影响最大，声誉溢出次之，品质扩散的影响相对最弱。由此，假设 H1a、H1b 和 H1c 在统计学上获得了支持。东道国消费者的区域品牌信任对其购买意愿的影响路径系数为 0.75（$t=14.75$，$p<0.01$），说明区域品牌信任对东道国消费者购买意愿具有显著的正向影响，假设 H2 在统计学上获得了支持。

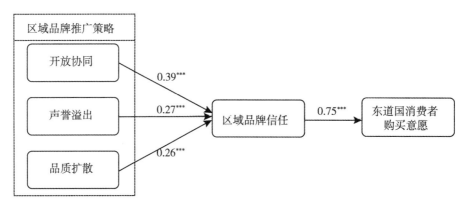

$\chi^2=2749.17$，$\chi^2/\mathrm{df}=2.96$，$p=0.00$，GFI=0.89，AGFI=0.88，

NFI=0.90，TLI=0.93，CFI=0.93，RMSEA=0.04；*** 表示 $p<0.01$

图 2　主效应检验结果

4.2.2 调节效应检验

本文参照 Kupfer 等（2018）范式对品牌产品类型与区域经济形态匹配性、区域经济发展水平的调节效应进行了检验。首先，针对品牌产品类型与区域经济形态匹配性的调节，本文将区域品牌推广策略（开放协同、声誉溢出和品质扩散）、品牌产品类型与区域经济形态匹配性以及品牌产品类型

与区域经济形态匹配性和区域品牌推广策略（开放协同、声誉溢出和品质扩散）的交互项作为自变量，区域品牌信任作为因变量进行回归分析，以检验品牌产品类型与区域经济形态匹配性和区域品牌推广策略（开放协同、声誉溢出和品质扩散）的交互项对东道国消费者区域品牌信任的影响系数显著性。对品牌产品类型与区域经济形态匹配性分别和开放协同、声誉溢出和品质扩散进行多重共线性分析，结果显示，品牌产品类型与区域经济形态匹配性和开放协同、声誉溢出、品质扩散之间的 VIF 值均小于 5，说明可以进行回归分析。结果如表 3 所示，品牌产品类型与区域经济形态匹配性和开放协同的交互项对区域品牌信任的影响系数显著（$\beta = 0.10$，$t = 1.65$，$p < 0.1$）；品牌产品类型与区域经济形态匹配性和声誉溢出的交互项对区域品牌信任的影响系数显著（$\beta = 0.16$，$t = 1.96$，$p < 0.05$）；品牌产品类型与区域经济形态匹配性和品质扩散的交互项对区域品牌信任的影响系数显著（$\beta = 0.12$，$t = 1.74$，$p < 0.1$），这说明品牌产品类型与区域经济形态匹配性对开放协同、声誉溢出和品质扩散驱动东道国消费者区域品牌信任具有显著的调节作用。品牌产品类型与区域经济形态匹配性越高，开放协同、声誉溢出和品质扩散对东道国消费者区域品牌信任的影响效能越强，假设 H3 获得统计学支持。

表3   调节效应的回归分析结果

自　变　量	因变量：区域品牌信任	
	M1	M2
开放协同	0.30 (4.86)***	0.26 (2.64)***
声誉溢出	0.23 (3.58)***	0.20 (2.19)**
品质扩散	0.19 (2.35)**	0.15 (1.90)*
区域经济发展水平	0.29 (4.75)***	0.24 (2.41)**
品牌产品类型与区域经济形态匹配性	0.09 (1.59)ns	0.08 (1.46)ns
品牌产品类型与区域经济形态匹配性×开放协同		0.10 (1.65)*
品牌产品类型与区域经济形态匹配性×声誉溢出		0.16 (1.96)**
品牌产品类型与区域经济形态匹配性×品质扩散		0.12 (1.74)*
区域经济发展水平×开放协同		0.11 (1.70)*
区域经济发展水平×声誉溢出		0.13 (1.83)*
区域经济发展水平×品质扩散		0.22 (2.33)**
R^2	0.48	0.53
ΔR^2		0.03*

注：* 表示 $p < 0.1$，** 表示 $p < 0.05$，*** 表示 $p < 0.01$，ns 表示不显著；括号内为 t 值。

其次，针对区域经济发展水平的调节，本文将区域品牌推广策略（开放协同、声誉溢出和品质扩散）、区域经济发展水平以及区域经济发展水平与区域品牌推广策略（开放协同、声誉溢出和品质扩散）的交互项作为自变量，区域品牌信任作为因变量进行回归分析，以检验区域经济发展水平与区域品牌推广策略（开放协同、声誉溢出和品质扩散）的交互项对东道国消费者区域品牌信任的影响系数显著性。其中，区域经济发展水平这一分组调节变量被转换为虚拟变量（相对欠发达＝0，相对发达＝1），对区域经济发展水平分别和开放协同、声誉溢出和品质扩散进行多重共线性分析。结果显示，区域经济发展水平和开放协同、声誉溢出、品质扩散之间的 VIF 值均小于 5，说明可以进行回归分析。结果如表 3 所示，区域经济发展水平和开放协同的交互项对区域品牌信任的影响系数显著（$\beta=0.11$，$t=1.70$，$p<0.1$）；区域经济发展水平和声誉溢出的交互项对区域品牌信任的影响系数显著（$\beta=0.13$，$t=1.83$，$p<0.1$）；区域经济发展水平和品质扩散的交互项对区域品牌信任的影响系数显著（$\beta=0.22$，$t=2.33$，$p<0.05$）。这说明区域经济发展水平对开放协同、声誉溢出和品质扩散驱动东道国消费者区域品牌信任具有显著的调节作用。区域经济发展水平越高，开放协同、声誉溢出和品质扩散对东道国消费者区域品牌信任的影响效能越强，假设 H4 获得统计学支持。

5. 结论与讨论

5.1 主要结论

逆全球化导致贸易壁垒和文化距离的加剧，跨国经营的区域品牌要想在国际市场获得消费者资产，就需要开发有效的品牌推广国际化策略。本文从实用合理性视角开发并检验了区域品牌推广策略及其影响东道国消费者购买意愿的路径机制，获得了如下研究结论。

其一，跨国经营的区域品牌可以基于东道国消费者的实用合理性需求来开发区域特色推广策略，以突破国家（或地区）之间的贸易壁垒和文化隔阂，进而激发东道国消费者的购买意愿。这些国际化路径策略包括开放协同策略、声誉溢出策略和品质扩散策略。这些策略能够展现并传播区域特色，可以使东道国品牌对区域品牌产生基于实用合理性感知的信任和购买意愿。其中，实施开放协同策略驱动东道国品牌信任的效能相对最强，而品质扩散策略的驱动效能相对最弱。

其二，区域品牌推广的开放协同策略，可以通过开放沟通、对话交流和价值承诺等活动加以实施。同样，区域品牌推广的声誉溢出策略，可以通过口传引导、口碑维护和宣传内化等活动进行实施。区域品牌推广的品质扩散策略，则可以通过价值分享、品质传播和潮流突破等活动加以实施。这些区域品牌推广的国际化策略对东道国消费者的区域品牌信任具有不同程度的正向影响。

其三，品牌产品类型与区域经济形态匹配性、区域经济发展水平对区域品牌推广策略（开放协同、声誉溢出和品质扩散）促进东道国消费者区域品牌信任具有不同程度的调节作用。无论是品牌产品类型与区域经济形态匹配性，还是区域经济发展水平，对开放协同策略、声誉溢出策略和品质扩散策略影响东道国消费者区域品牌信任均有显著的强化效能。品牌产品类型与区域经济形态匹配性越高，开放协同、声誉溢出和品质扩散策略对东道国消费者区域品牌信任的影响效能就越强。同样，区域经济发展水平越高，开放协同、声誉溢出和品质扩散策略对东道国消费者区域品牌信任的影响效能也越强。

5.2 理论贡献

其一，对区域品牌推广的国际化路径策略及其操纵维度进行了概念化，并通过对现有文献相关测项的改编开发了区域品牌推广的国际化策略量表。本文基于实用合理性理论，将区域品牌推广的国际化路径策略概念化为开放协同、声誉溢出和品质扩散三个维度，并检验了这些维度合理化为东道国消费者信任的路径机理，从而弥补了现有研究尚未从消费者本体探讨区域品牌推广策略的局限，丰富了区域品牌国际化战略的理论内涵。基于现有文献相关测项改编的测量量表，为后续开展区域品牌国际化理论研究提供了可操作的测量工具。

其二，确认了区域品牌推广的国际化策略（开放协同、声誉溢出和品质扩散）通过区域品牌信任影响东道国消费者购买意愿的路径机制。本文通过目标消费者大样本数据，实证检验了开放协同策略、声誉溢出策略和品质扩散策略分别对东道国消费者的区域品牌信任具有不同程度的影响效能，揭示了区域品牌基于实用合理性的推广策略（开放协同、声誉溢出和品质扩散）的路径机理，为跨国拓展的区域品牌通过实施区域品牌推广策略获得东道国消费者资产提供了理论指导。

其三，考察了区域品牌推广国际化策略（开放协同、声誉溢出和品质扩散）影响东道国消费者区域品牌信任的环境条件。本文实证检验了品牌产品类型与区域经济形态匹配性、区域经济发展水平等环境条件对区域品牌推广国际化策略（开放协同、声誉溢出和品质扩散）影响东道国消费者区域品牌信任的调节效应，揭示了区域品牌在国际化拓展中实施区域特色推广策略的环境条件，进一步深化了对区域品牌通过实施区域特色推广策略影响东道国消费者行为意愿的情境认识。

5.3 管理启示

其一，跨国经营的区域品牌可以从区域特色的内涵维度塑造和推广积极的品牌形象，从而获得东道国消费者的信任和购买意愿。具体而言，区域品牌可以通过开放渠道来提升东道国消费者对区域特色信息获取的快捷性和方便性；通过增强双向沟通、积极互动、需求关注，以及提升协同效率和东道国消费者建议的采纳，来塑造和传播区域特色满足东道国消费者利益期待的形象，从而获得交换的实用合理性的感知；通过非正式渠道积极传播和维护区域特色信息可以提高美誉度，进而获得由声誉溢出形成的东道国消费者实用合理性感知。另外，区域品牌还可以通过传播正面价值观、可靠性、高品质、生产优势和能力，驱动产业组织提升产品的新颖性、创新性和市场适应性等来获得东道国消费者的品质实用合理性感知。

其二，跨国经营的区域品牌可以通过开放协同、声誉溢出和品质扩散三条国际化路径促进东道国消费者的信任和购买意愿。区域品牌如果忽略了东道国消费者最直接的利益需求，将难以在国际市场获得竞争优势。而通过开放渠道、提高双向沟通和协同效率可以使东道国消费者产生利益被关切的感知，更能够使东道国消费者产生实用合理性感知，从而激发东道国消费者的区域品牌信任和购买意愿。

其三，跨国经营的区域品牌还可以针对品牌产品类型与区域经济形态匹配性、区域经济发展水平等环境条件增强区域特色推广国际化路径策略的影响效能。例如，当进入经济发展水平相对低的国家或区域时，可以利用自身区域经济发展的优越性以及品牌产品类型与区域经济形态的高匹配性，强化区域品牌推广策略对东道国消费者信任的影响。而当进入经济发展水平相对高的国家或区域时，可以通过品牌产品类型与区域经济形态的高匹配性来弱化经济发展水平带来的劣势。

5.4 局限与展望

其一，本研究样本抽取存在的非均衡性可能影响结论的可靠性。本研究的有效样本主要来自欧洲、美洲、亚洲、非洲等相对成熟的市场，但由于研究条件的局限，被试主要通过具备现实条件的国际交流渠道随机抽取，导致中韩、美英等国家的样本占比偏多，而非洲主要经济体国家的样本偏少，不利于研究结论的外在普适性。在未来研究中，可以更广泛地抽取世界不同经济体国家或地区的消费者样本对本研究结论做进一步的调查。

其二，有关区域品牌推广的国际化策略和路径机制还有待进一步深入发掘。本文虽然从实用合理性视角开发了区域品牌推广的国际化路径策略，并取得了这些策略对东道国消费者区域品牌信任与接受具有积极影响的经验证据，但还可以从不同的理论视角对相关议题展开进一步探讨。例如，研究者可以从制度的道德合理性或文化认知合理性等视角开发区域品牌推广的国际化策略，也可以基于其他适用的理论视角提出新的洞察，还可以结合产品类型、消费者自我概念等因素深入探讨区域品牌推广策略影响东道国消费者接受的边界条件。

◎ 参考文献

［1］谢毅，彭泗清．品牌信任和品牌情感对口碑传播的影响：态度和态度不确定性的作用 ［J］．管理评论，2014，26（2）．

［2］赵卫宏，程海兵，张雷．区域品牌信任的四个维度及其构建 ［J］．江西社会科学，2017，37（7）．

［3］赵卫宏，肖若愚．基于制度合理性的区域品牌国际化策略命题 ［J］．江西社会科学，2019，39（2）．

［4］赵卫宏，谢升成．区域文化自信策略、品牌信任与东道国消费者接受——认知合理性视角 ［J］．管理评论，2021，33（8）．

［5］Alexandrov, A., Lilly, B., Babakus, E. The effects of social and self-motives on the intentions to share positive and negative word of mouth ［J］. Journal of the Academy of Marketing Science, 2013, 41（5）.

［6］Boisen, M., Terlouw, K., Groote, P., et al. Reframing place promotion, place marketing, and place branding moving beyond conceptual confusion ［J］. Cities, 2018, 80（10）.

［7］Bolzani, D., Marabello, S., Honig, B. Exploring the multi-level processes of legitimacy in transnational social enterprises ［J］. Journal of Business Venturing, 2020, 35（3）.

［8］Braun, E. City marketing: Towards an integrated approach ［M］. Rotterdam: Erasmus Research Institute of Management, 2008.

［9］Braun, E., Eshuis, J., Klijn, E. H., et al. Improving place reputation: Do an open place brand process and an identity image match pay off? ［J］. Cities, 2018, 80（10）.

［10］Carson, S. J., Madhok, A., Wu, T. Uncertainty, opportunism, and governance: The effects of volatility and ambiguity on formal and relational contracting [J]. Academy of Management Journal, 2006, 49 (5).

[11] Chae, H., Kim, S., Lee J., et al. Impact of product characteristics of limited edition shoes on perceived value, brand trust, and purchase intention: Focused on the scarcity message frequency [J]. Journal of Business Research, 2020, 120 (11).

[12] Dagger, T. S., Raciti, M. M. Matching consumers' country and product image perceptions: An Australian perspective [J]. Journal of Consumer Marketing, 2011, 28 (3).

[13] Dowling, J., Pfeffer, J. Organizational legitimacy: Social values and organizational behavior [J]. Pacific Sociological Review, 1975, 18 (1).

[14] Fournier, S. Consumers and their brands: Developing relationship theory in consumer research [J]. Journal of Consumer Research, 1998, 24 (4).

[15] Ganesan, S., Hess, R. Dimensions and levels of trust: Implications for commitment to a relationship [J]. Marketing Letters, 1997, 89 (4).

[16] Kavaratzis, M. From city marketing to city branding: Towards a theoretical framework for developing city brands [J]. Place Branding and Public Diplomacy, 2004, 1 (1).

[17] Kavaratzis, M., Ashworth, G. J. City branding: An effective assertion of identity or a transitory marketing trick? [J]. Place Branding, 2006, 2 (3).

[18] Kavaratzis, M., Hatch, M. J. The dynamics of place brands: An identity-based approach to place branding theory [J]. Marketing Theory, 2013, 1 (13).

[19] Kates, S. M. The dynamics of brand legitimacy: An interpretive study in the gay men's community [J]. Journal of Consumer Research, 2004, 31 (2).

[20] Katharina, M. H. International brand promotion standardization and performance [J]. Management Research Review, 2015, 1 (1).

[21] Kent, M. L., Lane, A. Two-way communication, symmetry, negative spaces, and dialogue [J]. Public Relations Review, 2021, 47 (2).

[22] Kim, C. Place promotion and symbolic characterization of new Songdo City, South Korea [J]. Cities, 2010, 27 (1).

[23] Klijn, E. H., Eshuis, J., Braun, E. The influence of stakeholder involvement on the effectiveness of place branding [J]. Public Management Review, 2012, 14 (4).

[24] Kotler, P., Gertner, D. Country as brand, product, and beyond: A place marketing and brand management perspective [J]. Journal of Brand Management, 2002, 9 (4).

[25] Kotler, P., Haider, D. H., Rein, I. Marketing places: Attracting investment, industry and tourism to cities, states and nations [M]. New York: The Free Press, 1993.

[26] Kupfer, A. K., Pähler Vor der Holte, N., Kübler, R. V., et al. The role of the partner brand's social media power in brand alliances [J]. Journal of Marketing, 2018, 82 (3).

[27] Magnusson, P., Westjohn, S. A., Zdravkovic, S. "What? I thought Samsung was Japanese":

Accurate or not perceived country of origin matters [J]. International Marketing Review, 2011, 28 (5).

[28] Marchand, A., Hennig-Thurau, T., Flemming, J. Social media resources and capabilities as strategic determinants of social media performance [J]. International Journal of Research in Marketing, 2020, 9 (10).

[29] Meyer, J. W., Rowan, B. Institutionalized organizations: Formal structure as myth and ceremony [J]. American Journal of Sociology, 1977, 83 (2).

[30] Palazzo, G., Scherer, A. G. Corporate legitimacy as deliberation: A communicative framework [J]. Journal of Business Ethics, 2006, 66 (1).

[31] Pant, D. R. A place brand strategy for the Republic of Armenia:'Quality of context' and 'sustainability' as competitive advantage [J]. Place Branding, 2005, 20 (1).

[32] Park, C., Lee, T. M. Antecedents of online reviews' usage and purchase influence: An empirical comparison of U. S. and Korean consumers [J]. Journal of Interactive Marketing, 2009, 23 (4).

[33] Payan, J. M., McFarland, R. G. Decomposing influence strategies: Argument structure and dependence as determinants of the effectiveness of influence strategies in gaining channel member compliance [J]. Journal of Marketing, 2005, 69 (3).

[34] Pfeffer, J. Management as symbolic action: The creation and maintenance of organizational paradigm [J]. Research in Organizational Behavior, 1981, 3.

[35] Pishdar, M., Ghasemzadeh, F., Maskeliūnaité, L., et al. The influence of resilience and sustainability perception on airport brand promotion and desire to reuse of airport services: The case of Iran airports [J]. Transport, 2019, 34 (5).

[36] Rajavi, K., Kushwaha, T., Steenkamp, M. In brands we trust? A multicategory, multicountry investigation of sensitivity of consumers' trust in brands to marketing-mix activities [J]. Journal of Consumer Research, 2019, 46 (4).

[37] Ramachandran, J., Pant, A. The liabilities of origin: An emerging economy perspective on the costs of doing business abroad [J]. Advances in International Management, 2010, 23 (9).

[38] Schilke, O., Reimann, M., Thomas, J. S. When does international marketing standardization matter to firm performance? [J]. Journal of International Marketing, 2009, 17 (4).

[39] Scolere, L., Pruchniewska, U., Duffy, B. E. Constructing the platform-specific self-brand: The labor of social media promotion [J]. Social Media and Society, 2018, 4 (3).

[40] Scott, W. R. Institutions and organizations [M]. Thousand Oaks, CA: Sage Publications, 1995.

[41] Scott, W. R. Institutions and organizations: Ideas and interests [M]. Thousand Oaks, CA: Sage Publications, 2008.

[42] Sharma, P. Country of origin effects in developed and emerging markets: Exploring the contrasting roles of materialism and value consciousness [J]. Journal of International Business Studies, 2011, 42 (2).

［43］ Suchman, M. C. Managing legitimacy: Strategic and institutional approaches ［J］. Academy of Management Review, 1995, 20 (6).

［44］ Thomas, T. E., Lamm, E. Legitimacy and organizational sustainability ［J］. Journal of Business Ethics, 2012, 110 (2).

［45］ Tuzzolino, F., Armandi, B. R. A need-hierarchy framework for assessing corporate social responsibility ［J］. Academy of Management Review, 1981, 6 (1).

［46］ Uzunca, B., Rigtering, J. C., Ozcan, P. Sharing and shaping: A cross-country comparison of how sharing economy firms shape their institutional environment to gain legitimacy ［J］. Academy of Management Discoveries, 2018, 4 (3).

［47］ Vlasova, N. Y., Kulikova, Y. S. Brand alliances and umbrella branding in place promotion strategies ［J］. Upravlenets, 2017, 67 (3).

［48］ Wang, C. K., Lamb, C. W. The impact of selected environmental forces upon consumers' willingness to buy foreign products ［J］. Journal of the Academy of Marketing Science, 1983, 11 (1).

［49］ Wartick, S. L., Cochran, P. L. The evolution of the corporate social performance model ［J］. Academy of Management Review, 1985, 10 (4).

［50］ Zenker, S., Erfgen, C. Let them do the work: A participatory place branding approach ［J］. Journal of Place Management and Development, 2014, 7 (3).

［51］ Zimmerbauer, K. From image to identity: Building regions by place promotion ［J］. European Planning Studies, 2011, 19 (2).

［52］ Zimmerman, M. A., Zeitz, G. J. Beyond survival: Achieving new venture growth by building legitimacy ［J］. Academy of Management Review, 2002, 27 (3).

The Internationalization Strategy and Pathway for Place Brand Promotion: From the Perspective of Pragmatic Legitimacy

Zhao Weihong[1] Liu Mengjun[2] Xie Shengcheng[3]

(1, 2 School of Business, Jiangxi Normal University, Nanchang, 330022;

3 Management Science and Engineering Research Center, Jiangxi Normal University, Nanchang, 330022;

School of Management, Jinan University, Guangzhou, 510632)

Abstract: The internationalization process of place brands is often uncertain due to cultural differences and trade barriers. Based on the perspective of pragmatic legitimacy, this paper proposes and tests the pathways and boundary conditions for place brand promotion strategies to drive trust and purchase intention of consumers in host countries. The empirical test results from 1039 valid samples who have purchased or want to purchase foreign place brand products show that, transnational place brands can stimulate the purchase intention of consumers in host countries through place brand trust by implementing characteristic promotion strategies such as openness and convergence, reputation spillover and quality diffusion. In addition, environmental factors such as the matching between brand product type and regional economic pattern, and regional development level have different moderating effects on the internationalization strategies and pathways of place brand promotion. These research conclusions may have strategic implications for place brands to boost the process of internationalization based on characteristic promotion.

Key words：Place brand；Brand promotion；Internationalization strategy and pathway；Pragmatic legitimacy

专业主编：寿志钢

投 稿 指 南

《珞珈管理评论》是由武汉大学主管、武汉大学经济与管理学院主办的管理类集刊，创办于2007年，由武汉大学出版社出版。2017年始入选《中文社会科学引文索引（2017—2018年）来源集刊目录》（CSSCI），2021年《珞珈管理评论》再次入选《中文社会科学引文索引（2021—2022年）来源集刊目录》，2023年，《珞珈管理评论》入选中国人文社会科学期刊AMI（集刊）核心集刊。

自2022年第40辑起，《珞珈管理评论》每2个月出版1辑。

《珞珈管理评论》以服务中国管理理论与实践的创新为宗旨，以促进管理学学科繁荣发展为使命。本集刊主要发表管理学领域有关本土问题、本土情境的学术论文，介绍知识创造和新方法的运用，推广具有实践基础的研究成果。热忱欢迎国内外管理学研究者踊跃赐稿。敬请投稿者注意以下事项：

1. 严格执行双向匿名评审制度；不收取版面费、审稿费等任何费用。

2. 启用网上投稿、审稿系统，请作者进入本网站（http：//jmr.whu.edu.cn）的"作者中心"在线投稿。根据相关提示操作，即可完成注册、投稿。上传稿内容包括：文章标题、中文摘要（300字左右）、关键词（3～5个）、中图分类号、正文、参考文献、英文标题、英文摘要。完成投稿后，还可以通过"作者中心"在线查询稿件处理状态。如有疑问，可与《珞珈管理评论》编辑部（027-68755911）联系。不接受纸质版投稿。

3. 上传文稿为Word和PDF两种格式，请用正式的ＧＢ简体汉字横排书写，文字清晰，标点符号规范合理，句段语义完整，全文连贯通畅，可读性好；全文以10000字左右为宜（有价值的综述性论文，可放宽到15000字，包括图表在内），论文篇幅应与其贡献相匹配。图表、公式、符号、上下角标、外文字母印刷体应符合规范。若论文研究工作受省部级以上基金项目支持，请用脚注方式注明基金名称和项目编号。

4. 正文文稿格式为：（中文）主题→作者姓名→工作单位→摘要→关键词（3～5个）→1引言（正文一级标题）→内容（1．1（正文二级标题）…，1．2 …）……→结论→参考文献→（英文）主题→作者姓名→工作单位→摘要→关键词→附录；摘要不超过300字。

5. 来稿录用后，按规定赠予当期印刷物两本（若作者较多，会酌情加寄）。

6. 注释、引文和参考文献，各著录项的具体格式请参照网站投稿指南。

7. 文责自负。作者须郑重承诺投稿论文为原始论文，文中全部或者部分内容从来没有以任何形式在其他任何刊物上发表过，不存在重复投稿问题，不存在任何剽窃与抄袭。一旦发现论文涉及以上问题，本编辑部有权采取必要措施，挽回不良影响。

8. 作者应保证拥有论文的全部版权（包括重印、翻译、图像制作、微缩、电子制作和一切类似的重新制作）。作者向本集刊投稿行为即视作作者同意将该论文的版权，包括纸质出版、电子出版、多媒体出版、网络出版、翻译出版及其他形式的出版权利，自动转让给《珞珈管理评论》编辑部。